Sabrina Wallner ■

BEWUSSTSEIN 2.0

Wie die modernen Medien unser Denken manipulieren

SABRINA **WALLNER**

Bewusstsein 2.0.

WIE
DIE MODERNEN
MEDIEN
UNSER DENKEN
MANIPULIEREN

Crotona

SABRINA WALLNER wurde 1983 geboren und ist damit ein Kind des analogen Zeitalters. An die digitale Welt wurde sie durch eine mehrjährige Tätigkeit in einer Werbeagentur herangeführt. Die Leidenschaft zum geschriebenen Wort entwickelte sie mit ihrem Studium der romanischen Literaturwissenschaften an der Universität Konstanz. Seit 2012 arbeitet sie als freie Lektorin und hat zwei Jahre ausschließlich für dieses Buch recherchiert.

Weitere Informationen unter **www.sabrina-wallner.de**

ISBN 978-3-86191-048-0

Deutsche Originalausgabe
© 2014 Crotona Verlag GmbH & Co.KG
Kammer 11 · D-83123 Amerang

Umschlaggestaltung: Annette Wagner
unter Verwendung von © kRies /117979906 – shutterstock.com

Druck: C.H. Beck · Nördlingen

INHALT

■ ■ ■ ■ ■

Welche Kurve läuft ein Hund,
der seinen geradlinig weitergehenden Herrn
von einem seitlichen Ort wieder zu erreichen sucht? [...]
Der Weg des »Ziels« [...] [ist hier] mathematisch festgelegt oder,
wie etwa beim Ansteuern des Mondes, genau berechenbar.
Bei der Flugzeugabwehr aber ist das [Ziel]
kein gesetzmäßig wandelnder Stern, sondern ein Pilot,
der bewusst und willkürlich die Bahn des Flugzeugs ändern wird,
um den Geschossen zu entgehen.
Doch [...] diese »Willkür« ist begrenzt, und zwar physiologisch,
psychologisch und auch technisch begrenzt.
Wie weit lässt sich also die Bahn des Flugzeugs
trotzdem voraussehen oder gar vorausberechnen? [...]
Dazu bedurfte es [...] genauerer Kenntnisse über das menschliche
Verhalten –
und dabei entdeckten Norbert Wiener und [...] Julian Bigelow
die Bedeutung des »feed back«, der Rückkoppelung,
die in der »automatic control« eine so entscheidende Rolle spielt [...].[1]

■ ■ ■ ■ ■

Wir formen unsere Techniken,
und unsere Techniken formen uns und unsere Zeit.
Unsere Zeit prägt uns, wir prägen unsere Maschinen,
und unsere Maschinen prägen unsere Zeit.
Wir werden zu den Objekten, die wir betrachten,
aber sie werden zu dem, was wir aus ihnen machen.[2]

---

1   Flechtner, 8. (Die bibliografischen Angaben werden in den Fußnoten in abge-
    kürzter Form vorgenommen, mit dem Verweis auf die Bibliografie am Ende
    dieses Buches.)
2   Turkle, Leben im Netz, 69.

EINLEITUNG

Mit dem Denken ist der ganze Mensch in seinem Verhalten und Handeln sowie in der Gestaltung seines Ichs verknüpft. Es ist die Wahrnehmung der subjektiven Realität, welche das Denken beeinflusst. Es ist aber nicht allein das Denken im naturwissenschaftlichen Sinne! Das Bewusstsein wächst ohne Manipulation über das naturwissenschaftliche Denken hinaus, hin zur schöpferischen Gestaltung der eigenen Subjektivität.

Das Vermögen, die eigene Subjektivität wahrzunehmen, kann Manipulation verhindern, kann aber auch durch Manipulation gemindert werden.

Umberto Eco beschreibt in seinem Essay *Über Spiegel und andere Phänomene* das Bild eines Knäuels, das sich übertragen lässt auf die – durch die Brille der digitalen Medien – erblickte Umgebung:

> [Es] erscheinen Wahrnehmung, Denken, Bewusstsein der eigenen Subjektivität, Spiegelerfahrung und Semiose[3] als Momente eines ziemlich unentwirrbaren Knäuels, als Punkte einer Kreislinie, auf der sich schwer ein Anfang bestimmen lässt.[4]

Die bewusste Wahrnehmung der eigenen Subjektivität ist für den analogen Menschen schon schwierig genug. Der vernetzte und manipulierte Mensch jedoch hat es noch schwieriger – oder vielleicht auch einfacher? Er kann die eigene Subjektivität nicht mehr wahrnehmen, weil durch die Manipulation das Denken binär oder analytisch wird, geformt durch Statistiken und Algorithmen. Durch das analytische Denken wird die Subjektivität in Objektivität verwandelt. Möglich ist

---

3   Fachbegriffe werden am Ende dieses Buches im Glossar erklärt. Im Index sind die entsprechenden Seitenzahlen zu diesen Begriffen zu finden.
4   Eco, 27.

diese Manipulation vor allem bei denjenigen Menschen, für welche das Analoge kaum oder gar keine Rolle mehr spielt. Die Umgebung und das eigene Selbst werden von diesem manipulierten Menschen als objektiv wahrgenommen. Diese digital geführte Wahrnehmung ist fragmentarisch. Durch Statistiken sowie binäres oder analytisches Denken ist nämlich ausschließlich ein kleiner Teil des wahren Ichs zugänglich.

Wo setzt also das *Bewusstsein 2.0* an, wenn schon beim analogen Menschen kaum ein Anfang des Ich-Knäuels gefunden werden kann? Durch das Spiegelbild wird sowohl visuell als auch psychisch Selbstbewusstheit erschaffen. Dieses Bild ist visuell, laut Eco, ein Eins zu Eins-Abbild ohne »Übersetzung«.[5] Aber schon allein durch das Kamera-Objektiv ist die Realität fragmentarisch oder verzerrt. Wie sieht die Wahrnehmung der eigenen Subjektivität, die ja auf Selbstbewusstheit baut, dann erst durch das digital bearbeitete Bild aus? Welche Rolle spielt die „Illusion von Realität"[6] in der digitalen Sphäre?

Ich versuche in diesem Buch, das Ich-Knäuel zu ent-wickeln. Bei dieser Entwicklung im doppelten Sinne steht immer die Bildung von Bewusstsein im Mittelpunkt. Dieses Buch ist kein kulturpessimistisches. Im Gegenteil: Je bewusster ein Mensch ist, desto inspirativer und schöpferischer kann er mit der digitalen Kultur umgehen.

Wenn ich in diesem Buch vom *vernetzten Menschen* spreche, handelt es sich nicht unbedingt gleichzeitig um den manipulierten Menschen. Es gibt vernetzte Menschen, die das Digitale bewusst in ihren Alltag integrieren und sich aus ihrem Ich heraus führen lassen. Es gibt aber auch die manipulierten Menschen, die sich durch das Digitale leiten lassen und damit ohne Medienmündigkeit leben. Es sind Menschen, die jeder technischen Neuerscheinung hinterherhetzen, ganze Nächte in einer Apple-Store-Warteschlange verbringen, um nichts Neues zu verpassen. Ein gesunder Umgang mit Technik und mit dem Ich ist so nicht möglich.

Durch die rasche und intensive Verbreitung der digitalen Geräte[7] und

---

5   Vgl. ebd., 34.
6   Ebd.
7   Ich zähle zu den digitalen Medien alle Medien, die mit einem Computer verbunden sind, wie der smarte Fernseher, oder die mittels Computer erreichbar sind, inklusive Zeitung, Radio und Fernsehen. Ich zähle dazu auch originär analoge Medien, die heutzutage bildschirmbezogen existieren. Die meisten digitalen

ihr Eindringen in immer mehr Aspekte des Alltags ist das Thema *Bewusstsein 2.0* akuter denn je. Dabei liegt der Anfang des Verstehens beim Individuum: Erkennen sollte sich zunächst jeder selbst in seinem Umfeld mit den dazugehörigen Medien. Der Mensch kann sich selbst einen Spiegel aufstellen, um sich in seiner Umgebung wahrzunehmen. Wenn der Mensch der Technik nicht die Macht über die eigene Subjektivität überlassen will, muss er begreifen, was geschieht. Er muss das eigene Denken zu einem bewussten Denken transformieren, sich über die eigene Subjektivität im Umgang mit den Medien bewusst werden.

Der Mensch kann in privaten Situationen selbst entscheiden, ob er Medien nutzen will. In sozial-interaktiven Situationen wird er jedoch von verschiedenen Medien beeinflusst und ist zum Teil abhängig von ihnen. Dies gehört zur derzeitigen »Conditio humana«, durch die der Mensch Gefahr laufen kann, sein eigenes wahrhaftiges Ich aus den Augen zu verlieren. Musik berieselt den Menschen in der Öffentlichkeit, Fernsehbilder laufen in Geschäften über Bildschirme, Schnappschüsse von Familienausflügen werden stolz auf dem Handy umhergezeigt oder bei Facebook den Freunden und so der Öffentlichkeit zugänglich gemacht. Bei Bewerbungen für eine Arbeitsstelle wird immer öfter von der Arbeitgeberseite her der Facebook-Account kontrolliert. Kameras in Schaufensterpuppen analysieren die Gesichtsausdrücke der potenziellen Käufer. Das Verhalten der Xbox-Nutzer wird über die Bewegungssteuerung namens Kinect beobachtet. Über die Google-Datenbrille *Glass*, ein digitales, computerisiertes Sehgerät mit Mikrofon und Kamera, können Videoaufnahmen

---

Medien bieten heute eine transmediale Erlebniswelt. Es sind die sogenannten tertiären Medien, in welche Primär- und Sekundär-Medien eingespeist sind: „Primäre Medien sind Sprache, Gestik und Mimik, »face to face«-, direkte Kommunikation. Sekundäre Medien sind solche, die eines technisch hergestellten Trägers bedürfen, während die Rezeption direkt, ohne technische Hilfsmittel, vor sich geht: Wand- oder Tafelbilder, Schrift- und Druckmedien, Grafiken, Fotografie. Tertiäre Medien haben einen technisch hergestellten Aufnehmer, Träger oder Sender sowie eine technisch vermittelte Rezeption: Telegraf/Telefon, Hörfunk, Film/TV, Multimedia." (Pross, Medienforschung, 10; 127-262; zitiert aus: Kerlen, 13f.) Auch analoge Werkzeuge und Geräte werden als Vorläufer und Integrationen (wie der Wecker) der digitalen Medien eine Rolle spielen, denn auch Werkzeuge und Geräte haben mediale Eigenschaften, wenn sie zum „Gestalten, Fixieren, Ordnen, Strukturieren, Speichern, Erinnern, Überliefern sowie Übermitteln" (Kerlen, 14) dienen.

aus der exakten Sicht und Bewegung des Trägers gemacht und umgehend ins Netz übertragen werden. Nicht nur Kühlschränke, Mülleimer und Häuser, sondern die ganze Umgebung des Menschen soll intelligent werden und Gedanken oder Verhalten der Nutzer lesen können. Wo bleibt dabei die Intelligenz und die Freiheit des Menschen – ein Grundstock zur Wahrnehmung der eigenen Subjektivität?

Wenn in diesem Buch von *Manipulation* die Rede ist, schließt das auch und vor allem die *Umformung durch einen »technischen« Handgriff* ein, denn hier wird *nicht* danach gefragt, wer der »Manipulator«[8] ist – so etwas wie den großen »bösen« Internet- oder Elektronikkonzern, der es auf die »Seelen« der Internet-Nutzer abgesehen hat, gibt es nicht. Nach Schuldzuweisungen zu trachten, wäre kontraproduktiv für die Entwicklung eines bewussten Umgangs mit allen modernen Medien. Es wird in diesem Buch vielmehr erkundet, welche *Strukturen* manipulierend auf den Nutzer einwirken können, wenn dieser es zulässt. Dieses Buch dient auch keineswegs dazu, die digitalen Medien zu verteufeln oder einen Weg zu finden, ihnen zu entgehen. Diese Medien sind – mit ihren guten und schlechten Seiten – Teil unserer Welt. Wozu dieses Buch einen Anstoß geben will, ist *Bewusstheit* im Umgang mit den modernen Medien. Dabei sollte nichts pauschalisiert werden: Jedes Individuum steht in einem persönlichen Verhältnis zu den digitalen Medien, und jede Situation ist von jeder anderen zu differenzieren.

Es ist an der Zeit, das Bewusstsein zu erweitern und neue Denkwege zu finden:

> Für ein besseres Erkennen unserer selbst müssen wir uns allen Denkwegen, bereits vollzogenen oder vielleicht möglichen, öffnen.[9]

---

8 Wenn also im ersten Kapitel die Rede vom »Manipulator« ist, dann ist damit kein Konzern gemeint. Vielmehr zielt der Begriff »Manipulator« in diesem Kontext auf einen abstrakten Akteur, der an der Manipulation beteiligt ist; nicht auf eine spezielle Person oder einen einzelnen Konzern! Es bedarf dieses abstrakten Begriffes, um das Machtgefälle, das an einer Manipulation beteiligt ist, deutlich zu machen.

9 Pöppel, 8.

Diese Offenheit gibt es in der bisherigen Diskussion über Medienmanipulation kaum. Viele der bisherigen Diskussionsteilnehmer sind streng ihrer eigenen Theorie verfallen.

Jedes Individuum sollte sich bewusst darüber sein, inwiefern es die digitalen Medien nutzen möchte oder muss, ob für Berufliches oder Privates. Niemand sollte sich durch blinkende Werbung oder ständiges E-Mail-Abrufen von seinem Ziel ablenken lassen. Interaktive Werbung im Netz oder der innere Drang nach Neuigkeiten und das damit verknüpfte Abrufen von E-Mails sind nur ein kleiner Teil einer möglichen Manipulation. Was noch hinter dem Begriff *Manipulation* steckt, wird im Folgenden erklärt.

Der vernetzte Mensch sollte kritisch sein und sich Fragen stellen, wie etwa jene: „Wann werde ich zur »Maschine« und handele automatisch, abgelenkt von meinem Ziel? Vermag ich es überhaupt, meine eigene Subjektivität bewusst wahrzunehmen, oder ernähre ich durch mein Denken und Handeln allein mein digitales Ich?" Kritisches Denken ist notwendiger denn je. Der »analog-digitale« Mensch sollte versuchen, wach zu reflektieren, wenn es um das Vereinen dieser beiden Welten geht. Dazu muss ihm klar sein, wie Manipulation funktioniert.

1

ÜBERZEUGUNG, BEEINFLUSSUNG UND MANIPULATION

1.1 Manipulation und (biologische) Evolution

Bis zu vierhundert Mal pro Tag[10] wirken auf den heutigen Durchschnittsbürger Signale ein, die mindestens auf Beeinflussung hinauslaufen sollen. Plakate an der Bushaltestelle, an mit Brettern abgeschirmten Baustellen oder in Bildungseinrichtungen. Am schwarzen Brett sind Augen und Gehirn durch die Informationsflut in ihrer Höchstleistung gefragt, was den Input angeht. In der Fußgängerzone bekommt man Angebote wie »ein Zeitungsabonnement für zwei Wochen geschenkt«. Das ist jedoch die analoge Seite, um die es hier nur am Rande geht. Im »Digitalen« potenzieren sich die Informationen ins schier Endlose. Die vielen Informationen, die der Mensch selbst auf seinem Computer speichert, sind über plurale und simultane Fenster zugänglich.[11] Über das Fenster zum Netz, den Internetbrowser, sind die Informationen simultan in potenzierter Form erhältlich – und nicht nur das, der Informationsstrom kehrt sich hier um in das Gegenteil von »erhältlich« oder »zugänglich«. Die Informationen strömen auf den Nutzer ein, ohne, dass dieser es will, und sie setzen sich über Cookies auf dem Computer fest. Über Cookies wird die personalisierte Werbung gesteuert, wodurch der Mensch mit Informationen eingedeckt wird, die auf seine *Klicks* – nicht auf ihn *selbst* – zugeschnitten sind. Durch diese Umkehrung der Machthierarchie – mit dem Klick gibt der Mensch die Macht über sich selbst

---

10   Vgl. Dutton, 10f.
11   Vgl. Turkle, Leben im Netz, 41.

in gewisser Weise ab – werden die digitalen Informationen zu einem Instrument der Manipulation, das die menschliche Aufmerksamkeit spätestens nach der Diagnose »Burnout« lahmgelegt hat. Der menschliche Denkraum erscheint in gewisser Weise durch das digitale Werkzeug namens Computer erweitert[12], doch die Ströme innerhalb dieses Raumes kann der Mensch kaum kontrollieren. Nicht von ungefähr kommt die Bezeichnung »virale Werbung«. Wer einen digitalen Virus abwehren will, braucht sozusagen ein psychisches Immunsystem, das auf Bewusstheit im Umgang mit digitalen Medien basiert!

Ist man auf diese virale Flut *nicht* bewusst vorbereitet – hat man kein oder ein schwaches psychisches Immunsystem, das virale Angriffe aus dem Netz abwehren könnte – bricht die Psyche irgendwann zusammen. Wenn der Mensch sich seine biologischen Grenzen nicht bewusst macht, kommt er mit der sich ständig beschleunigenden Digitalisierung nur schwer zurecht.

Diese Erfahrungen mussten erst gesammelt werden. Keiner konnte vorausahnen, was die Digitalisierung mit dem Menschen machen würde. Obwohl das nicht ganz stimmt, wenn man einmal die Literatur betrachtet: Auf fiktiver Ebene beschreibt George Orwell im Jahre 1949 in seinem Roman *1984* so etwas wie Vorahnungen; und Benjamin Stein liefert im Jahre 2012 mit seinem Roman *Replay* fast schon eine Art fiktive Gegenwartsbeschreibung des transparenten, völlig durchschaubaren und digital manipulierten Menschen. Wie die Zukunft wirklich aussieht, kann nur mit Unsicherheit prophezeit, nicht mit Gewissheit vorhergesagt werden. Rückblickend ist jedoch eines sicher: Es gilt, sich ein Bewusstsein zu erschaffen, das durch das Wissen darum, was Beeinflussung von außen ist, entsteht und es ermöglicht, sich auf sein eigenes Ich, seine eigene Subjektivität, zu konzentrieren.

Es sollte ein Umdenken stattfinden, in dem das Individuum im Zentrum steht. Das heißt keinesfalls, dass das Individuum egoistisch werden muss. Es sollte jedoch lernen, seinen Fokus wieder auf sich selbst zu lenken, nachdem dieser – beeinflusst durch Industrialisierung und Digitalisierung – nach außen auf die Technik gelenkt worden ist.

---

12 Vgl. ebd.

Selbstverständlich ist es unmöglich, in einer Gesellschaft zu leben, ohne beeinflusst zu werden. Aber sobald die Beeinflussung negative Auswirkungen für das Individuum haben könnte, sollte das *Bewusstsein 2.0* eingreifen, denn es kann sich um Manipulation handeln, wenn es um kommerzielle Technik geht. Wobei Manipulation noch mehr bedeutet als negative Auswirkungen für das Individuum. Manipulation ist eine absichtliche Beeinflussung des Mitmenschen zum eigenen Vorteil. Beeinflussen kann man andere auch unabsichtlich. Das wäre im Idealfall Inspiration innerhalb des Spektrums der Stärke, soweit es Beeinflussung betrifft.[13] Inspiration steht auf der positiven, Manipulation auf der negativen Seite dieses Spektrums. Was die Absicht angeht, gibt es feinste Nuancen. Die Grenzen sind fließend. Konditionierter Einfluss steht sicherlich nahe bei der Manipulation, die Absicht ist jedoch nicht jeweils gleich stark. Geht es um Überzeugung, ist es nicht sofort klar, zu wessen Vorteil beeinflusst wird.

Eindeutig ist, dass Überzeugung nicht erst mit der Sprache aufkam:

> Machen wir uns auf die Suche nach den frühesten Formen von Überzeugung, vorsprachlichen, vor-bewussten, vor-menschlichen Formen. Das verblüffende Ergebnis: Überzeugung ist nicht nur endemisch für jegliche irdische Existenz, sondern auch systemisch, als Teil der Ordnung der Natur und der Entstehung des Lebens.[14]

Für die vorsprachliche, vor-bewusste, vor-menschliche Form der Beeinflussung geht Dutton in der biologischen Evolution zurück und nennt als Beispiel für eine solche Form der Beeinflussung unter anderem den „Tanz der Honigbienen, wenn sie ihren Artgenossinnen den Weg zu einer Futterquelle weisen wollen".[15]

Doch der Mensch steht heute an anderer Stelle der Evolution, er steht inmitten der Digitalisierung. An einer Stelle, an der er begreifen muss, dass Manipulation tatsächlich existiert! Bei Tieren läuft jegliche Form

---

13 Vgl. zum Spektrum der Stärke von Überzeugungen: Dutton, 289.
14 Ebd., 22f.
15 Ebd., 24.

von Überzeugung instinktiv ab. Bei beiden jedoch ist es eine Sache des Überlebens, beim Tier physisch, beim Menschen heute vor allem (erst einmal) psychisch.

Der Mensch steht inmitten eines Kampfes um seine Aufmerksamkeit. Die menschlichen Sinne werden durch die digitalen Medien scheinbar unendlich gereizt. Die Reizung und Täuschung der Sinne ist auch ein Mittel zur Überzeugung in der Tierwelt. Durch Mimikry „ahmt ein Mitglied einer Spezies die Eigenarten einer anderen Spezies nach, um einen persönlichen Vorteil zu erlangen".[16] Diese Struktur teilen die Menschen nicht nur mit den Tieren, sondern der Mensch hat sie sozusagen von den Tieren geerbt und setzt diese heute in der Werbung ein:

> Das Geheimnis guter Werbung besteht nicht darin, dass sie unsere rationalen, kognitiven Fähigkeiten anspricht, sondern dass sie sich direkt an die die Gefühle verarbeitenden Areale unseres Gehirns wendet. An uralte Strukturen und Mechanismen, die wir nicht nur mit den Tieren teilen, sondern de facto von ihnen geerbt haben.[17]

Diese uralten Strukturen sind nicht Teil des Bewusstseins, sondern Teil des menschlichen Unbewussten. Im Unbewussten, sozusagen »im Blut«, trägt der Mensch durch die Evolution die „biologische Basis für Beeinflussung".[18] Wenn es dem Menschen gelingt, diese Basis vom Unbewussten ins Bewusstsein zu holen, hat er dadurch gleichzeitig eine Basis für sein psychisches Immunsystem geschaffen. Es geht darum, ein Bewusstsein für den „kognitiven Prozess"[19] zu erlangen, ein Bewusstsein darüber, wie das „Hirn die Welt bewertet".[20] Die Wahrnehmung der Umgebung funktioniert über Vorstellungen, Emotionen und Erinnerungen[21]:

---

16   Ebd., 26.
17   Ebd., 31.
18   Ebd., 82.
19   Ebd., 83.
20   Ebd.
21   Vgl. ebd., 142.

> Wenn man die Umgebung von Menschen lange genug mani-
> puliert und sie mit Reizen überflutet, über die sie keine Kont-
> rolle haben, dann werden sich früher oder später die Zuschrei-
> bungen ändern.[22]

Assoziationen und Bilder werden also im Kopf des Menschen durch
Manipulation von Vorstellungen, Emotionen und Erinnerungen umge-
schrieben. Das psychische Immunsystem muss deshalb Vorstellungen,
Emotionen und Erinnerungen schützen – und das funktioniert über das
Bewusstsein.

1.2 Manipulation und deren Akteure

Manipulation läuft in der heutigen Welt innerhalb des kognitiven Prozesses über den Kanal der Sprache, und es sind mindestens zwei kogni-
tive Akteure beteiligt, deren Hirne die Orte für Manipulation »bereit-
stellen«. Die Sprache ist sozusagen Kanal und Vehikel, mit deren Hilfe
Manipulation durch die Hirne fortbewegt wird. Die Sprache kann aber
auch der Stein sein, der den Prozess zum Stillstand bringt.

Das sind die »demografischen Verbindungen« zwischen diesen beiden
Akteuren. Zielorte des »Manipulators« sind insbesondere der Glaube des
potenziellen Opfers, mit dem Emotionen und Ängste zusammenhängen:

> Wenn man die Antikörperproduktion des Hirns gegen Glauben
> reduziert, und zwar lange genug, dass der Virus der Informa-
> tion, die […] [verbreitet werden soll], eindringen und sich fest-
> setzen kann, dann gibt es keine Grenzen für Überzeugung. Das
> Problem besteht nur darin, dieses Immunsystem zusammen-
> brechen zu lassen.[23]

Nach der Lektüre von Duttons *Gehirnflüsterer* gewinnt man den Eindruck, als würde jeder Mensch manipuliert werden können, sofern sich

22 Ebd., 190.
23 Ebd., 297.

der »Manipulator«, der machtvollere Akteur, an drei bestimmte Punkte halte: Aufmerksamkeit, Annäherung und Anbindung. Damit könne der freie Wille des »Opfers« geknackt werden.[24] Mit diesen Bindungen, die aus den drei Faktoren folgen, entsteht ein Machtgefälle. Doch lässt ein Akteur das Ungleichgewicht zwischen machtvoll und machtlos gar nicht erst zu, dürfte Manipulation nicht greifen, zumindest theoretisch, denn Macht entsteht nur, wo das »Opfer« sich in die Opferrolle begibt und damit Macht erst zulässt, ansonsten existiert sie nicht.

Schwer wird Manipulation dann, wenn es um ein Individuum geht. Massen sind leichter zu manipulieren, da der Grundstock der Manipulation, die Beeinflussung, ein sozialer Vorgang ist[25] und eine bestimmte Meinung in der Gruppe stärker werden kann:

> Die Volksmeinung setzt sich zusammen aus überlieferten Vorurteilen, Symbolen und Klischees und den griffigen Sprüchen, die die Anführer dafür gefunden haben.[26]

In all diesen Fällen ist das einzige Heil-Mittel, den Fokus auf sich selbst zu richten, und gleichzeitig das Umfeld, im übertragenen Sinne, in einem diffusen Blick zu behalten, weil das Blickfeld so größer ist und damit auch die Möglichkeit zum Erkennen, zur Reflexion und zur Abwehr. Diese Technik ist auch in Kampfsportarten Mittel zur Wahrnehmung eines Angriffs von außen.

Doch jeder Mensch hat „psychologische blinde Flecken"[27], die sogenannten Probleme mit sich selbst. An diesen Punkten ist das Selbstvertrauen und Selbstbewusstsein des Menschen zu schwach ausgeprägt. Wenn diese Punkte von den Algorithmen der Digitalisierung erst einmal erkannt werden, funktioniert die digitale Manipulation auch im menschlichen Gehirn. Doch so weit sind wir noch nicht – oder doch? Zudem hat jeder Mensch nur eine bestimmte Kapazität, um Informa-

---

24 Vgl. ebd., 87f.
25 Sam Harris; Sameer A. Sheth; Mark S. Cohen: „Functional Neuroimaging of Belief, Disbelief, and Uncertainty", in: Annals of Neurology, 63(2) (2008), 141-147; zitiert aus: Dutton, 87; 305.
26 Bernays, 83.
27 Dutton, 89.

tionen aufzunehmen. Wird die Informationsflut zu groß, schaltet das Hirn auf »Standby«. In diesem Fall vermag es das Gehirn nicht mehr, die Informationen herauszufiltern, die wichtig sind für das, was man gerade macht.[28] Handlungen werden in der Folge zum Großteil vom Unbewussten gesteuert. In das Unbewusste kann ein »Manipulator« eindringen, wenn das Bewusstsein – das mit dem psychischen Immunsystem verknüpft ist – »heruntergefahren« ist. Der »Manipulator« kann das potenzielle »Opfer« auf diese Weise kognitiv ablenken.[29]

Das geht noch leichter, wenn der »Manipulator« erst einmal Denkmuster erkennen kann. Die menschlichen Denkmuster fungieren im Gesamten wie eine Art Autopilot[30], der den Menschen durch den Alltag führt. Es sind unbewusste Handlungen, die von den Denkmustern geleitet werden. Diese zeigen dem Menschen seine biologischen Grenzen auf, denn der Mensch meistert den Alltag nur dann, wenn er die kleinen, sich wiederholenden Dinge unbewusst bewältigt. Sobald zu den kleinen Dingen des Alltags auch digitale Aktivitäten gehören, wird der Autopilot ein potenzieller Wirkungsort des »Manipulators«. Zudem ist die Komplexität der Welt an manchen Stellen der Menschheitsentwicklung nicht zu erfassen, derzeit vor allem durch die rasche Entwicklung der Technik:

---

28 Vgl. ebd., 90.

29 Vgl. ebd.

30 Vgl. ebd., 95: Dutton bezeichnet den gesunden Menschenverstand als Autopiloten. Doch wird der Autopilot im allgemeinen Sprachgebrauch als unbewusstes Denkmuster angesehen, das den Menschen den Alltag bewältigen lässt, weil die Gehirnkapazität, die Kapazität des Bewusstseins, irgendwann an ihre Grenzen kommt; oder der Autopilot wird aktiviert, wenn der Mensch durch digitale Medien manipuliert wird. Alltägliche Handlungen, wie das Einschalten der Kaffeemaschine, macht der Mensch automatisch, er kann sich nicht jeden Tag von Neuem bewusst auf Handlungen konzentrieren, die nebenbei laufen müssen, um den Alltag zu meistern. Der gesunde Menschenverstand hingegen ist ein bewusstes Denkmuster, das den Menschen aus seinen Erfahrungen heraus lehrt, die richtige Entscheidung für einen bestimmten Moment zu treffen. Somit gibt es eine Handlungsstruktur, durch die der Mensch Zugriff auf das Unbewusste hat. Das ist wiederum die Intuition, die mit dem gesunden Menschenverstand verknüpft ist. Der Mensch ist also nicht grundlegend fremdgesteuert durch das Unbewusste, weil er mit der intuitiven Handlungsstruktur das Unbewusste in Bewusstheit umwandeln kann.

Wenn eine Welt, unsere Welt, viel zu komplex ist, um sie im Rahmen von Grundprinzipien zu erklären, das heißt, wenn die Welt für den menschlichen Geist zu komplex ist, als dass er sie als mentales Konstrukt aus Grundprinzipien entwickeln könnte, dann ist der menschliche Intellekt außerstande, ihre Wahrheit zu definieren. Wenn wir dies erkannt haben, dann bleibt uns nichts anderes übrig, als durch die Welt zu navigieren, ihre Regeln aus konkreten Erfahrungen zu erlernen, sie zu erfühlen, an ihr teilzunehmen und sie zu benutzen. Indem wir unsere analytische Intelligenz ausklammern, können wir die Welt manchmal besser bewältigen. Der Computer eröffnet uns die Chance, dass wir durch Simulationen einen anderen erkenntnismäßigen Zugang zu ihr erhalten.[31]

Man muss an der vernetzten Welt teilnehmen, um zu erfahren, wer dieser potenzielle »Manipulator« ist und wer das potenzielle »Opfer«. Der Mensch muss die Vernetzung erleben und erfahren, was hinter der sich schnell entwickelnden Technik steckt. Er muss während dieses Prozesses auch begreifen, dass seine Welt immer mehr zur Simulation und damit das Fiktive immer mehr zur Wahrheit umgeformt wird. Diese schrittweise Übersetzung ist Teil der Manipulation!

1.3 Manipulation am Computer

In den ersten beiden Unterkapiteln wurde erörtert, wie Manipulation zwischen Menschen funktionieren kann. Nun soll allein der Computer im Hinblick auf den Begriff »Manipulation« beleuchtet werden.

Der Informatiker Joseph Weizenbaum beschreibt den Computer als eine Maschine, „die mit Symbolen manipuliert"[32], die „logische Symbolmanipulationen"[33] vornimmt – es ist jedoch immer der Mensch, von dem diese Manipulation ausgeht, denn er ist der Erbauer und Pro-

---

31   Turkle, Leben im Netz, 68f.
32   Weizenbaum, Die Macht der Computer und die Ohnmacht der Vernunft, 107.
33   Ebd., 118.

grammierer. Trotzdem hat der Computer eine gewisse Machtstellung inne, die wiederum auch vom Menschen und dessen Wahrnehmung sowie Zuschreibung herrührt.[34]

Technisch gesehen, beschreibt Weizenbaum die Manipulation am Computer wie folgt:

> Die Funktion eines Computers besteht in der Manipulierung von Informationen, nicht nur in deren Übertragung von einer Stelle zur anderen. Und die Manipulierung von Informationen ist […] im Wesentlichen eine Sache der Transformation.[35]

Die Manipulierung oder Manipulation ist dem Computer also technisch integriert.

Um die Struktur der technischen Manipulation zu vervollständigen, muss noch zwischen dem analogen und dem digitalen Computer unterschieden werden. Die Turingmaschine ist ein analoger Computer, eine Rechenmaschine, welche die Symbolmanipulation analog sichtbar macht:

> Eine Turingmaschine […] erhält die Information, mit der sie arbeiten soll, über ein Band zugeführt. Sie muss dieses Band nacheinander ablesen und neu bespielen. Ein moderner Computer hingegen speichert einen Großteil der Information, die er manipuliert, in seinem Inneren.[36]

Die manipulierten Informationen des digitalen Computers als unsichtbare Informationen sind die Grundlage für eine versteckt ablaufende Manipulation des menschlichen Unbewussten.

Diese technischen Gegebenheiten, vor allem die Transformation von Informationen und die versteckte Informationsmanipulation im Inneren des digitalen Computers, prägen den Menschen, der mit ihm arbeitet. Doch hat die Prägung des Menschen, ausgehend von technischen Werk-

---

34 Vgl. ebd., 9; 40.
35 Ebd., 112.
36 Ebd., 118.

zeugen, nicht erst mit diesen versteckten technischen Manipulationen im digitalen Computer ihren Anfang genommen.[37]

1.4 Die Prägung des Menschen durch Technik

Der heutige Mensch ist geprägt durch den enormen technischen Fortschritt. Sein Körper wird immer mehr von Technik durchdrungen werden, sein Geist ist es jetzt schon gänzlich. Doch woher rührt diese Prägung?

Der Mensch hat von Urzeiten an Werkzeuge gebaut. Das erste, das seinen Geist »technisch« geprägt und transformiert hat, war die Uhr:

> Die Uhr ist nicht nur ein Mittel, um über Stunden Buch zu führen, sondern um den Handlungen der Menschen eine Gleichzeitigkeit zu verleihen [...] seit dem 13. Jahrhundert gibt es zuverlässige Urkunden über mechanische Uhren, und 1370 ist in Paris von Heinrich von Wyck eine »moderne« Uhr nach einem vorzüglichen Entwurf gebaut worden. Mittlerweile gab es Glockentürme, und falls die neuen Uhren, wie das bis zum 14. Jahrhundert noch der Fall war, kein Zifferblatt und keinen Zeiger hatten, der die zeitliche in eine räumliche Bewegung umsetzte, so schlugen sie zu allen Ereignissen die Stunde mit der Glocke an. Die Wolken, die die Sonnenuhr lahmlegen konnten [...] waren für die Zeitmessung kein Hindernis mehr: sommers und winters, bei Tag wie bei Nacht konnte man den gemessenen Schlag der Glocke hören. Das Instrument verbreitete sich schnell auch außerhalb der Klöster; und das gleichmäßige Schlagen der Glocken brachte eine neue Regelmäßigkeit in das Leben des Handwerkers und des Kaufmanns. Man kann fast sagen, dass die Glocken des Uhrturms das Leben in der Stadt bestimmten. Aus dem Messen der Zeit wurde die zeitliche Regelung der alltäglichen Verrichtungen,

---

37   Vgl. ebd., 9.

die zeitliche Kontrolle der Arbeitstätigkeit und die Rationie-
rung der Zeit.[38]

Die Uhr, die heute gewohnheitsmäßig am Körper getragen wird, hat den
Geist des Menschen – von dieser Zeit an bis heute – durch und durch
geprägt. Mumford beschreibt dieses Werkzeug als die „entscheidende
Maschine des modernen Industriezeitalters".[39] Diese Maschine, dieses
Werkzeug hat dem Menschen eine Regelmäßigkeit gegeben, die von der
Natur des Menschen gelöst stattfindet.[40] Es ist sozusagen eine neue Ebene der Orientierung: Hat der Mensch sich vor der Prägung durch den
Glockenschlag noch an natürlichen Ereignissen wie Sonnenauf- und
Sonnenuntergang orientiert sowie am Krähen des Hahns, ist dies nach
der Prägung des menschlichen Geistes durch den ständigen regelmäßigen Schlag nicht mehr »notwendig«.[41] Die Aufmerksamkeit des Menschen ist durch den Glockenschlag umgelenkt worden, weg von der Natur, hin zu einem künstlichen, vom Menschen erschaffenen »Ereignis«,
das mit Gleichklang und Verlässlichkeit von außen auf den Menschen
einwirkt und seinem Geist eine Vereinfachung in der Ereignishaftigkeit bringt.[42] Die Art des Ereignisses ist einfacher geworden und wirkt
verlässlich Stunde für Stunde auf Körper und Geist ein. Das bringt den
durch die Uhr geprägten Menschen auf eine andere Ebene – jene der
Künstlichkeit. Zudem wird der Mensch mit den Stunden, Minuten und
Sekunden durch eine abstrakte mathematische Maßeinheit geprägt, die
den Geist für das naturwissenschaftliche Denken präpariert hat. Das
naturwissenschaftliche Denken baut auf diese abstrakte mathematische
Maßeinheit als Grundbaustein des modernen menschlichen Geistes
auf.[43] Teil dieses Grundbausteins ist eine gewisse Entmündigung des

---

38   Lewis Mumford: Technics and Civilization, New York 1963, 13f.; zitiert aus:
     Weizenbaum, Die Macht der Computer und die Ohnmacht der Vernunft, 43.
39   Lewis Mumford: Technics and Civilization, New York 1963, 14; zitiert aus:
     Weizenbaum, Die Macht der Computer und die Ohnmacht der Vernunft, 42.
40   Vgl. Weizenbaum, Die Macht der Computer und die Ohnmacht der Vernunft, 40.
41   Vgl. ebd., 45.
42   Vgl. ebd.
43   Lewis Mumford: Technics and Civilization, New York 1963, 15; zitiert aus:
     Weizenbaum, Die Macht der Computer und die Ohnmacht der Vernunft, 43; 45.

Menschen durch diese Maßeinheit: Bestimmt – wie Homer beschreibt
– der Mensch vor der Prägung durch die Uhr seinen Tagesablauf selbst
durch spezielle Ereignisse, „durch Arbeiten, die begonnen oder beendet
wurden, wie das Einspannen (Morgen) und das Ausspannen (Abend)
der Ochsen", ist es nach der Prägung durch die Uhr eine Maschine, die
Beginn und Ende eines jeden Arbeitstages einläutet.[44] Doch natürlich –
dies muss immer wieder betont werden – sind es die Menschen selbst,
die diese Entmündigung historisch einleiteten und zuließen.[45] Auf diese
Prägung des menschlichen Geistes durch die abstrakte mathematische
Maßeinheit baut eine neue Art der Wahrnehmung auf. Der Blick wan-
dert weg von sich selbst, weg von der menschlichen Natur, hin zu einem
künstlichen Werkzeug. Somit verändert sich mit der Wahrnehmung der
Zeit auch die Wahrnehmung des Raumes.[46] Vor der Prägung durch den
Glockenschlag ist es der Mensch gewohnt, die „Gesetzmäßigkeiten in
seiner Lebenswelt" durch die Bewegung der Erde und durch den Einfluss der Gestirne auf die Erde wahrzunehmen.[47] Mit dem Glockenschlag wird die Aufmerksamkeit auf den Glockenschlag gelenkt – dadurch wird die Ereignishaftigkeit in der Wahrnehmung des Menschen
simpler. Der Gong wirkt auf das Unbewusste ein, es ist nicht mehr notwendig, die Natur bewusst zu lesen, um zu einer Schlussfolgerung zu
gelangen.

Vor der Prägung durch den Glockenschlag nimmt der Mensch Raum
und Zeit durch eine „Abfolge beständig sich wiederholender Ereignisse" wahr.[48] Mit der Prägung durch den Glockenschlag wird die Zeit
zu einer Summe abstrakter mathematischer Einheiten, die den Raum
in der Wahrnehmung des Menschen in gewisser Weise überdeckt[49]:
Die Mathematik überdeckt die Natur. Man könnte auch anders herum
argumentieren und sagen, die Uhr hätte den Menschen von einer Art
Abhängigkeit von der Natur befreit.[50] Von Befreiung oder gar Freiheit

---

44 Weizenbaum, Die Macht der Computer und die Ohnmacht der Vernunft, 40f.
45 Vgl. ebd., 44.
46 Vgl. ebd., 40.
47 Ebd.
48 Ebd., 40.
49 Vgl. ebd.
50 Vgl. ebd., 45.

kann aber kaum die Rede sein, denn es ist dem Menschen eine neue Abhängigkeit entstanden – die vom Werkzeug Uhr. Diese Abhängigkeit ist insofern zu verstehen, als „das Hungergefühl als Anreiz zum Essen"[51] verworfen und stattdessen die Mahlzeit eingenommen wurde, „wenn ein abstraktes Modell einen bestimmten Zustand erreicht hatte, das heißt, wenn die Zeiger einer Uhr auf bestimmte Marken auf dem Zifferblatt wiesen […], und dasselbe gilt für die Signale zum Schlafengehen, Aufstehen und so weiter."[52]

Diese Abhängigkeit wird dem Menschen immer gegeben sein, sei es nun die Abhängigkeit von der Natur oder die Abhängigkeit von der Technik. Es sind die Lebensumstände, welchen der Mensch immer unterworfen sein wird, da er einen Bezug zu seiner Umwelt hat, über welche teilweise sein Bewusstsein sich formt.

Die Uhr bringt den Menschen auf eine neue Ebene der Wahrnehmung, auf eine von der Natur unabhängige, autonome Ebene.[53] Über diese Autonomie ist die Macht des Menschen über die Natur zu erklären[54], der Mensch hat sich mithilfe von Werkzeugen die Erde untertan gemacht, gleichzeitig aber eine neue Machthierarchie erschaffen. Das Werkzeug kann dem Menschen sein Leben diktieren, wenn der Mensch es zulässt – und er hat es zu Beginn des 20. Jahrhunderts in großem Maße zugelassen.

Mit der Industrialisierung vertiefte sich die menschliche Prägung durch seine Werkzeuge. Gab der Glockenschlag dem Handwerker noch eine neue Regelmäßigkeit im Arbeitstag, wie oben durch Weizenbaum dargelegt, wurde der Arbeiter während der Industrialisierung zu einer Arbeitsoptimierung durch den Sekundenschlag getrieben.[55] Die Zeit wurde mehr und mehr zum Antrieb des Menschen. Als die erste Dampfmaschine um 1700 von Thomas Savery[56] erbaut wurde, war „die Quantifizierung von Raum und Zeit bereits ins allgemeine Bewusst-

---

51 Ebd.
52 Ebd.
53 Vgl. ebd.
54 Vgl. ebd., 44.
55 Vgl. Schirrmacher, Payback, 19.
56 Vgl. Weizenbaum, Die Macht der Computer und die Ohnmacht der Vernunft, 55.

sein übergegangen".[57] Ergebnis der Prägung des Menschen durch die Dampfmaschine war also nicht mehr die Transformation des Bewusstseins, von der Natürlichkeit weg hin zur Künstlichkeit, sondern es war die radikale Veränderung der Gesellschaft[58] im Äußeren:

> Spätere Werkzeuge, zum Beispiel das Telefon, das Auto oder das Radio, trafen auf eine Kultur, die sich bereits an dem orientierte, was die Wirtschaftswissenschaftler als Schweineprinzip bezeichnen: Wenn irgendetwas gut ist, so ist mehr davon noch besser. Das Bedürfnis nach erweiterten Kommunikationskapazitäten und höheren Geschwindigkeiten, oft erst durch die neuen Geräte selbst in Verbindung mit neuen Marketingtechniken geweckt, ermöglichte deren weite Verbreitung in der Gesellschaft sowie die unter dem Einfluss der neuen Geräte immer schneller erfolgende gesellschaftliche Umwandlung.[59]

Es sind also Zeit und Geräte, die dem Menschen während der Industrialisierung von außen seinen Arbeitstag diktieren, daraus erwuchs der Taylorismus.[60] Diese Komponenten transformieren den Menschen während der Industrialisierung zu einer Art Maschine, zunächst was die Arbeitsweise angeht; aber letztendlich prägen sie auch Arbeits- und Denkweise.

Mit dieser „Entfremdung des Menschen von der Natur"[61] vor und während der Industrialisierung kommt die naturwissenschaftliche Denkweise voran, wie Weizenbaum beschreibt, und „als wir soweit gediehen waren, platzte der Computer in unsere Gesellschaft".[62]

Die naturwissenschaftliche Denkweise bildet die Basis für die Manipulation, die heute vom digitalen Computer ausgehen kann. Es ist die neue, naturwissenschaftlich geprägte Welt, die digitale Abhängigkeit des Menschen von seinen Maschinen, die mit der Uhr ihren Anfang

---

57 Ebd., 47.
58 Vgl. ebd.
59 Ebd., 47f.
60 Vgl. Schirrmacher, Payback, 19.
61 Weizenbaum, Die Macht der Computer und die Ohnmacht der Vernunft, 47.
62 Ebd., 46.

nahm. Die Gesellschaft, wie sie heute besteht, würde ohne digitale Maschinen zusammenbrechen.

Innerhalb dieser Abhängigkeit besteht natürlich ein Machtgefälle, und wenn alle anderen Voraussetzungen von beiden Seiten aus gegeben sind, wenn beide Akteure der Manipulation zustimmen (der eine bewusst, der andere unbewusst), dann ist eine Manipulation zwischen Mensch und Maschine möglich. Hier wird das Medium dann zur Plattform der Manipulation und zum „gestalteten Inhaltsträger zwischen Produzent und Rezipient, zwischen Gestalter und Nutzer".[63]

---

63 Kerlen, 9.

2

STEUERUNG UND MANIPULATION

2.1 Technische Manipulation im Altertum

Die heutige technische Datenverarbeitung, wie sie in Computern ab-
läuft, wurzelt dreifach im Altertum: Erstens in abstrakten, geistig-lo-
gischen Konzepten, zweitens in der Mechanisierung des Rechnens und
drittens in der technischen Automatisierung, also in der automatischen
technischen Steuerung.[64] In diesen drei Prozessphasen liegen Möglichkeiten zu Manipulationen. Im Altertum dienten beispielsweise Automaten, wie der automatische Türöffner Herons von Alexandria[65], Priestern
dazu,

> im [...] Volk Furcht und heilige Scheu vor ihren göttlichen Kräf-
> ten [zu] erwecken [...]. Der andächtige Gläubige, der zu Eh-
> ren seines Gottes ein Opferfeuer entfacht hatte, mag nicht
> schlecht gestaunt haben, als sich plötzlich, wie von Geister-
> hand bewegt, die Tempeltür öffnete und nach einiger Zeit au-
> tomatisch wieder schloss.[66]

An diesem Beispiel ist die Funktionsweise der Manipulation klar er-
kennbar. Automaten wie dieser wurden hergestellt, um in den Menschen, die davon umgeben waren, bestimmte Gefühle hervorzurufen,

---

64   Vgl. Ganzhorn, 11; 28.
65   Der griechische Gelehrte lebte vermutlich im ersten Jahrhundert nach Christus
     und lehrte am Museion von Alexandria in Ägypten. Er schrieb unter anderem
     Automata, das Buch der Maschinen.
66   Ganzhorn, 28.

die dem Hersteller oder dem Auftraggeber der Automaten zugutekommen sollten – in diesem Beispiel den Priestern, deren Macht und Einfluss sich durch Furcht und heilige Scheu ihrer »Schützlinge« vergrößert haben mag. Die Priester mögen vor der Zielgruppe dieser Manipulation gottähnlich gewirkt haben. Zielgruppe waren diejenigen, die sich der versteckten Technik nicht bewusst waren und mit größter Wahrscheinlichkeit keine technischen Kenntnisse besaßen. Heute sind wir in unserem Wissen über Technik und in unserem Bewusstsein ein großes Stück weiter, jedoch ist auch die Technik komplexer geworden. Wer begreift heute noch alle technischen Bezeichnungen? Nicht-Wissen ist immer ein Punkt, an dem Manipulation ansetzen kann. Die Folge der Manipulation ist dann – wie im zitierten Beispiel –, dass durch die hervorgerufenen Gefühle, durch Furcht und Scheu, der Manipulierte von seinem eigenen Ich entfernt wird. Das Selbstvertrauen fehlt beim Opfer der Manipulation. Das Selbst verlagert sich sozusagen durch Eingriff von außen, der über den Automaten ins Unbewusste des Manipulierten reicht. Natürlich wurden und werden Automaten oder Maschinen nicht nur mit der Absicht einer Manipulation gebaut oder erfunden, wie zum Beispiel der Abakus oder die Rechenmaschinen von Schickard oder Pascal. Diese sollten vielmehr dem Menschen als Hilfsmittel dienen.

2.2 »Computer« als Hilfsmittel

Der Begriff »Computer« stammt ursprünglich aus dem Lateinischen: Das Verb »computare« bedeutet »berechnen, zusammenrechnen«. Aus dem Lateinischen gelangte dieses Wort ins Französische, von dort ins Neuenglische, aus dem Neuenglischen wurde es schließlich im 20. Jahrhundert als Nomen ins Deutsche entlehnt.[67]

Im Prinzip kann also – durch die Wortherkunft – schon der Abakus als Computer bezeichnet werden. Ein Rechenbrett, das wohl in allen großen Kulturen bekannt ist und beim Rechnen bildlich und haptisch

---

67 Vgl. Kluge: *Etymologisches Wörterbuch der deutschen Sprache*, Berlin/Boston ^{25}2011, Begriff: Computer.

unterstützen kann – sollte dem Menschen ein Hilfsmittel sein. Auch die Rechenmaschinen, die im 17. Jahrhundert erfunden worden sind, sollten bei Berechnungen helfen. Wilhelm Schickard, ein Universalgelehrter aus Tübingen, erfand seine mechanische Rechenmaschine im Jahr 1623. Sie war „die erste urkundlich nachweisbare Rechenmaschine der Welt" und erlaubte die Durchführung der vier Grundrechenarten.[68] Diese Maschine[69] sollte einer bestimmten Gruppe von Mathematikern komplexe Berechnungen erleichtern, die sie für Astronomen tätigten. Diese Mathematiker nannte man auf der Schwelle vom Mittelalter zur Neuzeit »Computer«, es war zu der Zeit eine Berufsbezeichnung.[70]

Blaise Pascal erfand seine mechanische Rechenmaschine namens *Pascaline* im Jahr 1642 als Hilfsmittel für seinen Vater, er war Finanzverwalter. Pascaline erlaubte eine der vier Grundrechenarten, nämlich die Addition.[71]

Von da an erfuhren die Rechenmaschinen eine Weiterentwicklung. Im Jahre 1673 erweiterte Gottfried Wilhelm Leibniz

> die Idee des Zählrades um eine wesentliche Möglichkeit, nämlich um die Multiplikation durch fortgesetzte und gezählte Addition. Hiermit wurde [...] der Weg bereitet für einen noch heute benutzten mechanischen Rechenmaschinentyp.[72]

Diese ersten Rechenmaschinen sind weder technisch vollkommen ausgereift gewesen[73] noch in größerer Stückzahl hergestellt worden. Erst im Zeitraum von 1774 bis 1790 wurden „die ersten Rechenmaschinen serienmäßig durch den schwäbischen Pfarrer Matthäus Hahn" herge-

---

68 Vgl. Ganzhorn, 20.
69 Vgl. http://www-ti.informatik.uni-tuebingen.de/deutsch/schickard/index.html, 10.12.2012.
70 Vgl.http://www.planet-wissen.de/natur_technik/computer_und_roboter/geschichte_des_computers/index.jsp, 29.11.2012.
71 Vgl. Ganzhorn, 21.
72 Ebd., 23.
73 Vgl. ebd., 25; http://www.planet-wissen.de/natur_technik/computer_und_roboter/geschichte_des_computers/index.jsp.

stellt.[74] Im Jahre 1837 hat auch Charles Babbage eine »Analytische Maschine« theoretisch entworfen. Diese Rechenmaschine wurde von Babbages Mitarbeiterin Ada Lovelace mit einer Sprache bedacht. Deshalb gilt sie als erste Programmiererin.[75] Sie hat den Computer 1843 mit einer programmierbaren Rechenvorschrift, dem ersten Algorithmus, dem ersten Computerprogramm versehen[76] und damit natürlich einen Grundstein für die Informatik gelegt, aber auch einen Grundstein zur Manipulation, wie sie heute algorithmisch basiert ablaufen kann.

Im Jahre 1850 kam die Tastatursteuerung hinzu, ein Teil der klassischen Mensch-Computer-Schnittstelle, als in England das erste Patent für eine tastaturgesteuerte Addiermaschine ausgestellt wurde. Mit der Industrialisierung und der gleichzeitigen Zunahme von Maschinen wurden immer mehr

Rechenmaschinen in Serie hergestellt. Die heutige Form als Tischrechenmaschine war nahezu erreicht. Es bedurfte nur noch der Verbindung mit dem Elektromotor, um die mechanische Rechenmaschine zu dem werden zu lassen, was sie bis in jüngste Zeit war: ein unentbehrliches Hilfsmittel [...], das aus dem praktischen Leben kaum mehr wegzudenken ist.[77]

Steve Jobs, Mitbegründer von Apple, redete in den 70er und 80er Jahren des letzten Jahrhunderts schon davon, dass der Computer „die Effizienz des Geistes vervielfachen"[78] würde – und mit einem bewusst eingesetzten Hilfsmittel vermag der Mensch das auch!

Die Benutzung einer Maschine als Hilfsmittel kann positive und ne-

---

74 Ganzhorn, 26.
75 Vgl.http://www.planet-wissen.de/natur_technik/computer_und_roboter/geschichte_des_computers/index.jsp, 29.11.2012.
76 Vgl. http://www.sueddeutsche.de/digital/ada-lovelace-zum-geburtstag-pionierin-der-programmiersprache-1.1546258, 10.12.2012 (10.12.2012) ; Teresa Nauber: „Die Frau, die das erste Computerprogramm schrieb", in: Die Welt online, 10.12.2012 (10.12.2012).
77 Ganzhorn, 26.
78 Isaacson, 142.

gative Effekte haben. Die Maschine kann als Unterstützung für die Phasen herangezogen werden, in denen der Mensch sein eigenes System »herunterfährt«. Das heißt nicht, dass Maschinen grundsätzlich überlegen sind. Wenn überhaupt, dann nur punktuell, in dem Moment, in dem sie als Unterstützung herangezogen werden. Maschinen laufen technisch nie fehlerfrei, da sie ja von Menschen gebaut werden! Dieser Gedanke ist simpel, wird jedoch, was die Mensch-Computer-Schnittstelle anbelangt, immer wieder vergessen. Wenn sich der Mensch folglich bewusst darüber ist, dass Maschinen nicht überlegen sein können, ist der Mensch weiter selbstbestimmt, entweder als Erbauer der Maschine oder als derjenige, der sie zur Unterstützung heranzieht. Die Maschine kann unterstützen, aber sie kommt nicht von selbst auf den Menschen zu.

Das Denken sollte allein von seinem eigenen Kopf ausgehen, dabei kann die Maschine Hilfsmittel sein. Wenn dieses Bewusstsein nicht vorhanden ist und der Nutzer sich rein auf den Computer verlässt, verlagert er sein eigenes Denken nach außen. Dann ist der Computer nicht mehr nur Hilfsmittel, sondern Denkapparat (wobei sich der Mensch kleiner macht, als er ist). Genau an dieser Verlagerung und Verkleinerung kann Manipulation anknüpfen – technisch über den Algorithmus. Deshalb ist Bewusstheit darüber, ob der Computer noch Hilfsmittel ist oder schon Denkapparat, ein adäquates Mittel, um gesund mit der computerisierten Welt umzugehen.

2.3 Datenverarbeitung, Miniaturisierung und Steuerung: Vollendung der klassischen Mensch-Computer-Schnittstelle

Damit der Computer Hilfsmittel sein kann, muss er Daten verarbeiten können. Dies wurde und wird von Sekunde zu Sekunde komplexer. Ein Grundproblem zur Datenverarbeitung wurde von Alan Turing beschrieben, einem britischen Mathematiker und Kryptoanalytiker. Er erläutert in seiner Schrift *On Computable Numbers, with an Application to the «Entscheidungsproblem»* aus dem Jahre 1936 eine Maschine, die heute als *Turingmaschine* bekannt ist. Sie helfe, so heißt es in seiner Theorie, bei dem Entscheidungsproblem – ein Grundproblem aus der Informatik. Das heißt, diese Maschine ermittelt durch einen Algorithmus eine Entscheidung für ein Element einer Menge. Der Algorithmus ist durch diese Maschine analog sichtbar. Die Turingmaschine besteht aus einem Papierstreifen und einem mit Schreib-, Lese- und Löschfunktion ausgestatteten Kopf, der auf dem Papierstreifen Symbole zu manipulieren vermag.[79] Alan Turing hat diese Maschine in der Theorie ersonnen, um Berechenbarkeit zu beweisen. Eine solche Maschine kann, laut Turing,

> jedes vorstellbare mathematische Problem […] lösen, sofern dieses auch durch einen Algorithmus gelöst werden kann.[80]

Wenn der Nutzer des Computers also mathematisch gedacht wird, kann er auch berechnet und damit manipuliert werden. Sobald Manipulation im Spiel ist, wird der Mensch nicht mehr gedacht, wie er wirklich ist, sondern wie er sein könnte. Es handelt sich in diesem Moment um eine Verschiebung des wirklichen Ichs – allerdings nur, wenn der Mensch nach dieser algorithmischen Hypothese handelt!

Was zum Wirkungskreis von Manipulation gehört, ist die Täuschung. Die Frage, ob der Mensch getäuscht werden kann, ist in Turings *Imitation-Game* zu finden. „Are there imaginable digital computers which would do well in the imitation game?" Diese Frage stellt Turing 1950 in seinem Essay *Computing machinery and intelligence.*[81] Mit dem hinter diesem Gedanken stehenden Experiment legte Turing den Grundstein für unsere heutigen digitalen Computer und implizierte den Täuschungsfaktor in die computerisierte Welt. In diesem sogenannten *Turing-Test* gilt der Computer als intelligent, wenn der menschliche Proband den Computer als Menschen sieht, nicht als Maschine. Das heißt, wenn die

---

79 Vgl. http://images.zeit.de/wissen/2012-07/IG-Turing-neu.pdf, 05.07.2012 (23.11.2012).
80 Wikipedia, Begriff: Alan Turing, 13.11.2013.
81 Vgl. Achim Fehrenbach: „Benimm dich wie eine Maschine – oder stirb", in: Die Zeit online, 25.07.2012 (23.11.2012); Turings Schrift *Computing machinery and intelligence* ist online verfügbar: http://loebner.net/Prizef/TuringArticle.html, 23.11.2012.

Maschine es vermag, den Menschen an sich so gut zu imitieren, dass der menschliche Proband die Maschine nicht als solche erkennt, vermag es die Maschine, den Menschen zu täuschen.[82]

Auch Turings Ansatz blieb theoretischer Natur. Gebaut hat den ersten Computer, mit elektromechanischen Bauteilen und rein dualer „Darstellung von Zahlen und Operationsbefehlen unter ausschließlicher Verwendung bistabiler Schaltelemente", Konrad Zuse im Jahre 1941.[83] Er vervollständigte sozusagen Alan Turings Theorie durch den praktischen Bau des ersten Computers.[84] Das ist der Beginn der Digitalisierung und der Verbreitung von Algorithmen, der Grundlage der heutigen Datenverarbeitung – und der Vergrößerung der Oberfläche für Manipulation!

Diese Oberfläche wird noch größer durch die Miniaturisierung des Computers. Im Jahre 1982 wurde der C64 eingeführt, von Jack Tramiels erster Firma namens *Commodore International*. Diese Firma baute die ersten Microcomputer und brachte damit den Rechner auf den Schreibtisch. Der C64 ging mit mehr als zwanzig Millionen Stück in die Produktion. Die »Generation C64«, Jugendliche, die mit diesem Rechner programmieren lernten, gelten sozusagen als Vorfahren der heutigen digital Sozialisierten. Mit Tramiels zweiter Firma Atari wollte er einen Computer für die Masse auf den Markt bringen, einen Rechner, der billiger als der Apple Macintosh und auf gleicher Höhe mit dem von IBM war.[85] Den damaligen CEO von Apple, Steve Jobs,

verärgerte Tramiel mit seinem Urteil über den Macintosh, dass dieser nur in Schönheitsboutiquen verkauft werden könne. Der 1985 erschienene Atari ST entpuppte sich als großer Wurf im Markt der Homecomputer. Er brachte seine Exfirma Commodore in große Schwierigkeiten. Trotz weiterer Anstrengungen, wie der Entwicklung eines innovativen billigen Laserdruckers,

---

82   Vgl. Achim Fehrenbach: „Benimm dich wie eine Maschine – oder stirb", in: Die Zeit online, 25.07.2012 (23.11.2012).
83   Ganzhorn, 45f.
84   Vgl. http://images.zeit.de/wissen/2012-07/IG-Turing-neu.pdf, 05.07.2012 (23.11.2012).
85   Vgl. Detlef Borchers: „Computer für alle", in: FAZ online, 10.04.2012 (30.11.2012).

gelang es Tramiel jedoch nicht, sein System bei den professionellen Anwendern zu etablieren.[86]

Auch Apple war ab dem Jahr 1979 dabei, einen Computer für die Masse zu entwickeln:

> Ziel war [ein] preiswerter Rechner [...], der wie ein Haushaltsgerät konzipiert war – mit eingebautem Bildschirm und Tastatur und fertig installierter Software – und eine grafische Benutzeroberfläche bieten sollte.[87]

Der Umstand, dass massentaugliche Computer wie Haushaltsgeräte konzipiert wurden, geht einher mit dem Verstecken der nackten Maschine – technische Manipulationen liegen so nicht mehr offen – sowie mit der grafischen Benutzeroberfläche. Beide Entwicklungen erlauben eine angenehme und bequeme Mensch-Computer-Schnittstelle:

> Mit der exponentiell wachsenden Leistungsfähigkeit der Computerprozessoren wurde es möglich, [diese] sogenannten grafischen Benutzeroberflächen zu entwickeln, die die nackte Maschine vor dem Anwender verbargen.[88]

Die grafische Benutzeroberfläche sollte „die Programmzeilen und DOS-Abfragen ablösen, die Computerbildschirme so abschreckend aussehen ließen".[89] Wie auf einer Schreibtischplatte sollte man „zahlreiche Dokumente und Ordner ablegen können und dann einfach mit der Maus auf denjenigen klicken, den man öffnen wollte".[90] Mit der Simulation der Schreibtischplatte kamen die

> Symbolschnittstellen, die den Rahmen eines Desktop und

---

86   Ebd.
87   Isaacson, 121.
88   Turkle, Leben im Netz, 32.
89   Isaacson, 122.
90   Ebd.

eine dialogische Kommunikation simulieren [...]. Diese neuen Schnittstellen modellierten eine Art des Verstehens, die auf dem interaktiven Kennenlernen des Computers basierte – ganz ähnlich, wie man mit einer Person vertraut wird oder eine Stadt erkundet.[91]

Zwischen dem Benutzer und der Maschine stehen nun also „neue undurchsichtige Interfaces"[92], die neuen der Kommunikation zwischen Mensch und Computer dienenden Schnittstellen, die das Mechanische oder das Maschinelle vor dem Benutzer verbergen. Stattdessen wird mehr und mehr das Menschliche innerhalb dieser Symbolschnittstellen herangezogen. Der Macintosh simuliert die physischen Bewegungen des Menschen. Er spiegelt sozusagen die Bewegung, die der Nutzer „manuell mit einer Maus auf einer glatten Fläche ausführt, auf dem Schirm durch ein Bildsymbol – meist ein Pfeil oder eine Hand mit ausgestrecktem Zeigefinger".[93] Dieser Computer knüpft an der Intuition des Nutzers an und manipuliert so dessen Denken:

> Der simulierte Desktop, den der Macintosh präsentierte, war viel mehr als nur eine benutzerfreundliche technische Spielerei, um unerfahrenen Laien den Zugang zum Computer zu erleichtern. Er führte auch eine Weise des Denkens ein, die besonderen Nachdruck auf die Manipulation der Oberfläche und das Arbeiten in Unkenntnis der zugrunde liegenden Mechanismen legte.[94]

Wie die Simulation auf dem Macintosh das Denken des Nutzers prägt und transformiert, prägt auch der IBM-PC mit seiner befehlsgestützten Bedienungsmethode[95] und logischen Berechnung das menschliche Denken.[96]

---

91   Turkle, Leben im Netz, 32.
92   Ebd.
93   Ebd., 50.
94   Ebd., 50f.
95   Vgl. ebd., 54.
96   Vgl. ebd., 58-61.

So spaltete sich die PC-Kultur Ende der achtziger Jahre praktisch in zwei Kulturen auf, die durch die Bindung an unterschiedliche Computersysteme in einem Konkurrenzverhältnis
zueinander standen.[97]

Der Mythos Macintosh suggerierte den Nutzern, der Computer sei un-
terhaltsam wie ein Freund. Der Mythos IBM-PC

beschwor dagegen die Vorstellung, der Computer sei wie ein
Auto, das man in seiner Gewalt hat. [...] Das IBM-System lud
einen dazu ein, sich an seiner globalen Komplexität zu erfreuen,
doch gleichzeitig verhieß es Zugang zu seiner lokalen Simplizi-
tät. Der Macintosh forderte einen auf, die globale Komplexität zu
genießen und alles andere zu vergessen. Einige Menschen emp-
fanden dies als befreiend, andere als angsterregend. Manche
waren zudem besorgt darüber, dass Macintosh-User weitgehend ohne Benutzerhandbuch auskamen und sich durch spie-
lerisches Ausprobieren mit ihren Systemen vertraut machten.[98]

Der IBM-PC lenkte das Denken auf das technisch Virtuelle, der Macintosh auf die simulierte Oberfläche. Die Simulation ist Basis, erstens
für eine Verschiebung des Realen ins Virtuelle und zweitens für die
postmoderne Denkart, welche die Oberfläche erkundet, weil vielleicht
die technische Tiefe schon zu komplex geworden ist, als dass sie vom
vernetzten Menschen alltäglich erfasst werden könnte.[99] Deshalb werden Oberflächenstrukturen, die das reale Leben simulieren, akzeptiert,
und damit auch die Verschiebung des Realen ins Virtuelle. Das Logische und analog Technische wurde ins digital Simulierte verlagert – im
kollektiven Bewusstsein verstummen damit nach und nach Fragen wie
„»Wie funktioniert das?« und »Was geht eigentlich darin [in diesem
Computer] vor?«"[100]

---

97   Ebd., 53.
98   Ebd., 52f.
99   Vgl. ebd., 52.
100 Ebd., 61.

Innerhalb der Miniaturisierung ist folgende Schlussfolgerung und Beobachtung logisch: Wenn immer mehr Technik aus dem Sichtfeld verschwindet, verschwindet bald auch der Computer komplett vom Schreibtisch. Das heißt folglich, dass sich auch das Denken wieder ändern wird, die Wahrnehmung der Welt und damit das Selbst-Bewusstsein! Auch das Verschwinden der Computermaus ist Teil dieses Prozesses. Die erste vermarktbare Computermaus steuerte den ersten Macintosh aus dem Jahre 1984 und ist damit Teil der klassischen Mensch-Computer-Schnittstelle in der Entwicklung des Computers. Eine Art Vernetzung von Mensch und Maschine, die mit dem Netz neue Dimensionen erfährt und über die der unbewusste Nutzer manipuliert werden kann! Denn jeder Klick hinterlässt eine Spur, und diese kann durch eine Art Rückkoppelungsschleife, durch ein Feedback[101], den Nutzer manipulieren oder transformieren!

Die klassische Mensch-Computer-Schnittstelle besteht also zwischen Mensch, Bildschirm, grafischer Benutzeroberfläche, Tastatur, Maus und Algorithmus sowie Elektromotor. Es sind Augen, Finger und Hirnleistung, an welchen Manipulation ansetzen kann!

Der Computer ist also nicht mehr nur Hilfsmittel oder eine Art »Teilzeitprothese«.[102] Mensch und Computer bekommen eine immer größere Schnittstelle, die Computer bekommen eine größere Nähe zum Körper, die in Raum *und* Zeit besteht: Durch die Miniaturisierung der Geräte bekommen diese eine größere räumliche Nähe zum Körper, und die Nutzung wird einfacher und häufiger. Die Vernetzung wird also dichter.

2.4 Beginn der Vernetzung

Der Netzgedanke ist nicht neu. Seit den Persern, Griechen und Römern mit ihren Fackelsignalen auf Berghöhen oder ihren Kurieren ist immer wieder das Gebilde aus Knoten oder Stationen und Verbindungssträngen geknüpft worden.[103]

101 Vgl. auch Schirrmacher, Payback, 14f.; 100.
102 Vgl. Weizenbaum, Die Macht der Computer und die Ohnmacht der Vernunft, 22; 38.
103 Kerlen, 262f.

Genauso ergibt die Struktur des Briefverkehrs von Individuum zu Individuum in der Gesamtbetrachtung eine Netzstruktur.[104] „Erst in Neuzeit und Moderne kommt es zu zentralen Sendern, die an eine Masse versenden"[105], – eine Struktur, die den transparenten Menschen durch die NSA-Ausspähung hervorgebracht hat.

Im digitalen Raum findet nicht direkt von Nutzer zu Nutzer ein Datenaustausch oder eine Datenverarbeitung statt, sondern die Daten müssen auf einem Server »zwischengelagert« werden. Dadurch werden die persönlichen digitalen Daten »in fremde Hände« gegeben. Doch ist das nicht vergleichbar mit der analogen Post.

Das Argument der Verteidigung und Sicherheit, mit dem Geheimdienste die Daten vernetzter Menschen völlig durchleuchten, findet sich indirekt in den Ursprüngen des Internets in den 50er und 60er Jahren wieder:

Nach dem Sputnik-Schock richtete die US-Regierung 1958 im Verteidigungsministerium die Advanced Research Projects Agency (ARPA) zur Entwicklung innovativer Technologien für die militärische Nutzung ein. 1964 wurde in einem von der RAND Corporation erstellten Bericht über die Absicherung militärischer Kommandostrukturen die für das heutige Internet zentrale Idee der Paketvermittlung vorgestellt. 1969 fällte das US-Verteidigungsministerium die Entscheidung zum Aufbau eines paketvermittelnden Datennetzes ohne zentrale Steuerung und Kontrolle. Dieses sogenannte ARPANET sollte militärische und akademische Einrichtungen innerhalb der USA miteinander verbinden.[106]

Aus dem ARPANET entwickelte sich das Internet durch „die steigende Zahl der Teilnehmer, die internationale Vernetzung sowie die Abspaltung des militärisch genutzten Bereichs".[107] Zu Anfang „bestand das

104 Vgl. ebd.
105 Ebd., 263.
106 http://wirtschaftslexikon.gabler.de/Definition/internet.html, 07.02.2013.
107 Ebd.

Netz aus vier Computern verschiedener Universitäten"[108], heute nutzen
rund 2,4 Milliarden Menschen weltweit das Internet.[109]
  Grundlage für beide Netze ist

> die Entwicklung einer Grammatik, die im binären Code aufge-
> baut ist, das so genannte TCP/IP (Transmission Control Pro-
> tocol/Internet Protocol), zuständig für die korrekte Zustellung
> beziehungsweise Zerlegung und Zusammensetzung der Da-
> tenpakete. »Binär« heißt: Alle Daten werden in einen niedrigvol-
> tigen Impuls (»1«) und dessen Fehlen (»0«) verwandelt. Das war
> bereits beim Telegrafen so. Erst durch die Mikrochips und die
> optimierten Leitungswege in Glasfaserkabeln konnten enorme
> Mengen von binär codierten Daten transportiert werden. Den
> Tonintervallen, Lettern, Bildauflösungspunkten entsprechen
> jeweils bestimmte Sequenzen von 1 und 0, die auf Mikropro-
> zessoren komprimiert in hoher Geschwindigkeit durch die Ka-
> bel »fließen«.[110]

Eine seit 1972 bestehende Applikation, also eine Anwendungsmög-
lichkeit des Internet, ist die E-Mail, zunächst ausschließlich unter Wis-
senschaftlern. In Deutschland geht die erste E-Mail an der Universität
Karlsruhe über das Forschungsnetz CSNET an die Adresse rotert@
germany, die dem Internetpionier Michael Rotert gehörte. Abgeschickt
worden ist sie am 2. August 1984 und einen Tag später angekommen.[111]
  Mit der Entwicklung des Netzes wurde auch die Marktmacht einzel-
ner Unternehmen immer größer. In einem Artikel in der Sonntaz, vom
29./30. Dezember 2012, zum Thema *Wem gehört das Internet?* heißt es:
Fünf Konzerne ringen um die Macht im Netz. Es sind der Hardware-
Design-Spezialist Apple mit 127,8 Milliarden Dollar, das Software-Un-

---

108 Ebd.
109 Stand der Statistik: Juni 2012; vgl. http://de.statista.com/statistik/daten/stu-
     die/157868/umfrage/anzahl-der-weltweiten-internetnutzer-nach-regionen/,
     07.02.2013.
110 Kerlen, 263f.
111 Vgl. Eva Sudholt: „Vor 50 Jahren ging die erste E-Mail – ans Pentagon", in: Die
     Welt online, 22.11.2012 (30.11.2012).

ternehmen Microsoft mit 72,1 Milliarden, der Online-Händler Amazon mit 48,1 Milliarden, die Suchmaschine Google mit 37,9 Milliarden und das soziale Netzwerk Facebook mit 3,7 Milliarden Dollar Umsatz zu diesem Zeitpunkt. Das sind »die fünf Großen« des Internet, die von dessen Entwicklung profitiert haben.[112] Gleichzeitig hat auch der Nutzer einige Vorteile. Er kann viel schneller an Wissen gelangen, ist ständig durch diese Möglichkeit umgeben, durch die scheinbar immer smarter werdende Technik:

> In der ersten Internetwelle, die in der Dotcom-Blase und deren Zerplatzen gipfelte, ging es vor allem um den Zugang zu Informationen über das globale Netz – man kann es Web 1.0 nennen. Im Jahr 2001 erkannten die Benutzer, dass das Internet nicht nur ein Netzwerk zum *Empfang* von Informationen ist, sondern sie dort auch Informationen *generieren* und mit Gleichgesinnten *teilen* können; das ist es, was heute häufig als Web 2.0 bezeichnet wird.[113]

Der Internet-Nutzer ist online vernetzt, mit »Wissensdatenbanken«, Freunden, Familie, Arbeitskollegen, Bekannten und Fremden. Die vernetzten Menschen scheinen einander näher zu sein als es die Menschen ohne Internet waren. Diese Vernetzung kann aber auch Nachteile bringen, wie durch eine mögliche Manipulation!

2.5 Vernetzte Umgebung

Diese neue Umgebung wurde, technisch gesehen, kreiert durch die Vereinigung von Computer, Telefon, Fotoapparat und Kamera sowie der neuen Oberfläche der digitalen Geräte – dem Touch-Screen. Durch diese neue Oberfläche lassen sich die Geräte über Gesten steuern. Zur Gestensteuerung kommen Sprachsteuerung und Eye-Tracking, Teil der

---

112 Vgl. Andreas Kiener; Stephanie F. Scholz: „Das Internetquartett", in: Sonntaz (Nr. 9993) 29./30.12.2012, 14.
113 Mayer-Schönberger, 12.

neuen Mensch-Computer-Schnittstelle. Die Umgebung selbst scheint intelligent zu werden, durch die Geräte, die der Mensch in seine Umgebung integriert und integrieren wird (die körpernahe Miniaturisierung der Geräte ist Gegenwart), und die den Menschen in gewisser Weise lesen können. Grundlage hierfür ist der Algorithmus, der unsere digitalen Spuren verwertet und nutzt.

Gesteuert wird diese neue, ständig wechselnde Umgebung, in die man sich freiwillig zu begeben scheint, vom Silicon Valley aus, durch Forschung, Entwicklung und Werbung. Das Silicon Valley ist Sitz der wichtigsten Technologie-Unternehmen, unter anderen der genannten »Großen Fünf«.

Der Tablet-Computer ist ein Teil der neuen Umgebung. Der erste, der davon in großen Stückzahlen verkauft wurde, ist das iPad von Apple aus dem Jahr 2010:

> In nicht einmal einem Monat verkaufte Apple eine Million iPads. […] Im März 2011, neun Monate nach der Produkteinführung, war das iPad fünfzehn Millionen Mal über die Ladentheke gegangen. Es legte gewissermaßen den erfolgreichsten Verkaufsstart eines Produkts für den Massenmarkt in der Geschichte hin.[114]

Um noch einen Blick weiter zurück zu gehen: Im Jahre 2002, nach der Geburtstagsfeier eines Microsoft-Ingenieurs, fand sich Steve Jobs dazu aufgerufen, einen Tablet-Computer zu entwerfen, denn, so heißt Jobs' Wortlaut in dessen Biografie:

> Dieser Typ quatschte mich voll, wie Microsoft mit diesem Tablet-PC die Welt verändern und das Notebook überflüssig machen würde und dass Apple seine Microsoft-Anwendungen in Lizenz nehmen solle. Aber er hatte das Gerät komplett falsch angefangen. Es hatte einen Griffel. […] Bei diesem Abendessen fing er bestimmt zum zehnten Mal damit an, und ich hatte

---

114 Isaacson, 583.

es so satt, dass ich zu Hause sagte: »Verdammt, wir zeigen dem jetzt mal, wie ein Tablet auszusehen hat.« Am nächsten Tag versammelte Jobs sein Team im Büro und verkündete: »Ich will einen Tablet-Computer entwickeln, und er darf weder Griffel noch Tastatur haben.«[115]

Der Bildschirm sollte berührungsempfindlich sein, so dass darüber die Eingaben erfolgen sowie mehrere Eingaben gleichzeitig verarbeitet werden könnten – das sogenannte Multi-Touch, was das Heranzoomen und Vergrößern auf dem Touch-Screen erlaubt.[116]

Das Smartphone ist ein weiterer Teil dieser neuen Umgebung, es hat den Tablet-Computer in gewisser Weise integriert. Im Jahre 2007 präsentierte Apple sein iPhone als drei Produkte in einem:

Heute stellen wir gleich drei revolutionäre Produkte [...] vor. Das erste ist ein Breitbild-iPod mit Touchscreen. Das zweite ist ein umwälzendes Handy. Und das dritte ist ein neues Internet-Kommunikationsgerät, das einen echten Durchbruch bedeutet.[117]

Bei einer solchen Ankündigung gilt es, Bewusstheit zu bewahren, denn je größer der technisch-revolutionäre Durchbruch zu sein scheint, desto stärker kann die Beeinflussung durch das Produkt ausfallen. Sobald religiöse Vergleiche vorgenommen werden – die Blogger-Szene nannte das iPhone gleich nach dessen Einführung »Jesus-Phone«[118] –, sollte die Wachheit der Nutzer umso größer sein.

Das Smartphone erlaubt durch die Integration dreier Kommunikationsgeräte in einem die grenzenlose Verfügbarkeit von Mensch und Technik. Das kann sowohl ein positiver als auch ein negativer Effekt sein. Dadurch, dass der Nutzer das Smartphone im Prinzip immer dabei haben kann, ist »Wissen« über den Internetzugang scheinbar immer

---

115 Ebd., 549.
116 Vgl. ebd.
117 Ebd., 556f.
118 Ebd., 557.

verfügbar. Die Gefahr dabei ist eine gewisse Abhängigkeit von dieser Verfügbarkeit des »Wissens«.

Auch die Verfügbarkeit des Menschen spielt eine wichtige Rolle. Als das Schnurtelefon mit Wählscheibe und Kabel noch zu Hause eingesteckt war, war der Mensch nicht ständig erreichbar. Auch hatte man nicht permanent die Möglichkeit, die »Post« zu überprüfen, wenn man unterwegs war. Selbst wenn man zu Hause ist, würde es neurotisch wirken, würde man jedes Mal den Briefträger abfangen, sobald man das Klappern des Briefkastens hört. Doch durch die ständige Verfügbarkeit des elektronischen Briefkastens, weil man ihn durch das Smartphone bei sich trägt, und vor allem weil eingehende E-Post tonal angezeigt wird, hat sich diese Neurose des analogen Lebens durch die Integration des digitalen Gerätes zur Normalität verschoben – nicht zur gesunden Normalität, wie sich noch zeigen wird! Das Bild, wie zu Hause das Telefon mit Schnur und Kabel, den Hörer am Ohr, über Möbelstücke hinweg durch die Wohnung gezerrt wird, um wenigstens ein bisschen Bewegungsfreiheit zu haben, ist einem anderen Bild gewichen. Wir sehen heute Menschen, die auf der Straße schlendern, mit gesenktem Kopf, das Smartphone in der einen Hand, mit der anderen über den Touchscreen wischend. Aber ist das nun wirklich Bewegungsfreiheit und Unabhängigkeit? Diese Gruppe scheint in eine andere Welt abzutauchen, zumindest von außen betrachtet. Ihre Aufmerksamkeit ist nicht dort, wo ihr Körper ist, sondern dort, wo ihre Gedanken sind. Ihre Abhängigkeit hängt mit der Aufmerksamkeit zusammen. Dieses Bild zeigt schon, dass die neue Unabhängigkeit durch digitale Medien nur scheinbar gegeben ist.

Die vorgetäuschte Unabhängigkeit äußert sich zudem durch die Abhängigkeit von meistens mehreren Ladegeräten, welche die ständige Verfügbarkeit erst ermöglichen. Nur um einen Eindruck dieses neuen Zusammenschlusses zu bekommen: Insgesamt existieren rund sieben Milliarden Menschen, davon nutzt rund eine Milliarde Menschen ein Smartphone.[119]

Die neuen technologischen Produkte, die meist stark in den Alltag integriert sind, eben aufgrund der so praktischen Verfügbarkeit, die-

---

119 Vgl. Amir Efrati: „Googles »X Phone« soll iPhone und Samsung herausfordern", in: The Wall Street Journal online, 22.12.2012 (26.12.2012).

nen „als digitaler Knotenpunkt für eine Reihe von Lifestyle-Geräten
[…], [wie] etwa Musik-Player, Videorekorder, Telefone […] Tablets"[120]
und Fotokameras. Auch die durch das Netz ständig verfügbare globale »Wissensdatenbank« oder die sozialen Netzwerke sind Teil dieses
Lifestyles geworden, welcher immer mehr in die digitale Sphäre verlegt
wird. Was diese Verschiebung noch stärker voranbringt, ist die »Cloud«
– eine Umschreibung für externe Server – , in die praktisch alle digitalen Daten abgelegt werden können. Somit kann die Cloud zum digitalen
Knotenpunkt für Inhalte werden.[121]

Die neue Umgebung des Menschen wird also größer und größer. Es
ist eine Umgebung, die unübersichtlich sein kann, wenn der Mensch
nicht weiß, was er wirklich benötigt: Wir haben heute einen gesättig-
ten Markt, was digitale Geräte betrifft, jede Nische ist ausgefüllt von
verschiedensten Produkten. Ein weiteres Beispiel ist der Empfang tau-
sender Fernsehkanäle – und auch die TV-Geräte selbst. Der Luxus der
westlichen Industrie-Gesellschaft nimmt, was die Verschiedenartigkeit
der Technologie-Produkte und deren Kauf angeht, mehr und mehr zu.
Nur eine Zahl als Beleg:

> Konsumenten und Unternehmen werden in diesem Jahr 666
> Milliarden Dollar für Geräte wie Smartphones, Tablets, Drucker
> oder Personal Computer ausgeben, wie die Marktforschungs-
> firma Gartner schätzt.[122]

Durch die Unübersichtlichkeit auf dem Markt gewinnt am Ende bekanntlich das mächtigste Unternehmen, und zwar nicht nur was Kapital
und Werbung angeht, sondern vor allem, was emotionale Beeinflussbar-
keit und Massenkompatibilität anbelangt. Man sollte sich bewusst darüber sein, ob man als massen-manipulierter Mensch argumentiert und
dem Ego freien Lauf lässt: »Wenn alle ein Smartphone haben, brauche
ich es auch.«

---

120 Isaacson, 621.
121 Ebd.
122 Marktforscherprognose 2013: „Preise im Tablet-Markt sinken", in: Süddeutsche
online, 03.01.2013 (07.01.2013).

Der aktuelle Markt ist bekanntermaßen – von Herstellerseite – geprägt vom radikalen Kapitalismus, aber muss der Nutzer sich in diesen Sog ziehen lassen? Wenn er sich darin befindet, dann hat er sich manipulieren lassen. Dann entstehen Artikel wie *Meine digitale Diät* zum Bewusstseinsanstoß der Leser:

> Was für ein Jahr. Nie zuvor sind mehr Gadgets auf den Markt gekommen. Nie zuvor haben mehr davon meinen Will-haben-Reflex ausgelöst. Nie hatte ich mehr Geräte – nie habe ich mich so „overgadgetized" gefühlt wie jetzt. Wie soll das bloß weitergehen? Ganz einfach. Im nächsten Jahr konzentrieren wir uns wieder auf das Wesentliche. Ganz sicher – oder zumindest ein bisschen.[123]

Dieser Artikel beschreibt eine ungesunde Gier, ein ungezähmtes Ego, das zeigen Scherz-Neologismen wie der »Will-haben-Reflex« oder »overgadgetized«.

Ein weiterer Effekt der smarten Umgebung – der Welt, in die digitale Geräte integriert werden – ist die zunehmende Geschwindigkeit. Eine Grundlage für die Geschwindigkeit ist das *Mooresche Gesetz*, wonach sich die Prozessorgeschwindigkeit alle zwei Jahre verdoppelt[124] und folglich auch mehr Informationen in kürzerer Zeit heranschaffen kann. Die gefühlte Geschwindigkeit in unserem Alltag wird also beeinflusst von der Informatik, von der Prozessorgeschwindigkeit, von der Technik. Wird die Technik schneller, muss der Mensch auf seine Art und Weise damit klarkommen, wenn er sich mit ihr umgibt.

Die rasante Entwicklung der Technik verschluckt auch einige ihrer Entwicklungen: SMS werden immer weniger verschickt, stattdessen etablieren sich andere Nachrichtendienste wie Twitter. Das Smartphone bietet durch die Möglichkeit des Online-Seins zu jeder Zeit den Zugriff auf diese Nachrichtendienste. Man umgibt sich dadurch mit neuen Arten von Kommunikations- und Informationsdiensten. War die SMS

---

123 Thorsten Riedl: „Meine digitale Diät", in: Süddeutsche online, 25.12.2012 (07.01.2013).
124 Vgl. Schirrmacher, Payback, 13.

noch ein mehr oder weniger privates Mittel, um Informationen auszutauschen, fernab vom Netz, mischen sich in den Twitter-Dienst öffentliche Informationen durch das Internet.

Der Mensch verändert also durch die Integration digitaler Geräte seine Umgebung, die Menge und die Art der Informationen und vor allem seine Beziehung zu den Informationen. Es entsteht so eine neue »Conditio humana«, eine neue Bedingtheit des Menschen, die vor allem geprägt ist durch technische Abhängigkeit und Aufmerksamkeit auf die Technik.

Je schneller die Nachrichtendienste gewechselt werden, desto mehr konzentriert sich der Nutzer auf die Oberflächen. Dadurch kann kaum etwas Neues erschaffen werden, das sagt auch die Soziologin Sherry Turkle. Sie behauptet, „dass eine Gesellschaft, die Wissen ständig nur austauscht, verlernt, etwas Neues zu schaffen".[125] Etwas Neues zu erschaffen, hätte zur Bedingung, die Aufmerksamkeit ins Innere zu lenken, nicht auf die in der Umgebung befindliche technische Oberfläche. Die »schöne neue Welt« kann also die Schaffung von Neuem verhindern, denn durch die ständige Verfügbarkeit des Smartphones ist Langeweile – ein Zeitraum für das Innere – kaum mehr vorhanden, Langeweile, die wichtig für die Entwicklung ist:

> Es ist die Zeit der Imagination, in der man an nichts Bestimmtes denkt, seine Vorstellungen wandern lässt.[126]

Nun werden einige Kritiker sagen, es werde doch in der Technologie-Branche in kürzester Zeit mehr Neues erschaffen als jemals zuvor. Das Problem dabei ist allerdings, dass das Menschliche ausgeklammert wird, vielleicht weil die Entwicklung in der Technologie-Branche schneller ist, als die menschliche Wahrnehmung sich an eine neue technische Oberfläche gewöhnen kann. Wer hauptsächlich technische Oberflächen wahrnimmt, hat keinen Einblick mehr in die hinter den technischen Oberflächen stehenden Thematiken – es ist die postmoder-

---

125 Varinia Bernau: „Helfer in allen Lebenslagen", in: Süddeutsche online, 05.01.2013 (07.01.2013).
126 Ebd.

ne Denkart, die Sherry Turkle in *Leben im Netz* beschreibt[127] – oder gar Einblick in das Selbst. In einem Film wie *Mensch 2.0. Die Evolution in unserer Hand* wird somit hauptsächlich die technische Seite über die KI-Forschung gezeigt, denn diese soll technisch eine verbesserte Version des Menschen erschaffen. Das Menschliche fehlt, auch in der Geisteshaltung des Silicon Valley: „Alle sind sehr ehrgeizig und glauben daran, dass sich mit Technik alles verbessern lässt."[128]

Wenn sich der Mensch mit Produkten aus dem Silicon Valley umgibt, sollte dabei immer seine eigene Geisteshaltung im Vordergrund stehen. Vor allem aber sollte er den Zugriff darauf nicht verlieren, was der Fall ist, wenn die Technologie-Produkte Abhängigkeit erschaffen und Aufmerksamkeit erheischen. Also sollte der Mensch vor der Beschaffung von Technologie-Produkten seine eigene Geisteshaltung überprüfen und sich Zeit nehmen, um darüber zu reflektieren, was er *wirklich* benötigt, um seine eigene Welt zu verbessern. Es liegt beim Individuum, verantwortlich mit sich und seiner Umgebung umzugehen, um nicht der neuen technisch geprägten Wirklichkeit zu unterliegen, sondern um sich seine eigene persönliche Lebenswelt zu erschaffen, in der man selbst, als individueller Mensch, im Mittelpunkt steht.

---

127 Vgl. Turkle, Leben im Netz, 52.
128 Matthias Kolb: „Silicon Valley liefert Hollywood die Inhalte", in: Süddeutsche online, 04.01.2013 (07.01.2013).

3

DIGITALE MEDIEN
UND DER MENSCHLICHE KÖRPER

3.1 Die Wiederherstellung der einstigen Natur

Mit der Digitalisierung kommen die technischen Geräte dem menschlichen Körper näher als je zuvor:

> Denn wir sind ihm verfallen, unserem kleinen Gerät. An ihm können wir uns nach wie vor nie satt sehen. Niemanden streicheln wir so oft, niemand berührt uns so sehr wie sein kleiner fester Kunststoffkörper. Am liebsten würden wir rund um die Uhr über seine glatte, hübsche, kühle Oberfläche streichen. Weshalb wir es so oft wie möglich auch tun und das Verlangen danach, es wieder zu tun, uns schier den Kopf sprengt, wenn wir es gerade einmal nicht können. Dann tun wir es in Gedanken. Bis wir wieder beieinander sind. Weil wir nur und erst dann komplett sind.[129]

Warum fühlt sich mancher Mensch nur dann komplett, wenn er sein Smartphone bei sich spürt? Was fehlt diesem Menschen oder welchen *Mangel* trägt er mit sich, um eine derart innige Beziehung zu einem digitalen Gerät herzustellen?

Dieses Gefühl des *Komplettseins*, wie Nina Pauer es leicht sarkastisch beschreibt, erinnert an Platons Kugelmenschen, von denen die Figur des Aristophanes im *Symposion* spricht. Natürlich ist das *Symposion* eine fiktive Erzählung, die in dieser Form jedoch als kleiner Denk-

---

129 Nina Pauer: „Die Liebe meines Lebens", in: Die Zeit online, 05.10.2012 (30.08.2013).

anstoß dienen soll. Für das bessere Verstehen zitiere ich im Folgenden zwei längere Passagen aus Platons *Symposion*:

Erstlich gab es drei Geschlechter von Menschen, nicht wie jetzt nur zwei, männliches und weibliches, sondern es gab noch ein drittes dazu, welches das gemeinschaftliche war von diesen beiden, dessen Name auch noch übrig ist, es selbst ist aber verschwunden. Mannweiblich nämlich war damals das eine, Gestalt und Benennung zusammengesetzt aus jenen beiden, dem männlichen und weiblichen […]. Ferner war die ganze Gestalt eines jeden Menschen rund, so dass Rücken und Brust im Kreise herumgingen. Und vier Hände hatte jeder und Schenkel ebenso viel wie Hände, und zwei Angesichter auf einem kreisrunden Halse einander genau ähnlich, und einen gemeinschaftlichen Kopf für beide einander gegenüberstehende Angesichter, und vier Ohren, auch zweifache Schamteile, und alles übrige wie es sich hieraus ein jeder weiter ausdenken kann. Er ging aber nicht nur aufrecht wie jetzt, nach welcher Seite er wollte, sondern auch, wenn er schnell wohin strebte, so konnte er, wie die Radschlagenden jetzt noch, indem sie die Beine gerade im Kreise herumdrehen, das Rad schlagen, ebenso auf seine acht Gliedmaßen gestützt sich sehr schnell im Kreise fortbewegen. Diese drei Geschlechter gab es aber deshalb, weil das männliche ursprünglich der Sonne Ausgeburt war und das weibliche der Erde, das an beidem teilhabende aber des Mondes, der ja auch selbst an beiden teilhat. Und kreisförmig waren sie selbst und ihr Gang, um ihren Erzeugern ähnlich zu sein. An Kraft und Stärke nun waren sie gewaltig und hatten auch große Gedanken, und was Homeros von Ephialtes und Otos sagt, das ist von ihnen zu verstehen, dass sie sich einen Zugang zum Himmel bahnen wollten, um die Götter anzugreifen.[130]

---

130 Platon, Symposion 189d-190c.

Aufgrund dieser menschlichen Hybris folgte die göttliche Strafe der körperlichen Trennung der Geschlechter und damit der Verlust ihres einstigen Zustands:

> Zeus also und die anderen Götter ratschlagten, was sie ihnen tun sollten, und wussten nicht, was. […] Mit Mühe endlich hatte sich Zeus etwas ersonnen und sagte: Ich glaube nun ein Mittel zu haben, wie es noch weiter Menschen geben kann und sie doch aufhören müssen mit ihrer Ausgelassenheit, wenn sie nämlich schwächer geworden sind. Denn jetzt, sprach er, will ich sie jeden in zwei Hälften zerschneiden, so werden sie schwächer sein und doch zugleich uns nützlicher, weil ihrer mehr geworden sind, und aufrecht sollen sie gehen auf zwei Beinen. Sollte ich aber merken, dass sie noch weiter freveln und nicht Ruhe halten wollen, so will ich sie, sprach er, noch einmal zerschneiden, und sie mögen dann auf einem Beine fortkommen wie Kreisel. […] Nachdem nun die Gestalt entzweigeschnitten war, sehnte sich jedes nach seiner andern Hälfte […]. Von so langem her also ist die Liebe zueinander den Menschen angeboren, um die ursprüngliche Natur wiederherzustellen, und versucht aus zweien eins zu machen und die menschliche Natur zu heilen.[131]

Der Mensch ist seit dieser körperlichen Trennung auf der Suche. Metaphorisch gesprochen, irrt er umher, mit der Liebe als Triebkraft, zur Wiederherstellung der einstigen Natur und geistigen Kraft. Es ist die soziale Verbindung auf körperlicher und geistiger Ebene, ein Teil des Ichs, der dem platonischen Kugelmenschen durch das Zerschneiden durch Zeus verloren gegangen ist. Dies muss der unvollständige Mensch nun wieder suchen, er wird von seiner Natur dazu gedrängt.

Durch digitale Medien glauben manche Menschen (unbewusst) eine Möglichkeit zu haben, um ihren Mangel zu kompensieren – und dadurch Liebe zu finden. Sie können entweder sich selbst auf digitaler

---

131 Ebd., 190c-191d.

Ebene finden oder einen anderen Menschen mithilfe des digitalen Mediums. Dabei kommt das digitale Medium dem Körper des unvollständigen Menschen und dessen geschwächtem Geist sehr nahe. Es darf mit ins Bett, weckt den vernetzten Menschen morgens und begleitet ihn den ganzen Tag hindurch, in der Brusttasche an sein Herz gedrückt. Es nimmt ihm geistige Arbeit ab oder unterstützt ihn in seiner geistigen Arbeit, schenkt ihm Freunde, Zuwendung und Aufmerksamkeit – scheinbar!

Mit der körperlichen Nähe wächst auch die emotionale Nähe. Der zerrissene Mensch projiziert seinen Verlust und die daraus erwachsene Liebe auf das digitale Medium, weil es ihm scheinbar gibt, was er einst hatte, nämlich körperliche und geistige Kraft. Es scheint ihm die Möglichkeit zur Wiederherstellung seiner einstigen Natur zu schenken. So kommt es, dass die Liebe zum verlorenen Ich zur Liebe zum Objekt verschoben wird. Doch es ist nicht die *wahrhaftige* Ebene, denn genauso wie das digitale Ich liegt das digitale Medium auf der Ebene der *Fiktion.*

Das digitale Ich scheint den analogen Menschen zu komplettieren, zusammen scheinen sie stark zu sein, sich schneller körperlich und geistig fortbewegen zu können. Der Schein besteht darin, dass die Liebe eine einseitige und verschobene ist. Das digitale Medium liebt den Menschen nicht, es ermöglicht vielmehr eine Manipulation am Menschen und an seiner wahren Liebe, und anstatt der vermeintlichen Stärkung zu dienen, kann es ihn bei zu intensiver und gleichzeitig unbewusster Nutzung schwächen.

Diese Scheinbarkeit und Fiktion beschreibt auch Benjamin Stein in *Replay.* Je näher das digitale Medium dem Körper kommt und je mehr der Mensch dadurch manipuliert wird, desto eher ist es so, dass der Benutzer nicht nur *dabei ist*, sondern *mitspielt*, „und Erfahrungen wie diese haben Suchtpotenzial".[132] Durch Sucht wird die Scheinbarkeit für Betroffene nur noch unsichtbarer.

Doch wie kommt dieses digitale Medium in die Nähe des menschlichen Körpers und Geistes? Zwar wird die Technik immer körperna-

---

132 Stein, Replay, 115.

her, doch die Technik mit Körper und Geist in Verbindung zu bringen, das erschafft der Mensch selbst! Erst die Zerrissenheit und dann die Anschaffung eines Gerätes macht den Menschen zu dessen Nutzer und schließlich zu dessen »Geliebten«. Genau so beschreibt es Nina Pauer:

> Abhängigkeit? Natürlich sind wir abhängig voneinander! Wir sind *süchtig* nacheinander! Wir können nicht mehr ohneeinander! Aber das ist doch eine rein freiwillig gewählte Situation. Denn nein, unser Spiel heißt nicht Facebook. Es heißt auch nicht Twitter. Oder Google+. Es heißt LG – liebe Grüße. Und keine böse Macht, kein fieser Konzern, keine bösen Silicon-Valley-Diktatoren zwingen uns, es zu spielen. Als wir damit anfingen, sind wir keiner perfiden Verschwörung auf den Leim gegangen, die jemand von langer Hand geplant hat. Es war unser freier Wille. Wir selbst haben uns da hineinbugsiert. LG – das ist ja auch eigentlich gar nichts Neues. Es ist eigentlich nichts als das alte Spiel.[133]

Die Sucht entsteht aus dem Mangel an Kraft und Stärke. Nur so kann der Mensch der Scheinbarkeit unterliegen und damit einer Manipulation. Er erkennt die fiktive Ebene nicht und hat damit keinen Zugang zu seinem wahrhaftigen Ich. Wie soll er auch? Ständig blinkt das Smartphone und fordert die Aufmerksamkeit des »Liebsten«.

Es ist die ständige Erinnerung des digitalen Mediums an die sozialen Verbindungen des Nutzers und damit das Schüren der Hoffnung des unvollständigen Menschen auf die Wiederherstellung seiner einstigen Natur. Es ist ein verworrenes und sehr ausgedehntes Spiel mit der Aufmerksamkeit des geschwächten Menschen; denn eine digitale Nachricht ist nicht mehr *eine* Nachricht, sondern immer mehr werden durch die *Verkoppelung*, durch das *Ineinandergreifen* und durch die »*Zusammenarbeit*« der digitalen Medien Nachrichten für Nachrichten für Nachrichten. Im Zentrum dieser Nachrichten-Kopien steht immer

---

133 Nina Pauer: „Die Liebe meines Lebens", in: Die Zeit online, 05.10.2012
 (30.08.2013).

LG, die soziale Verbindung, die der Homo sapiens aus evolutionsge-
schichtlichen Gründen benötigt. Er bedarf der sozialen Verbindung
zum »Überleben« und geht in seiner Entwicklung durch Prozesse wie
Verlust, Mangel, Liebe, Irrung, Fiktion, Scheinbarkeit, Manipulation
und Erkennen – diese Prozesszustände sind Teil des *Bewusstseins 2.0* –
die den vernetzten Menschen letztendlich wahrhaftig stärken.

Noch einmal zusammengefasst, was diese fiktive Episode – natürlich
mit einem Augenzwinkern – offenbaren soll: Jeder Mensch verliert in
manchen Momenten seines Lebens körperliche und geistige Kraft, das
ist Teil des Lebens. Weil jeder Mensch jedoch den Zustand der Stärke
kennt, entweder aus eigener Erfahrung oder aus Erzählungen, sucht er
diesen Zustand wiederzuerlangen. Dazu werden dem Menschen immer
Instrumente zur Verfügung stehen, mehr und mehr durch digitale Medien. Der geschwächte Mensch kann das Smartphone als Ersatz für den
einstigen Verlust benutzen. Daraus kann sich eine Sucht ergeben, weil es
die äußerliche Ebene ist, auf welcher der Mensch durch ein Smartphone
sucht. Das Smartphone ersetzt den innerlichen Verlust auf äußerlicher
Ebene und führt so zur Verschiebung der Definition von Liebe, zur Verschiebung von Wahrhaftigkeit zu Fiktion – eben weil es eine Liebe zum
Objekt nur scheinbar und nicht wahrhaftig geben kann! Hier kann das
digitale Medium sowie das digitale Ich als Spiegel des Erkennens dienen. Um zu erkennen, dass es eigentlich etwas innerlich Menschliches
ist, das der zerrissene Mensch sucht. Es ist das eigene innerliche Ich,
das die Suche stoppen und die Ruhe in der einstigen Natur – die Wahrhaftigkeit – wiederherstellen kann. Dabei ist es unmöglich, die eins-
tige Natur Eins zu Eins wiederherzustellen; denn heute befindet sich
der Mensch in der Evolutionsstufe, die bedeutet, sich von den digitalen
Medien nicht oder nur für einen – hoffentlich – kurzen Zeitabschnitt
von der Wahrhaftigkeit ablenken zu lassen, um die Medien schließlich
wahrhaftig in den Alltag zu integrieren.

Das Zurückfinden in die innere Ruhe, das Zurückfinden zur einstigen Natur, bedeutet nicht, einen ursprünglichen Zustand wieder Eins zu
Eins herstellen zu können. Wahrhaftigkeit ist immer mit Entwicklung
verknüpft – mit der Formung von Bewusstsein – und das bedeutet einen
stetigen Prozess, der den Menschen nie in den ursprünglichen Zustand

zurückführen kann! Es ist die Zerrissenheit, die Suche im Äußeren, die der Mensch durch das Ruhen im Selbst heilen und dadurch zurück zur Wahrhaftigkeit finden kann. Diese schließt heute im Idealfall die digitalen Medien mit ein!

3.2 Miniaturisierung der Geräte – Augmented Reality

Die digitalen Geräte können – von der technischen Seite her betrachtet – dem Körper deshalb so nahe kommen, weil diese immer kleiner werden. Sie rücken jedoch nicht nur dem Körper durch die Miniaturisierung immer näher, auch die Benutzeroberfläche wird immer minimaler und intuitiver. Damit rückt das digitale Gerät dem Denken immer näher. Diese Annäherung geschieht auch in der visuellen Wahrnehmung: Die digitale Brille namens *Meta.01*[134] erzeugt *dreidimensionale Illusionen* im Blickfeld des Nutzers „durch zwei Projektoren, die Videobilder direkt in das Blickfeld des Brillenträgers werfen".[135]

Weil die Nähe der digitalen Geräte zum menschlichen Körper immer stärker zunimmt, nähern sich die analoge und die digitale Welt immer mehr an – das Virtuelle und das Reale werden verschmelzen, was sehr deutlich wird durch die dreidimensionalen Illusionen im Blickfeld des Meta-Nutzers. *Augmented Reality* wird diese neue Form der Wahrnehmung genannt. Dieser Begriff meint die Erweiterung der Wahrnehmung von Realität durch digitale Medien, die praktisch als Verlängerung der menschlichen Sinne dienen sollen. Wohin die natürlichen Sinne nicht reichen, sollen die digitalen Geräte sich erstrecken. Doch wie kann der Mensch noch Mensch sein, wenn die Differenz zwischen der realen und der virtuellen Welt immer mehr schwindet? Das Vermögen zur Erfassung dieser Differenz wird dadurch schwächer werden. Dann kann der Mensch gar nicht mehr unterscheiden, wann er von einem digitalen Me-

---

134 Auch Google hat eine Datenbrille (namens *Glass*) im Angebot. Bei *Glass* sind Einblendungen auf dem kleinen Bildschirm oberhalb des rechten Auges zu sehen, bei *Meta.01* werden Einblendungen dreidimensional direkt in das Blickfeld projiziert.

135 Marin Majica: „Google Glass bekommt Konkurrenz", in: Die Zeit online, 22.08.2013 (12.09.2013).

dium gelenkt wird und wann er er selbst ist. Auch Benjamin Stein hat in seiner Lesung aus Replay im Herbst 2012 dieses Thema angesprochen. Er sagte, ab dem Augenblick, in dem der Mensch nicht mehr wisse, ob die Realität real sei oder virtuell, gäbe es keine Gewissheiten mehr. Der Mensch kann weder eine Lenkung – ausgehend von digitalen Geräten – in dieser Situation erkennen noch seinen ureigenen Willen. Laut Stein sei es vor allem die religiöse Dimension, die dem Augmented-Reality-Menschen bleibe, er könne nur noch glauben. Anders gesagt, der Mensch ist damit wieder in einem Stadium der Evolution, in dem er nicht basierend auf Wissen handeln kann, sondern nur seinen Glauben hat. Wenn die religiöse Ebene die einzige Denk- und Handlungsmöglichkeit im Leben des Menschen innerhalb der Augmented Reality bietet, dann ist zu hoffen, dass er bald in das evolutionäre Stadium der Säkularisierung findet. Oft ist erst dann eigenmächtiges Handeln möglich. Erst mit der Auf-klär-ung und der Entwicklung der Einsicht auf Wissens-Ebene kann sich der Mensch der Manipulation entziehen. Ist diese Evolution ein Replay oder ein Déjà-vu? Muss der Mensch sich wirklich auf gewisse Weise zurück entwickeln oder könnte er nicht aus der Geschichte lernen?

Wer ausschließlich religiös denkt und handelt, der mystifiziert und spricht dem digitalen Medium und seinen Machern Genie zu, allein aufgrund der fehlenden Vorstellungskraft, die durch Anwesenheit von Wissen und Einsicht gespeist sein würde. Ein Beispiel hierfür ist der geduldige und treu ergebene Apple-Käufer in der Warteschlange. Es fehlt bei dieser Art vernetzter Mensch zudem die Möglichkeit zur Differenzierung, der Spiegelblick, die Möglichkeit zur Erkenntnis. Wer nicht weiß, kann nicht erkennen und damit nicht ausmachen, welches die eigenen Sinne sind und welches die digital gelenkten Sinne. Es fehlt auf dieser religiösen Ebene das *Bewusstsein 2.0*.

Um das *Bewusstsein 2.0* zu erlangen, muss der Mensch aus der Augmented Reality herauskommen, zumindest zeitweise das Analoge spüren, damit er weiß, wie sich seine eigenen Sinne anfühlen. Dann kann er auch innerhalb der Augmented Reality die Schnittstellen zwischen sich selbst und den digitalen Medien erfassen, um bewusst Grenzen zu ziehen. Er kann für sich selbst entscheiden, welches digitale Gerät er an sich heranlassen will und welches nicht. Dies sollte in Maßen und bewusst geschehen, um dann etwas Positives und Inspiratives aus einer Koppelung mit einem digitalen Gerät ziehen zu können.

Bei Geräten, die von großen Konzernen entwickelt werden, muss der Nutzer immer darauf achten, dass er sich nicht mit zu vielen sehr körpernahen Medien umgibt, da er deren Funktionsweise nur sehr eingeschränkt zu erkennen vermag. Damit läuft dieser Mensch Gefahr, sich selbst in der Augmented Reality zu verlieren und gelenkt von den Medien und Konzernen zu handeln: Ohne eigenes Wissen, mit manipulierten Handlungen und Denkweisen, mit Glauben und nicht mit Wissen. Damit wird dieser Mensch zum Gläubigen, der (unbewusst) Macht erlaubt und der aufschaut. Er wird nicht zu jemandem, der inspirative Kraft aus sich selbst heraus schöpfen kann.

Die Augmented Reality kann also Teil der Entwicklung des *Bewusstseins 2.0* sein, wenn der Mensch es vermag, auch einmal von außen auf diese erweiterte Realität zu blicken und zu reflektieren, bevor er handelt. Zu reflektieren und nicht manipuliert zu handeln, bedeutet, eine wahrhaftig erweiterte Realität wahrzunehmen. Wahrhaftig bedeutet wiederum, jedes Evolutionsstadium als Erkenntnisinstrument zu benutzen, auch das der Augmented Reality.

Diese erweiterte Realität kann damit eine Möglichkeit dafür sein, das Element der Fiktionalisierung in der menschlichen Umgebung zu begreifen. Durch diese virtuell erweiterte Realität kann der Datenbrillenträger die Welt als fiktive Szenerie erkennen, weil er durch die Datenbrille ein Objekt mit Informationen versehen kann. Dadurch wird dieses Objekt auf eine neue Ebene der Wahrnehmung gehoben.

3.3 Schnittstellen zwischen Mensch und digitalen Medien

Die Mensch-Computer-Schnittstelle bedeutet für die fünf menschlichen Sinne eine Teilung. Die menschlichen Sinne werden durch ein digitales Medium in verschiedene Welten gelenkt. Bei der Nutzung eines Smartphones ist die visuelle Wahrnehmung vor allem auf die virtuelle Welt konzentriert, nur am Rande des Blickfeldes werden Bewegungen in der analogen Welt wahrgenommen. Die taktile Wahrnehmung ist vor allem an den Fingern am virtuellen Geschehen beteiligt, der Rest des Körpers nimmt mit unbewussten Bewegungen an der analogen Welt teil. Für den digitalen Posteingang und für Videos wird auch der auditive Sinn genutzt, denn hupt ein Auto, weil man ohne vom Smartphone aufzusehen auf die Straße gelaufen ist, dann ist dieser Sinn wieder in der analogen Welt verankert. Olfaktorische und gustatorische Wahrnehmungen werden von der virtuellen Welt dann angesprochen, wenn man beispielsweise einen Artikel über Olivenöl liest. Die Augmented Reality bedeutet also eine erhöhte Beanspruchung der Sinne durch die Teilung in analog und digital. Der Mensch wird folglich erst einmal geschwächt, statt gestärkt, denn es ist anstrengend für Körper und Geist, in mehreren Welten gleichzeitig anwesend zu sein – ein Doppelleben zu führen! Kommen dann zum Smartphone noch ein oder mehrere Wearables dazu, werden die menschlichen Sinne noch mehr beansprucht. Man muss sich nur einmal vorstellen, welche Menge an Informationen der Mensch verarbeiten muss, wenn er durch eine Datenbrille für jedes Objekt, an dem er vorbeigeht, mehrere Informationen eingeblendet bekommt. Durch das Lesen dieser Informationen werden diese sehr wahrscheinlich in den meisten Fällen nur noch oberflächlich gestreift, nicht mehr in ihrem semantischen Sinn wahrgenommen und mit der analogen Welt in Bezug gebracht werden können.

Noch liegen die Schnittstellen außerhalb des Körpers, je näher aber das Medium dem Körper rückt, desto weniger Raum erhalten die menschlichen Sinne für die analoge Welt und für das menschlich Wahrhaftige, das nur über den reinen Blickkontakt zwischen Mensch und Mensch herstellbar ist sowie durch Einsicht. Schon jetzt bekommen die menschlichen Sinne wenig Raum für das wahrhaftige Selbst – wie man es erlebt, wenn immer mehr Menschen im Umfeld mit gesenktem Blick und ihrer Aufmerksamkeit auf das Smartphone unterwegs sind – und derzeit ist die Augmented Reality erst am Beginn ihrer Entwicklung. Das bedeutet, die Sinne laufen Gefahr, immer weiter vom Selbst durch die Schnittstellen abgelenkt zu werden. Ein digitales Medium als Verlängerung der menschlichen Sinne macht dann wirklich Sinn, wenn der

Mensch bewusst und wahrhaftig damit umgehen kann. Doch wenn er unbewusst in die Augmented Reality schlittert, hat das fatale Auswirkungen auf das Selbst sowie auf das Selbst-Bewusstsein.

Mark Rolston, Stardesigner und Kreativchef von *frog*, sagt über die Mensch-Computer-Schnittstelle der Zukunft: „Computer werden nicht mehr etwas sein, das wir benutzen […], sie werden etwas sein, worin wir leben."[136] Wenn es so weit ist, hat der Mensch das digitale Medium gänzlich in seine Umgebung integriert. Die Schnittstellen werden so gut versteckt sein, dass sie im Prinzip durch die einfache Bedienung mit dem Körper verschmelzen.

Dann ist es nur noch ein kleiner Schritt zum Implantat – so sieht die Vorstellung über die Mensch-Computer-Schnittstelle der Zukunft aus: Sie liegt im menschlichen Körper. Benjamin Stein beschreibt dies in seiner fiktiven Gegenwartsbeschreibung *Replay*. Wenn die digitalen Medien einmal nicht mehr sichtbar sind und dem Menschen als Chip in den Körper implantiert sein werden, dann ist das Absolutum von körperlich-dinglicher Verschmelzung erreicht. So weit ist es derzeit noch nicht ganz, die meisten analog-digitalen Schnittstellen liegen noch außerhalb des menschlichen Körpers. Doch mit Datenbrillen und Digitaluhren rückt das digitale Medium der Verschmelzung von Inner- und Äußerlichkeit immer näher – die sogenannten Wearables müssen nicht einmal mehr in die Hand genommen werden, sondern sind ständig im Sichtfeld oder am Körper des Menschen verfügbar.

Die Schnittstellen sind die Stellen, an denen der Mensch Grenzen ziehen muss, um keiner Manipulation zu unterliegen. Das bedeutet, sich bewusst darüber zu sein, an welcher Stelle der Mensch den Computer seinem Körper sehr nahe kommen oder sogar in seinen Geist eindringen lässt. Wie Programme und Features im Computer ineinandergreifen, können auch digitales Medium und Körper ineinandergreifen, wenn es um die Bedienung des Computers mit dem Körper geht. Das Ineinandergreifen auf körperlicher Ebene wäre nur das Absolutum auf sichtbarer Ebene. Die Grenzen der »unsichtbaren« Ebene, auf der das digitale Medium längst in den Menschen eingreift, sind kaum noch auszumachen.

---

136 Thomas Fischermann: „Tschüs, Handy! Hallo, Lampe!", in: Die Zeit (Nr. 42) 11.10.2012, 35.

Die Mensch-Computer-Schnittstellen sind also objektiv längst nicht mehr festzustellen. Jeder Mensch muss diese subjektiv in seinem Inneren und Äußeren für sich selbst erkennen, um sich nicht vom digitalen Medium leiten zu lassen, sondern um sich selbstbestimmt zu bewegen. Der Mensch lässt dieses Ineinandergreifen von sich aus zu – es gibt keinen bösen Konzern, der die Menschen unter Zwang handeln ließe – und dieses Ineinandergreifen sieht bei jedem Menschen anders aus. Es gibt Menschen, die noch weitgehend analog handeln und denken, und es gibt Menschen, die sich in ihrem Ich absolut mit einem digitalen Medium verbinden und sich von diesem leiten lassen. Diese Menschen tun das beispielsweise aus Gründen der Selbstoptimierung (Human Enhancement), welche durch digitale Medien mehr denn je möglich ist. Die Selbstoptimierung schließt an die Wiedererlangung des einstigen Naturzustandes an: Der Mensch will körperliche und geistige Kraft und Stärke erlangen – und das scheinen die digitalen Medien zu ermöglichen. Ein laut Apple-Gerüchteküche für 2014 geplantes Wearable ist die *iWatch*, die es ihrem Träger erlauben wird,

> sich selbst zu vermessen, wie es kein einziges massentaugliches, tragbares Gerät zuvor getan hat. [...], das Prinzip eines solchen Werkzeugs ist die Optimierung des Körpers. Es liefert die Daten für den physiologischen Feinschliff am Ich. Der Träger wird sich selbst sekündlich vermessen, seine Körperwerte jederzeit abrufen und dieselben automatisch in eine große Statistik des persönlichen Wohl- oder eben Missbefindens einspeisen können. [...] Kleine Begleiter, die sich ans Handgelenk schmiegen, messen den Puls, den Blutdruck, die zurückgelegte Strecke beim Joggen, den Stresspegel, Fieber und ein paar andere Krankheitssymptome mehr. Und natürlich gibt es schon kleine Programme fürs iPhone, ein paar Dutzend Apps, die anhand von rudimentären Körperdaten den Glückszustand des Trägers ableiten oder ihm wenigstens entspannte Haltung attestieren.[137]

---

137 Götz Hamann: „Die Uhr fürs Ich", in: Die Zeit (Nr. 8) 14.02.2013, 26.

Die *iWatch* ist ein digitales Medium, an dessen Bezeichnung schon abgelesen werden kann, wie diese Selbstoptimierung vonstatten geht: Der Mensch beobachtet (»*to watch*«) sein Ich (»*I*«). Das englische »*I*« bedeutet jedoch nicht nur »Ich«. Steve Jobs hat diese erste Komponente im Namen der Apple-Produkte seit jeher auch mit dem Internet und der Informationstechnologie in Zusammenhang gebracht.[138] Damit zeigt sich die Verschmelzung von Mensch und Technik, von Innerlichkeit und Äußerlichkeit, von wahrhaftigem und digitalem Ich – schon im Namen der *iWatch*. Und genau dies birgt die Gefahr der Manipulation. An dieser Schnittstelle der Selbstbeobachtung sind nämlich nicht nur Nutzer und *iWatch* beteiligt. Es sind vor allem die Statistiken, die hinter jeder Anzeige der *iWatch* stehen, die den *iWatch*-Nutzer über Daten in seinem Selbstbild manipulieren können. So erhält der Nutzer ein manipuliertes Bild von sich selbst, das nicht sein eigenes wahres Ich ist, sondern allenfalls ein kleines Fragment dieses wahren Ichs – hoffentlich ein kurzes Stadium innerhalb seiner Evolution!

Negative Auswirkungen dieser Manipulation bestehen nicht nur im verzerrten Selbstbild, sondern auch außerhalb des Selbst, denn mit den Informationen, durch die man sich selbst kontrollieren kann, können auch Gesundheitskonzerne und Krankenkassen[139] über den Betreffenden Kontrolle ausüben. Vielleicht muss in Zukunft derjenige Wearable-Nutzer, der sich nicht genug bewegt, einen höheren Beitrag zahlen. So würden die Selbstoptimierer sich nicht mehr bewegen, weil sie das Verlangen aus sich heraus verspüren, sondern weil sie den Krankenkassen-Beitrag senken wollen.

Wo führen also Mensch-Computer-Schnittstellen hin, die vom Menschen nicht erkannt werden? Wenn das digitale Medium ins Ego[140] eingreift und den Selbstoptimierer zu Handlungen treibt, die nicht das eigene Ich betreffen, sondern das Äußere und das reine Ego? Wenn das digitale Medium das Ego noch schürt, wird sich der Egoismus des Menschen dann noch verstärken?

---

138 Vgl. ebd.
139 Vgl. ebd.
140 Vgl. auch ebd.; vgl. auch Schirrmacher, Ego.

3.4 Denkobjekte

Den Begriff »Denkobjekt« verwendet die am MIT lehrende US-Sozio-
login Sherry Turkle in ihrer Sachbuch-Publikation *Leben im Netz* als
Möglichkeit zum Erkenntnisgewinn:

> Worüber denken wir nach, wenn wir über Computer nachden-
> ken? Die Technologien unseres Alltagslebens verändern unse-
> re Sicht der Welt. [...] Auch Computer veranlassen uns dazu,
> Dinge auf neue Weise wahrzunehmen. [...] Die Objekte auf dem
> Bildschirm haben kein einfaches materielles Bezugsobjekt. In
> diesem Sinne besitzt das Leben auf dem Bildschirm keinen Ur-
> sprung und keine Grundlage. Es ist ein Ort, an dem Zeichen,
> die die Wirklichkeit repräsentieren, als Ersatz für das Reale
> dienen können. Seine Ästhetik hat mit Manipulation und Neu-
> kombination zu tun. [...] In den letzten Jahren sind Computer
> zu den primären Denkobjekten der Postmoderne geworden; in
> dieser Funktion sind sie nicht mehr bloß Teil umfassenderer
> kultureller Bewegungen, sondern Träger neuer Erkenntniswei-
> sen.[141]

Mittlerweile nimmt der vernetzte Mensch die Welt fast ausschließlich
über digitale Medien wahr. Diese kommen Körper und Geist in diesem
Prozess so nahe, dass Cyborgs keine imaginären Zukunftsvorstellungen
mehr sind. Dabei gilt es, neue Erkenntnisweisen zu entwickeln, welche
die alte Schwarzmalerei in Bezug auf digitale Medien vielleicht etwas
heller zu färben vermögen, damit sich der vernetzte Mensch einen gesunden Umgang mit den digitalen Geräten aneignen kann, anstatt diese
abzulehnen und Reflexion zu verweigern. In diesem Sinne soll das folgende Beispiel als Denkmöglichkeit dienen. Es betrifft den britisch-iri-
schen und in Barcelona lebenden bildenden Künstler und Musiker Neil
Harbisson, der sich als ersten von einer Regierung anerkannten Cyborg

---

141 Turkle, Leben im Netz, 70f. Publikationsjahr dieses Werkes im Original ist
1995.

bezeichnet. Er ist ein Selbstoptimierer in ganz anderer Form, als es im vorhergehenden Kapitel beschrieben wird.

Er bezeichnete sich in dem Moment als *ersten offiziell anerkannten* Cyborg, nachdem die britischen Behörden im Jahre 2004 sein digitales Werkzeug, das er am Kopf trägt, als Teil seines Körpers anerkannten und es mit auf sein Passbild durfte.[142] Er ist ein Selbstoptimierer, jedoch nicht aus reinem Ego heraus, sondern aufgrund eines körperlichen Mangels – und ganz wichtig hierbei ist, dass aufgrund des körperlichen Mangels sein digitales Werkzeug zur Erweiterung seiner Sinne dient, er sammelt damit keine Daten[143], über die er manipuliert werden könnte oder mit denen er andere Menschen manipuliert.

Harbisson war von Geburt an farbenblind, er nimmt als Mensch die Welt lediglich in Hell-Dunkel-Kontrasten wahr: Achromatopsie nennt sich diese Störung.[144] Nun ist es nicht so, dass ihm sein digitales Werkzeug, das er wie der Anglerfisch sein Leuchtorgan über seinen Kopf nach vorne bis über die Stirn gebogen trägt, dazu verhilft, Farben zu sehen, wie die meisten Menschen dies von Natur aus vermögen. Nein, sein elektronisches Auge, ein Farbsensor, der ein paar Zentimeter von seiner Stirn entfernt ist, ermöglicht es ihm, Farben als Töne wahrzunehmen. Die Farben werden von dem Sensor auf einen am Hinterkopf angebrachten Chip gesendet, welcher die Farben in Töne umwandelt und auf seinen Schädelknochen überträgt.[145] Dieses digitale Medium heißt Eyeborg und wurde von Harbisson 2004 zusammen mit dem Kybernetik-Professor Adam Montandon entwickelt.[146]

Harbisson schärft also seine Sinne mithilfe der Technik. Manipulation hingegen würde eine Abstumpfung der Sinne durch Technik bedeuten.

---

142 Vgl. Patrick Beuth: „Wie aus Menschen Cyborgs werden", in: Die Zeit online, 23.08.2012 (05.09.2013).
143 Vgl. Christian Werner: „Er hört die Farben im Kopf", in: Stuttgarter Zeitung online, 07.08.2013 (05.09.2013).
144 Vgl. Patrick Beuth: „Wie aus Menschen Cyborgs werden", in: Die Zeit online, 23.08.2012 (05.09.2013).
145 Vgl. Christian Werner: „Er hört die Farben im Kopf", in: Stuttgarter Zeitung online, 07.08.2013 (05.09.2013).
146 Vgl. „Die Cyborgs kommen", in: Kulturzeit online, 3Sat, 04.06.2013 (09.06.2013).

Diesen Eyeborg trug Harbisson bis zum Jahr 2012 mit viel Druck fest-
geklemmt an seinem Kopf.[147] Der Chip wurde mittlerweile

> operativ mit der hinteren Schädelwand verbunden [...]. Im
> kommenden Jahr will sich Harbisson einer weiteren Operati-
> on unterziehen: Der Chip soll dann in seinen Knochen integ-
> riert werden, damit er die Töne besser hören kann. Und das
> übernächste Upgrade soll die Energieversorgung verbessern:
> »Wir wollen die Körperenergie nutzen«, sagt er. Das Eyeborg
> benötige nur sehr wenig Strom. Über die Energieausbeute der
> Blutzirkulation soll der Chip zukünftig geladen werden.[148]

Es ist also ein in sich geschlossener Kreislauf, der ausschließlich Harbisson dient und an dem er selbst zudem technisch beteiligt ist – es gibt
keinen kommerziellen Hersteller, der kontrolliert, was Harbisson damit
machen kann.

Harbisson geht es um eine neue Perspektive für die Evolution, um
eine neue menschliche Entwicklung. Warum soll diese nicht mithilfe
der Technik geschehen?

Neil Harbisson sieht eine derartige Nutzung von Technik als logische
und natürliche Evolution durch Hirnnutzung, und dabei sieht er sich der
biologischen Evolution näher als dem technischen Fortschritt. Er stellt
dabei Analogien zu Tieren auf, die Sinne haben, über die der Mensch
ohne technische Hilfsmittel nicht verfügt, eben das Leuchtorgan der
Anglerfische. Harbisson bezeichnet sich als Cyborg und sieht gleichzeitig die Schöpfung dieses Mischwesens nicht als Hybris auf religiöser
Ebene, sondern als biologisch-physische Nutzung des Geistes zur Erweiterung der von seiner Natur gegebenen Wahrnehmung, zur Erweiterung des Bewusstseins und zur Nutzung dieser Fähigkeiten.[149] Neil Harbisson ist Komponist, dafür nutzt er seinen durch die Verschmelzung

147 Vgl. Patrick Beuth: „Wie aus Menschen Cyborgs werden", in: Die Zeit online,
23.08.2012 (05.09.2013).
148 Christian Werner: „Er hört die Farben im Kopf", in: Stuttgarter Zeitung online,
07.08.2013 (05.09.2013).
149 Vgl. „Die Cyborgs kommen", in: Kulturzeit online, 3Sat, 04.06.2013
(09.06.2013).

von Kybernetik und Menschsein neu erschaffenen Sinn. Er beschreibt seinen neuen Zustand als Sonochromatismus – als Farbenhörigkeit[150], ein Gefühl, das Farbe in Klang übersetzt. Hier arbeitet das Hirn auf eine Art und Weise, wie es Menschen ohne Eyeborg nicht vermögen, Harbisson nimmt seine Umgebung auf eine durch Gesichts- und Gehörsinn gekoppelte Art und Weise wahr:

> »Am Anfang empfand ich den Apparat als etwas, das mir lediglich hilft Farben wahrzunehmen«, so Harbisson. »Nach einigen Monaten jedoch habe ich ihn als Erweiterung meiner Sinne und meines Gehirns empfunden. Es gab einen Moment an dem ich nicht mehr zwischen der Software und meinem Gehirn unterscheiden konnte. Der Apparat war Teil meines Körpers geworden. Ich spürte die Einheit zwischen der Kybernetik und meinem Organismus. Das war der Moment, als ich mich als Cyborg fühlte.«[151]

Viele Menschen verbinden mit Cyborgs ein imaginäres Bild von bösen Maschinenmenschen, das ihnen beispielsweise Hollywood-Filme geliefert haben. Oft wird die Union zwischen Mensch und Technik als gefährlich beschrieben, als Prozess der Entmenschlichung und gleichzeitigen Entwicklung der Menschen hin zu Monstern. Diese Wahrnehmung kann sich durch Harbisson ändern, denn er sieht sich als Beispiel dafür, dass Technik den Menschen noch sinnlicher und damit noch menschlicher machen kann[152] – wenn man die Technik körperlich-geistig unter Kontrolle hat!

> »Du betrittst einen Raum oder einen Laden, und dann hörst du auf einmal das Infrarot des Bewegungsmelders«, beschreibt es der Künstler. »Es gibt dir das Gefühl, geheime Informationen zu erhalten, die eigentlich nicht für dich bestimmt sind.« Neil

---

150 Vgl. Christian Werner: „Er hört die Farben im Kopf", in Stuttgarter Zeitung online, 07.08.2013 (05.09.2013).
151 „Die Cyborgs kommen", in: Kulturzeit online, 3Sat, 04.06.2013 (09.06.2013).
152 Vgl. ebd.

Harbisson hat sein Bewusstsein durch Technologie erweitert,
seine Identität hat sich dadurch verändert. Ein solch selbstver-
ständlicher Umgang mit kybernetischen Körpererweiterungen
beschwört ein neues Menschenbild herauf.[153]

Durch seine Bewusstseinserweiterung nimmt Harbisson seine Umgebung ausgeprägter wahr:

> »Wir sind nicht schwarz und weiß. Wir sind alle unterschiedli-
> che Arten von Orange.«

> »Dein Äußeres kann gut aussehen, aber schlecht klingen.«[154]

Die Technik kann also dem Menschen helfen, sich selbst und seine Umwelt bewusster und damit umfassender wahrzunehmen, und nicht nur
das: Der Mensch erschafft sich dadurch auf eine gewisse Art und Weise
neu durch seine Sinne. Bei dieser Neuschöpfung hilft Harbisson ein digitales Medium – zunächst war es jedoch nur ein Werkzeug! Harbisson
hat dieses *bewusst* in sein Ich dringen lassen, um die eigene Wahrnehmung zu optimieren.

So kann ein Mensch die Technik *für* das eigene Ich so einsetzen, dass
er in Harmonie mit sich selbst bleibt und ein sinnvolles Lebensziel aus
der Verbindung mit digitaler Technik zieht. Bei Harbisson ist es die
Erweiterung seiner Sinne, die ihm als Komponist und Performance-
Künstler zugutekommt.

Weil sein digitales Werkzeug in einen geschlossenen Kreislauf integriert ist, ist dies nicht mit Wearables zu vergleichen, die von den
großen Konzernen hergestellt werden. Google beispielsweise stellt die
sogenannte Datenbrille zur Datensammlung her, also aus kommerziellen Gründen, und nennt den Käufern potenzielle positive Nutzungs-
möglichkeiten. Diese Möglichkeiten können durchaus positiv ausfallen,
wenn der Mensch sein Instrument bewusst einsetzt, wie Harbisson dies

---

153 Ebd.
154 Beide Sätze stammen aus dem Artikel von Christian Werner: „Er hört die Far-
     ben im Kopf", in: Stuttgarter Zeitung online, 07.08.2013 (05.09.2013).

handhabt. Allerdings würde die enge körperliche und geistige Verbindung, wie Harbisson sie mit seinem Eyeborg zulässt, mit Massenware zwangsläufig zu einer Manipulation führen. Bei digitaler Massenware kann nur eine bewusst gesetzte körperliche Distanz und eine geistige Präsenz[155] an der Stelle, an der man sich körperlich befindet, eine Manipulation verhindern. Das heißt, eine geistige Präsenz in analoger und digitaler Welt zugleich.

So kann nun das Beispiel des Cyborgs Neil Harbisson als Denkobjekt dienen, damit sich der Nutzer von digitalen Medien erstens von der mythischen Aufladung des Begriffes »Cyborg« verabschieden kann, die ja nur Unwissenheit schürte; zweitens kann dadurch die Angst vor neuen vernetzten Menschen überwunden werden, um sich bewusst mit diesen neuen Menschen auseinandersetzen zu können und für die eigene Situation einen Mehrwert daraus zu ziehen. Doch was ist eigentlich ein Cyborg? Harbissons Definition lautet wie folgt:

> Erstens muss die Technik mit dem Menschen verschmelzen, er muss sie als Teil seines Körpers betrachten. Zweitens muss sie seine Fähigkeiten steigern, wobei der Ausgangspunkt das Individuum ist, nicht der Durchschnittsmensch. Ein blinder Mensch wird nach Harbissons Definition also zum Cyborg, wenn er mit technischer Hilfe zumindest eine minimale Sehkraft erlangen würde. Und drittens muss sein technisches Hilfsmittel mit dem Körper und dem Gehirn kommunizieren. Prothesen wie die Kohlefaser-Schenkel des südafrikanischen Sprinters Oscar Pistorius gehörten zum Beispiel nicht in diese Kategorie, sie seien »mechanisch, nicht kybernetisch«.[156]

Es ist immer wieder von einer neuen Art des Menschen die Rede, von neuen Gruppierungen oder gar einer neuen Zivilisation. Das ist insofern ein problematisches Bild, wenn es um die Lösung des menschlichen

155 Vgl. Johannes Kuhn: „Ich poste, also bin ich", in: Süddeutsche online, 29.08.2011 (09.09.2013).
156 Patrick Beuth: „Wie aus Menschen Cyborgs werden", in: Die Zeit online, 23.08.2012 (05.09.2013).

Körpers und Geistes von einer manipulativen Führung geht, weil dieses Bild die Kraft des Individuums nicht beachtet. Wie in Harbissons Definition des Cyborg geht die *Steigerung* einer Fähigkeit vom Individuum aus, die *Schwächung* einer individuellen Fähigkeit hingegen – innerhalb dieser Thematik – von einer Gruppierung.

Schwierig für einen bewussten Umgang sind also Begriffe wie »neue Zivilisation«. Und doch nicht ganz irreal, da die großen Konzerne durchaus Möglichkeiten haben, eine solche zu formen. Jedoch nur, wenn der Mensch sie lässt, wenn das Individuum ihnen die Macht einräumt. Da wäre also immer noch die Bewusstheit des Individuums, die eine manipulierte Zivilisation und eine Verdinglichung des Körpers verhindern kann. Es sind die Menschlichkeit und die Bewusstheit des Menschen, die immer im Mittelpunkt stehen müssen, wenn es um den Umgang mit digitalen Medien geht. Die menschliche Bewusstheit sollte *Medium* sein, wie bei Neil Harbisson, nicht die Technik!

3.5 Verdinglichung und Vermenschlichung

Ich bin ein Kind des analogen und digitalen Zeitalters zugleich, für mich wiegt das Analoge aus der Erziehung heraus aber mehr, weil das Analoge in meiner Kindheit wiederum überwogen hat. Erst in der Zeit meiner Arbeit in einer Werbeagentur und dann im Studium kam das Digitale in stärkerem Maße hinzu, durch einen alltäglich benutzten Computer auf meinem eigenen Schreibtisch – davor nutzte ich sporadisch oder fast selten den Familiencomputer. Deshalb sind digitale Medien für mich dingliche Objekte, auch wenn Menschen dahinter stehen oder sich mit ihnen verbinden. Genau in dieser Thematik liegt eine Gefahr, die mit der Sichtweise aufkommt, das digitale Medium nicht mehr als dingliches Objekt zu sehen, hinter dem Menschen als Erbauer oder Lenker stehen, sondern als eine Art vermenschlichtes Objekt, dem menschliche Eigenschaften zugesprochen werden – wie es mit den Tamagotchis einen kommerziellen Anfang nahm. Wenn der Mensch sich also mit digitalen Medien verbindet, sollte er sich immer den Unterschied zwischen Mensch und Technik vor Augen halten.

Dingen etwas Menschliches oder gar eine Seele zuzuschreiben, ist kein Phänomen, das durch die Digitalisierung entstanden ist, das geschah so schon in Jäger-Sammler-Kulturen. Für den vernetzten Menschen gilt: Wenn diese Zuschreibung bewusst geschieht, kann dabei keine Manipulation stattfinden. Geschieht sie jedoch unbewusst, ermöglicht das eine Manipulation. Die Grundlage der Vermenschlichung von Dingen ist die Wertzuschreibung. Es ist ganz natürlich, dass der Mensch einem Werkzeug Wert zuschreibt, wenn dieses ihm Hilfestellung leistet, das ist heute, nachdem die Menschen in höchstem Grade abhängig von den Maschinen sind, mehr denn je klar.[157] Doch zwischen Wertzuschreibung und Vermenschlichung gibt es einen enormen Unterschied. Die Wertzuschreibung alleine bietet kaum Möglichkeit zur Manipulation. Erst die Vermenschlichung bringt eine Möglichkeit zur Manipulation mit sich, denn in diesem Falle läuft der vernetzte Mensch Gefahr, die digitalen Medien als Ersatz für menschliche Begegnungen heranzuziehen. So verliert das Menschliche an Kraft und Stärke. Das macht auch Lyall Watson, Biologe und Pionier auf dem Gebiet der modernen Bewusstseinsforschung, in seiner Publikation *Das geheime Leben der Dinge* deutlich:

> Vorläufig dienen Maschinen nur, wenn sie selbst bedient werden; aber schon heute sind bereits mehr Menschen damit beschäftigt, sich um Maschinen zu kümmern, als um ihresgleichen. Die Dinge sind aus dem Ruder gelaufen, und dies zuweilen in bedenklichem Maße.[158]

Der moderne Mensch erschafft derzeit eine enorme Menge an digitalen Medien und kümmert sich um sie. Dabei läuft er Gefahr, sich selbst zu vergessen, sich selbst in gewisser Weise zu verdinglichen. Falls das für manchen Kritiker kulturpessimistisch klingen mag: Das ist es nicht. Ist doch die Vermenschlichung der Dinge und die Verdinglichung der Menschen eine Evolutionsphase, die als Möglichkeit zur Bewusstwerdung

---

157 Vgl. auch Weizenbaum, Die Macht der Computer und die Ohnmacht der Vernunft, 22.
158 Watson, 12.

dienen kann. Ein Beispiel dafür sind Namen, die der Mensch den Dingen gibt, sie können als eine solche Möglichkeit fungieren. So heißt der heutige Rechner »Personal Computer« oder ein elektronischer Konzern wird »Apple« benannt.[159] Die Technik ist für den heutigen Menschen etwas, das ihn durchaus persönlich betrifft, ja das ihn auf eine gewisse Weise fördert. So füttern wir die künstlichen Dinge mit elektrischer Energie[160], die ja auch den Cyborg Neil Harbisson in gewisser Weise nährt. Wie bei Harbisson der Eyeborg, ist es beim Menschen der Computer (in jeder Art tragbarem digitalen Gerät), es ist die Schnittstelle, an der Menschlichkeit und Dinglichkeit verschmelzen können. Der Computer

> ist ein Gehirn, das noch kein Gehirn ist. Er ist unbelebt und doch interaktiv. Er denkt nicht, und doch ist er in Denkprozesse einbezogen. Er ist ein Objekt, letztlich eine Maschine, doch er handelt, interagiert und scheint in einem gewissen Sinne sogar Wissen zu besitzen.[161]

An dieser Schnittstelle muss das menschliche Gehirn scharf trennen, um zu erkennen, wo der menschliche Nutzen aus dem Computerwissen, oder wo der menschliche Nutzen aus einer bereits geschehenen Verschmelzung zwischen Computer und menschlichem Denken gezogen werden kann, wie Harbisson dies zeigt, um sich selbst nicht zu verdinglichen und damit zu manipulieren.

In dieser Interaktion führt der Computer ein gewisses Eigenleben, ohne das unsere heutige Welt zusammenbrechen würde. Doch sollte der Mensch dieses Eigenleben wahrnehmen können und respektieren. So kann die Vermenschlichung dazu beitragen, dass der Mensch seinen Respekt vor dem Eigenleben der Maschinen verliert, da der „Anthropomorphismus [...] den Maschinen [...] ein beruhigend menschliches Antlitz verleiht"[162]:

---

159 Vgl. ebd., 14.
160 Vgl. ebd.
161 Turkle, Leben im Netz, 31.
162 Watson, 15.

Wenn man einmal anfängt, über diese Dinge nachzudenken, wird es immer offenkundiger, dass jeder Aspekt unserer Beziehungen zu Geräten und Maschinen durch eine Art von vorstädtischem Schamanismus abgesichert ist, der irgendwann einmal bewusst ersonnen wurde, um dem Unbelebten – Leben zu verleihen. Unsere Uhren haben Gesichter und Hände [Anm.d.Ü.: engl. *face* (Zifferblatt) bzw. *hand* (Zeiger)], und unsere Roboter haben Beine und Arme, wo Getriebe und Räder vielleicht geeigneter gewesen wären.[163]

Durch diese technischen Manipulationen, durch welche die Maschinen menschlicher erscheinen, wird zwischen Nutzer und Maschine schneller Nähe hergestellt und die Maschinen schneller in den Alltag integriert und angenommen. Angst vor der neuen Technik wird so vorgebeugt, damit sie angenommen wird. Aber dadurch verliert der Mensch schneller den Respekt, der einen bewussten Umgang mit den Dingen erzeugen kann. Doch die Vermenschlichung kann auch das Gegenteil bewirken, wenn der Anthropomorphismus das wahre technische Innenleben mit einem menschlich freundlichen Gesicht überdeckt. So tragen Maschinen, genauso wie Menschen, ihre ganz eigene Art von Maske, durch die der Mensch sich nicht täuschen lassen sollte.

Derart kann der Computer als „evokatives Objekt" gelesen werden, „das uns dazu nötigt, alte Begrenzungen zu überdenken".[164] Die alte Begrenzung besteht darin, dass das Eigenleben der Dinge gar nicht oder aber als etwas Menschliches wahrgenommen wird. Diese Begrenzung sollte überdacht werden, um das wahre technische Innere wahrzunehmen, das von Menschenhand erschaffen wurde und genauso zur Manipulation dienen kann wie der menschliche Handgriff.

---

163 Ebd.
164 Turkle, Leben im Netz, 31.

3.6 Ein möglicher Krankheitsfaktor

> Die Kopfschmerzen, die wir empfinden,
> die Blackouts, unter denen wir leiden,
> die Nervosität, die uns umgibt,
> sind Ergebnisse eines epochalen Selbstversuchs,
> das menschliche Hirn an die Maschinen anzupassen.[165]

Die Anpassung des menschlichen Gehirns an die Maschinen hat schon mit den ersten Werkzeugen begonnen. Die Werkzeuge haben immer und sollen auch heute noch der Optimierung des Menschen gelten – wie schon Aristoteles sagte – der Verbesserung der menschlichen Natur. Das ist die positive Seite. Doch wie alles, besitzt auch jedes Werkzeug ein negatives Potenzial. Es kommt zum Vorschein, wenn der Mensch das Werkzeug unbewusst einsetzt. Das kann so weit gehen, dass der Mensch krank wird. Dies sind keine neuen Erkenntnisse, damit haben sich die Menschen bei jeder Einführung neuer Medien beschäftigt. Ein Wissen darüber, wie man mit den heutigen Neuen Medien umgehen sollte, ist im Prinzip da, es sitzt sozusagen im kollektiven Unbewussten. Es muss jetzt nur aus der Verdrängung geholt und angewandt werden. Jeder Mensch weiß eigentlich, was die Industrialisierung mit ihm gemacht hat – diese Zeit war wohl die prägsamste für das »Zusammenleben« von Mensch und Maschine. Alles, was es an Symptomen vor allem seit dieser Zeit gibt – latent waren diese auch schon davor existent – kann als Mahnung des menschlichen Unbewussten gelesen werden. Diese Symptome entstehen durch den Aufprall von menschlicher Natur und sehr schnellem technischen Fortschritt. Hierbei sind zeitliche sowie quantitative Komponenten entscheidend: Je mehr Technik, desto weniger Zeit nimmt sich der Mensch für seine Natur. Durch diesen Crash wird die menschliche Natur zunehmend unterdrückt und wiederum gleichzeitig verdrängt zugunsten der technischen und kommerziellen Entwicklung. Nun können die Symptome der unterdrückten

---

165 Schirrmacher, Payback, 50.

menschlichen Natur als Zeichen dafür gelesen werden, etwas ändern zu müssen. Es gilt, alles Verdrängte aus dem menschlichen Unbewussten hervorzuholen, um das *Bewusstsein 2.0* zu bilden, um also auf gesunde Art und Weise mit der Digitalisierung umgehen zu können.

All dies muss aus dem eigenen Inneren eines jeden Individuums geboren werden. Es bedarf keiner moralischen Aufrüstung, keiner geistigen Waffen, um sich gegen »böse« Manipulatoren zu schützen, sondern vielmehr des Vermögens – am Anfang nur für ein paar Augenblicke – wieder in das Selbst zu blicken, das Selbst wahrzunehmen und ins Bewusstsein zu rufen, um Gesundheit aus sich heraus entwickeln zu können. Ohne Ablenkung von außen, ohne Erinnerungs-E-Mails. Der Mensch braucht ein eigenes Erinnerungsvermögen sowie das Vermögen zum Vergessen aus sich heraus – er benötigt ein eigenständiges Bewusstsein!

3.7 Technik und Krankheit

Das Problem »Technik und Gesundheit« ist mannigfaltig. Bei wissenschaftlichen Studien zum Thema Elektrosmog und dessen Auswirkungen auf die Gesundheit ist die Tatsache, dass diese Studien anhand von Tieren als Versuchsobjekte durchgeführt werden, ein wichtiger Kritikpunkt. Es wird die gesundheitliche Auswirkung von Elektrosmog auf Tiere getestet. Das ist kaum hilfreich für die Erforschung von gesundheitlichen Auswirkungen digitaler Medien auf den *Menschen.* Es geht nicht allein um den Elektrosmog und vor allem nicht um Tiere im derzeitigen epochalen *Selbst*-Versuch, den Schirrmacher anspricht[166], sondern vor allem um den aktiven, alltäglichen und individuellen Umgang des Menschen mit digitalen Medien. Das können Studien noch kaum erfassen. Deshalb muss jeder vernetzte Mensch für sich schauen, an welchen Stellen in seinem Alltag er übermäßigen und unbewussten Gebrauch mit digitalen Medien pflegt, der zu einer Disharmonie in Wohlbefinden, Psyche und vielleicht sogar in der physischen Gesundheit führen könnte.

---

166 Vgl. ebd., 50.

Wenn es um die Gesundheit geht, sollte jeder Mensch in seiner *Selbst-Reflexion* am Bewusstsein ansetzen, an der eigenen Bewusstheit oder »Wachheit«:

> Wenn jemand heutzutage von seinem »Bewusstsein« spricht – zum Beispiel, wenn behauptet wird, dass man sein Bewusstsein einsetzt, um seine eigene Gesundheitssituation zu erschaffen – bezieht man sich fast immer auf den Teil des Geistes, der *wach* ist. Eine der praktisch unbestrittenen Tatsachen der modernen Psychologie ist jedoch die, dass wir den allergrößten Teil unseres seelischen Lebens *nicht* im wachen Bewusstseinszustand verbringen, sondern im *nicht*wachen oder *un*bewussten Zustand. Daraus ergibt sich unmittelbar eine Schwierigkeit. Wenn wir uns nicht einmal des größten Teils unserer Psyche und dessen, was sie tut, bewusst sind, wie können wir dann voll bewusst Verantwortung übernehmen für das, was in unserem Leben geschieht, einschließlich unserer Gesundheit?[167]

Das Faktum, dass der übermäßige und unbewusste Gebrauch von digitalen Medien nicht nur zu Unwohlsein, sondern auch zu Krankheiten führen kann, ist vielen Menschen nicht bewusst oder sie verdrängen es aus ihrem Bewusstsein. Viele haben sich manipulieren lassen: Ist das Leben inmitten dieser elektronischen Medien doch allzu bequem geworden, und längst haben viele vernetzte Menschen eine Art emotionale Beziehung zu ihren digitalen Medien aufgebaut. Viele vernetzte Menschen führen deshalb mögliche Symptome nicht auf ihr eigenes Nutzerverhalten zurück, sondern schieben deren Ursachen auf einen begrenzten Bereich, einen Bereich, der nicht ihr ganzes Leben einnimmt oder gar ihr Ich beträfe:

> Weil unsere Bewusstseins-Störungen – denn um solche handelt es sich eigentlich – zuerst am Arbeitsplatz auftauchten,

---

167 Dossey, 90.

glaubten wir lange, sie seien darauf beschränkt, oder anders gesagt: Sie seien eine Angelegenheit des Betriebssystems.[168]

Doch so ist es nicht, Symptome betreffen immer das Selbst und damit das ganze Leben dieses Individuums. Ist der vernetzte Mensch süchtig nach digitalen Medien, will er sich dies erst recht nicht eingestehen. Der vernetzte Mensch, der süchtig ist, der sich in einer körper-medien-verschmolzenen Situation befindet, ohne Grenzen für das Selbst, ist im altdeutschen Sinne *krank*. Denn Sucht bedeutet eigentlich Krankheit, so kennt man heutzutage noch die Gelbsucht mit dem morphologischen Bestandteil -*sucht*, als Bestandteil einer Krankheitsbezeichnung:

> Wenn jemand bei der Suche [nach Heil und damit zur Mitte] vom Weg abkam, hielt man ihn für krank und sprach von Sucht. Das mittelhochdeutsche Wort für Krankheit hieß überhaupt *suht*, was schon wie Sucht ausgesprochen wurde. Noch heute benutzen wir den Ausdruck Gelbsucht für Hepatitis. Mein Großvater sprach als Arzt noch ganz selbstverständlich von Schwindsucht, wenn er Tuberkulose meinte. Eine weitere Generation früher war die Epilepsie noch als Fallsucht bekannt und die agitierte Psychose als Tobsucht, Anämie als Bleichsucht und Ödemneigung als Wassersucht. In noch älteren Zeiten galten auch Hab- und Eifersucht als schwere Süchte und damit Krankheiten. Jedenfalls enthüllten sie schwere Zielverfehlungen auf dem Lebensweg.[169]

Der vernetzte und süchtige Mensch muss erneut lernen, wieder auf sein Ich zu hören und damit seinen Lebensweg zu finden. Der wahre Lebensweg eines jeden Menschen ist gewiss nicht derselbe wie der eines *Homo oeconomicus*. Wessen Leben also aus den natürlichen Fugen durch die übermäßige und unbewusste Nutzung digitaler Medien geraten ist, sollte sich zurückbesinnen, und zwar erst einmal ohne digitales Medium. Doch so einfach ist es nicht immer, denn ist einmal eine

---

168 Schirrmacher, Payback, 64.
169 Dahlke, 139f.

Krankheit ausgebrochen, hilft nicht mehr alleine der gesunde Umgang mit digitalen Medien.

An dieser Stelle möchte ich betonen – das ist zentral für den bewussten Umgang: Nicht die digitalen Medien können selbsttätig Krankheiten beim vernetzten Menschen verursachen, es ist der Mensch selbst, der durch seinen übermäßigen und unbewussten Umgang mit den digitalen Medien Symptome oder Krankheiten bei sich selbst verursachen kann. So macht auch nicht allein der Elektrosmog krank, sondern eine übermäßige Dosis.

Heute muss der vernetzte Mensch wieder lernen, die Aufmerksamkeit auf sich selbst zu lenken, anstatt ständig den Signalen seiner digitalen Medien zu folgen. Er sollte wieder in der Lage sein – für ein paar Augenblicke »abzuschalten« – sich selbst und die Geräte.

3.8 Ausgleich für das Selbst

Digital Sozialisierte
können nicht mehr auf einem Bein stehen![170]

Es ist nicht zu leugnen, dass immer mehr Menschen einen extremen Pol ausgleichen wollen und nach Ruhe und Natur hungern. Der Mensch hat seine Selbstoptimierung mittlerweile so weit getrieben, dass er sich keine richtigen Pausen mehr gönnt, denn dann würde sich sofort das schlechte Gewissen melden. Der Mensch ist so weit zur »Maschine« geworden, dass er auch ruhelos wie eine Maschine arbeitet. Im Grunde weiß jeder, dass er seinen »Akku« auch wieder irgendwann aufladen muss – doch dieses Aufladen sieht beim Menschen eben ganz anders aus als bei einem Akku: Es geht dabei um Inspiration und nicht allein um den Ruhezustand, es geht um das Schöpfen aus dem Selbst, anstatt eines Inputs aus dem Netz.

Aber die Selbstoptimierung hat sich weit in das menschliche Denken und Handeln eingeschlichen, und die Anpassung des Menschen an die

---

170 Diese Beobachtung äußerte Ranga Yogeshwar in: Hart aber fair, WDR, 04.02.2013.

Maschine geht so weit, dass das Ego schon lange zu einem ungesunden Pol hin tendiert und der Mensch den Unterschied zur Maschine oft gar nicht mehr bewusst wahrnimmt. Jeder Handgriff des vernetzten und manipulierten Menschen muss – so denkt er – ökonomisch sein. Leerlaufzeiten[171] darf es in diesem maschinellen Denken nicht geben, jede Sekunde muss nach diesem Denken ausgenutzt werden. Jede Sekunde ohne Information scheint eine verlorene zu sein. Im Sekundentakt gehen die Informationen auf dem Smartphone ein, bei Facebook, bei Twitter und im E-Mail-Postfach. Genauso gibt der Optimierer im Sekundentakt seine Suchanfragen bei Google ein, auch das Gehirn soll nach diesem Denken wie ein Programm mit »Wissen« angefüllt werden.

Doch dass diese digitalen Oberflächen ein krankhaftes Verhalten fördern können, wenn die entsprechende Empfänglichkeit beim Menschen gegeben ist, wird meist erst im Nachhinein klar. Das krankhafte Verhalten hat zur Folge, dass sich der Mensch in Denken und Handeln bis zu einem gewissen Grade den Maschinen anpasst. Das menschliche Denkvermögen nimmt also ab; Zusammenhängendes zu erfassen, wird zunehmend schwieriger. Die Aufmerksamkeit gilt immer mehr der Vernetzung mit digitalen Geräten, das kann so weit gehen, dass der Mensch sich unvollständig fühlt, wenn er seinen maschinellen Anteil nicht bei sich hat – Nomophobie (no mobile phone) wird diese Störung genannt. Dazu können Schlaf- und Konzentrationsstörungen, zunehmende Einsamkeit und Internetsucht kommen.[172]

Natürlich ist nicht jeder krank oder einsam, der sich viel mit digitalen Medien umgibt.[173] Wichtig ist immer das individuelle Bewusstsein im Umgang mit diesen Medien, durch das sich der Mensch in seinem Gleichgewicht halten kann. Ohne dieses jedoch verspürt der Mensch Hunger nach Ruhe und Natur und nach Raum für das Selbst. Unbewusst bemerkt jeder vernetzte Mensch, wenn etwas aus dem Gleichgewicht geraten ist: Wenn er zu viel Aufmerksamkeit in die Technik gibt und zu viele Informationen auf ihn einströmen, dann hungert er ab einem

171 Vgl. auch Christian Heinrich: „Das On-Leid“, in: Die Zeit online, 13.09.2011 (03.09.2013).
172 Vgl. ebd.
173 Vgl. ebd.

bestimmten individuellen Punkt nach dem Gegenpol. Das Unbewusste hat also eine wichtige Rolle für die Gesundheit inne. Laut C. G. Jung streben die psychischen Kräfte des Unbewussten, die sogenannten Archetypen, immer nach Ausgleich, also nach Gesundheit:

> Es ist das Wesen der tiefen archetypischen Kräfte, dass sie immer nach Ausgleich streben zwischen den gegensätzlichen Qualitäten aller Typen. Das Ziel des Lebens sei es, meinte Jung, ein dynamisches Gleichgewicht der inneren Gegensätze zu erreichen und diesen ausgleichenden Prozess so bewusst wie möglich zu machen.

> Wir werden niemals in der Lage sein, die Kraft des Geistes zur Gestaltung unserer Gesundheit in vollem Umfang einzusetzen […], solange wir nicht unser Konzept des »Bewusstseins« erweitern. Das heißt, wir müssen das Unbewusste mit einbeziehen […]. Wenn wir das tun, werden wir sehen, dass das Unbewusste bei unserer Suche nach Gesundheit außerordentlich hilfreich und wohlwollend sein kann.[174]

Die Pole Natur und Technik sollten für einen gesunden vernetzten Menschen ausgeglichen, also in einer Einheit sein. Der vernetzte Mensch sollte sich für sein *Bewusstsein 2.0* daher fragen, ob er seiner Natur gehorcht oder seiner Technik; und ob er einen gesunden Weg finden kann, mit beidem in Einklang zu leben.

3.9 Der Umgang mit Mobiltelefon und Wearables

Zwar versprechen Wearables, wie digitale Armbanduhren, durch Schrittzähler und entsprechende Fitnessapps Kontrolle über die eigene Gesundheit, doch wie gesund kann es wirklich sein, umgeben von ständig eingeschalteten digitalen Geräten zu leben und zu schlafen? Wie gesund

---

174 Dossey, 92.

kann es für den menschlichen Körper sein, ein Handy ständig in der Brust- oder Hosentasche direkt am Körper zu tragen, eine digitale Armbanduhr am Handgelenk und Telefonate nicht mehr über das Festnetztelefon zu tätigen, sondern ausschließlich über das Mobiltelefon?

Der Arzt und Psychotherapeut Ruediger Dahlke prognostiziert in seinem Buch *Störfelder und Kraftplätze* anhand einer 5-Jahres-Studie: Regelmäßiges Telefonieren mit dem Handy von einer halben Stunde täglich verdoppele die Hirntumor-Rate:

> Die *Salzburger Nachrichten* druckten auch den bezeichnenden Kommentar der österreichischen Ärztekammer zu dieser Studie. Vonseiten der Kollegenschaft will man jetzt schon die Weichen in der Ärzteausbildung derart stellen, dass später genug Neurochirurgen zur Verfügung stehen, um die anfallenden Hirntumore zu operieren. Was geradezu zynisch wirkt, lässt aber auch erkennen, wie hoffnungslos der Ärztekammer der Versuch erscheint, das Elend etwa durch rechtzeitige Aufklärung noch abzuwenden. Daran, dass moderne Menschen auf ihr Mobiltelefon verzichten oder es zumindest vernünftiger und verantwortungsvoller einsetzen könnten, glaubt heute kaum noch einer unter den in Österreich in Bezug auf diese Strahlung immerhin vergleichsweise kritischen Kollegen.[175]

Die starke Vernetzung der Menschen zeigt, dass Manipulation über kommerzielle Werbung heutzutage erfolgreicher zu sein scheint als der Drang des individuellen Inneren nach Gesundheit. Dieses Streben nach Gesundheit ist zwar da, wird aber eben von immer mehr Menschen auf der Oberfläche der digitalen Medien ausgetragen, beispielsweise über Fitnessapps.

Die starke Vernetzung der Menschen zeigt weiter, dass die digitalen Medien so tief in den Alltag eingebettet sind, dass es heutzutage zumindest für viele Berufsgruppen kaum mehr möglich erscheint, Telefonate nicht über das Mobiltelefon zu führen. Und doch – wenn man einmal

---

175 Dahlke, 75.

genau hinschaut – gibt es Möglichkeiten, die Rate der Mobiltelefonate quantitativ zu senken. Private Telefonate mit den Sätzen „Wo bist Du?", „Ich bin gleich da!" sowie private Telefonate in Warteschlangen oder im Zug sind sicherlich zu umgehen mit fest ausgemachten Verabredungszeiten und dem Planen des Telefonats auf eine Zeitphase, in der man zu Hause ist. Vor allem aber bei Kindern sollte darauf geachtet werden, dass diese sich nicht von Anfang an daran gewöhnen, auf diese unbewusste und nachlässige Art zu telefonieren.

Wenn man einmal genau hinhört und darüber nachdenkt, wie unangenehm dieses private Telefonieren von unterwegs ist, allein aufgrund der Tatsache, dass das Telefonat jedes Mal abgebrochen werden muss, wenn man im Zug sitzt und dieser durch einen Tunnel fährt oder die Verbindung aus anderen Gründen abbricht. Oder wenn man den Kinderwagen schiebend durch die Straßen hetzt, ist das angenehm? Ein solches Telefonat ist für beide Parteien anstrengend, führt zu Unausgeglichenheit und sollte deshalb auf einen besseren Zeitpunkt verschoben werden. Genau das hat der vernetzte Mensch verlernt: Den richtigen Zeitpunkt zu wählen. Weil zu viel Input da ist und das Mobiltelefon, ständig am Körper getragen, ja stets verfügbar ist, wird der vernetzte Menschen schnell dazu verleitet, auch von unterwegs, mit dem Kind auf dem Arm, zu telefonieren.

Der vernetzte Mensch hat es verlernt, feste Zeiten zu einem Treffpunkt oder zu einem Telefonat zu vereinbaren, eine Zeit, die alle Parteien einhalten (ohne die Möglichkeit, von unterwegs auch noch absagen zu können oder das Treffen um eine Stunde zu verschieben) und zu der alle Parteien auch geistig anwesend sind. Das hat er verlernt, allein aufgrund der Verfügbarkeit des ständig am Körper getragenen Handys, welche den Input erhöht.

Zu diesem ungesunden Nutzerverhalten kommt dann noch der bei Mobiltelefonen ungemein höhere Elektrosmog. Man sollte sich einmal bewusst überlegen, wie lange sich dieses digitale Gerät jeden Tag am Körper befindet. Wer legt es zu Hause auf die Kommode neben die Eingangstüre oder schaltet es gar – zumindest nachts – ab? Sicherlich tragen es die meisten ständig mit sich herum, so dass es auch im Zuhause höchstens eine Armlänge entfernt liegt. Das Nutzerverhalten sollte jedem vernetzten Menschen bewusst sein, denn damit rückt ihm erst richtig ins Bewusstsein, wie viel elektromagnetischer Strahlung er sich eigentlich aussetzt. Die Umstellung von Telefon mit Kabel und Wählscheibe auf ein schnurloses Gerät war vergleichsweise harmlos. Seit dem Regelbetrieb der digitalen Netze, im Jahre 1992, ist die Anzahl der Mobiltelefonanschlüsse von einer halben Million im Jahr 1992 auf 113 Millionen im Jahr 2013 gestiegen.[176] Und es geht bei der elektromagnetischen Strahlung nicht allein um Handys. Es ist die gesamte elektronische Vernetzung, die dem Menschen schaden kann, eine Vernetzung, der sich jeder Mensch jedoch mehr oder weniger freiwillig aussetzt. Zu dem unterwegs mitgetragenen Smartphone kommt die digitale Armbanduhr, die nur mit dem Smartphone zusammen funktioniert, und der Tablet-Computer; ganz zu schweigen von Laptop und Personal Computer, die ja noch zu Hause stehen.

Wenn sich der Mensch seine ausgeweitete Vernetzung bewusst macht, kann er vielleicht Krankheiten, die eventuell von Strahlen verursacht werden, abwenden. Neben der Reduktion von Handy-Telefonaten können die verbleibenden auch über ein Headset geführt werden, so dass das Mobiltelefon nicht direkt das Ohr berührt.

Zum *Bewusstsein 2.0* gehört es, sich immer wieder zu fragen: „Muss ich das jetzt wirklich tun?", wie man es den »Sprecher für Bürgerschaftliches Engagement der Piratenfraktion« Christopher Lauer immer wieder sagen hört, oder ob man mit der Handlung nicht einfach nur sein Ego bedient. Es ist ja allgemein bekannt, dass egoistisches Handeln mindestens zu Unausgeglichenheit führen kann. Das wird leider nur nicht allzu gerne gehört.

Die ständige Verfügbarkeit von Mobiltelefon und Wearable führen zu einer Abhängigkeit vom Ego. Die elektromagnetische Strahlung ist der eine ungesunde Aspekt, der im Alltag oft destruktive Umgang der andere.

Noch viel tiefgreifender ist die Art des »Seins-Zustandes«. Aufgrund des starken menschlichen Egos vollführen viele Menschen durch die Nutzung eines Wearables – (scheinbar) *für* die Gesundheit und körper-

---

176 Anne Kunze; Max Rauner: „Verstrahlt", in: Die Zeit (Nr. 35) 22.08.2013, 27.

liche Fitness oder *für* das soziale Leben – eine Rückwärtsschleife, die immer nur das Ego bedient. Hierin hat die Informationsökonomie einen nicht minderen Anteil, denn sie bewertet die Daten, die vom Menschen kommen und die sich auf ihn beziehen.[177] Wenn sich der Mensch in diese Bewertung einklinkt, ist die Folge, dass die eigene Authentizität unterdrückt oder der Kontakt dazu ganz unterbunden wird, „weil die Rollenspiele, die [...] der Außenwelt vorgeführt [werden], viel wichtiger sind als das wahre Innere".[178] Auch wenn die Medien-Manipulation dazu führen kann, dass die eigene Authentizität nicht wahrgenommen wird, spürt jeder Mensch es im tiefsten Inneren doch, „wenn das eigene Verhalten nicht echt ist oder in einer bestimmten Situation das »mein Wille geschehe« zum Ausdruck kommt".[179] Denn die Intuition ist immer existent, sie muss nur wieder ins Bewusstsein, in den jeweiligen »Seins-Zustand« eingelassen werden.

3.10 Wo geht die Aufmerksamkeit hin?

Auch bei einer möglichen *digitalen Demenz* aufgrund der übermäßigen und unbewussten Nutzung digitaler Medien, wie Manfred Spitzer, einer der bedeutendsten deutschen Gehirnforscher und Leiter der psychiatrischen Universitätsklinik Ulm, sie in seinem gleichnamigen Buch für den vernetzten Menschen prognostiziert, spielt das Nutzerverhalten eine grundlegende Rolle. Die Aufmerksamkeit sollte für eine gesunde Lebenseinstellung immer auf das eigene Ich gelenkt sein – und zwar in gesundem Maße!

Um nicht dem geistigen Abstieg – das nämlich bedeuten die Wortbestandteile *de* (herab) und *mens* (Geist) –[180] anheimzufallen, sollten alle vernetzten Menschen für ihre Zukunft vorsorgen, indem sie sich bewusst machen, wo sie ihre Aufmerksamkeit in Wirklichkeit hinlenken lassen und wo sie sie eigentlich selbst hinlenken sollten – nämlich zum

---

177 Vgl. Schirrmacher, Ego, 15.
178 Bonanomi, 18.
179 Ebd.
180 Vgl. Spitzer, 52.

Selbst und zum eigenen Lebensziel. Vielen vernetzten Menschen ist es sicherlich schon widerfahren, dass sie im Nachhinein nicht mehr sagen konnten, wie sie im Netz an eine bestimmte Stelle gelangt sind, an die sie gar nicht surfen wollten. Wie kommen nun Aufmerksamkeitsstörung und eine mögliche Demenz genau zusammen?

Bei einer Demenz sterben in starkem Maße Nervenzellen ab:

> Hier nimmt die geistige Leistungsfähigkeit letztendlich deswegen ab, weil Nervenzellen absterben. Nun wissen wir aus einer ganzen Reihe von Studien zu den verschiedensten Formen von Nervenzelluntergang, dass man den Prozess des Absterbens subjektiv in aller Regel zunächst gar nicht bemerkt.[181]

Das unbemerkte Absterben von Nervenzellen ist eine Gefahr. Den Anfang kann dieses Absterben in der Nutzung digitaler Medien nehmen, denn die intensive Nutzung digitaler Medien bedeutet Stress für Nerven und Körper. Bei Stress sterben Nervenzellen ab. Allein wenn das Handy klingelt, ist der Mensch, das ist wissenschaftlich nachgewiesen, in einer Stress-Situation. Man stelle sich nun vor, wie oft täglich nicht nur das Handy klingelt, sondern der E-Mail-Eingang mit einem Ton angezeigt wird oder der Nachrichteneingang auf Facebook, der sich ja auch, umgewandelt in eine E-Mail, tonal bemerkbar machen kann – Nachrichten werden zu Nachrichten für Nachrichten. Auch der Stress wird damit quantifiziert, wenn der Nutzer dies technisch eingestellt so zulässt.

Um einer Demenz entgegenzuwirken, sollte der vernetzte Mensch seine Nervenzellen bewusst aufbauen, und zwar durch Bewegung an der frischen Luft und durch die eigene wirkliche Herausforderung. Manfred Spitzer rät seinen Patienten, wenn sie ihn fragen,

> was man denn tun könne, um sich im Alter geistig fit zu halten [...]: »Vergessen Sie Kreuzworträtsel und Sudoku; gehen Sie joggen!« Denn die moderne Gehirnforschung zeigt: Das beste Gehirnjogging ist schlicht und einfach Jogging. Wenn

---

181 Ebd., 52f.

dann allerdings die neuen Nervenzellen gebildet wurden, dann
reicht das Wiederkäuen von vorhandenem Wissen nicht aus,
um sie am Leben zu erhalten. Man muss vielmehr etwas richtig
Schwieriges lernen.[182]

Gerne nutzt der vernetzte Mensch auch dafür – sowohl für das Erlernen von etwas, das das Gehirn herausfordert, als auch für den Sport
an der frischen Luft – den Tablet-Computer (für das Lernen) und die
digitale Armbanduhr (für den Sport). Doch wenn es um die Gesundheit
des Menschen geht, sollte man sich auch einmal eine digitale Auszeit
nehmen, denn etwas richtig Schwieriges zu lernen und gesunden Sport
für Körper und Gehirn zu treiben, funktioniert ausschließlich über den
analogen Weg! Beim Lernen geht es um die eigene Denkfähigkeit, die
durch digitale Medien nur allzu schnell auf das zweite Gehirn, nämlich das digitale, umgelenkt wird, und dadurch bilden sich keine neuen
Nervenzellen im menschlichen analogen Gehirn. Beim gesunden Sport
an der frischen Luft geht es um die Rückbesinnung auf sich selbst. Wie
soll beides funktionieren, wenn man all seine Aufmerksamkeit nicht in
das wirkliche Ich investiert, sondern in das digitale zweite Ich, das ja
nur durch Mathematik berechnet ist und nur sehr vage dem wirklichen
Ich entspricht.

Es geht beim Erlernen von etwas Schwierigem, genauso wie beim
Sport, um die Herausforderung. Doch die digitalen Medien erlauben
keine Herausforderung des Selbst, höchstens des digitalen Ichs, und das
birgt wiederum die Gefahr der Demenz. Das vernachlässigte analoge,
wahre Ich, erkrankt früher oder später, zuerst geistig, dann physisch.
Wenn also das wirkliche, reale Ich keine Aufmerksamkeit bekommt,
sondern nur das digitale, fiktive Ich, dann kann sich das durch Krankheit bemerkbar machen. Wenn das reale Hirn und der reale Körper
nicht herausgefordert werden, kann das in Demenz münden. Die Vorstufe davon sind zunehmende Vergesslichkeit, Aufmerksamkeits- sowie
Bewusstseinsstörungen[183], ein Zustand, in dem sich der vernetzte und
manipulierte Mensch schon längst befindet!

---

182 Ebd., 58.
183 Vgl. Schirrmacher, Payback, 64.

3.11 Negiertes Interesse und das Selbst

Vergesslichkeit und Gedächtnisverlust, die bei Manipulation oder Beeinflussung durch digitale Medien symptomatisch auftreten, sind verknüpft mit der Tatsache, dass diese Beeinflussung das Interesse des vernetzten Menschen zu negieren vermag. Das heißt in der Folge nicht, dass dieser Mensch als oberflächlich zu bezeichnen wäre. Vielmehr vermag dieser Mensch es nicht mehr – aufgrund des fehlenden Interesses – in die Tiefe zu blicken. Die Fähigkeit, in die Tiefe zu blicken, ist bei jedem Menschen gegeben. Doch die Lebensbedingungen und die Umgebung des vernetzten Menschen beeinflussen es, wie tief der Mensch gehen kann oder will. Die digitale Umgebung hat Einfluss darauf, ob er sein eigenes Ich wahrnehmen oder gar seine eigene Subjektivität ausbilden kann.

Das heißt, wo zu viele Schnipsel gelesen werden, wie Google es derzeit mit der Büchersuche bietet, wird der Mensch durch diesen Lese-Vorgang geprägt. Twitter mit seinen 140 Zeichen pro Nachricht ist ein weiteres Schnipselwerk, das durch die Kürze beeinflusst. Dazu kommt die Quantität der Informationen, die es gar nicht erlaubt, in einem Text bis auf den Grund zu tauchen, ob es nun ein Zeitungsartikel ist, ein Aufsatz oder gar eine Monographie. An die Kürze und Quantität der Nachrichten gewöhnt sich der vernetzte Mensch und liest bald nur noch schnipselhaft oder fragmentartig. Links prägen den Menschen derart, dass er Verweise in ein Gespräch einbaut, anstatt das wiederzugeben, auf was verwiesen wird.

Diese Beeinflussung durch die Oberfläche der Schnipsel und Links im Netz bringt den Menschen so weit, dass er kein Interesse mehr für einen längeren Text aufbringen kann. Liest der vernetzte und manipulierte Mensch etwa Proust oder Tolstoi, kann er längere Sätze und poetische Zusammenhänge noch erfassen? Durch die Lektüre kann etwas Neues und Sinnvolles für das eigene Leben gewonnen werden. Dieser schöpferische Aspekt geht durch die Manipulation verloren.

Es sind die digitalen Medien, die in ihren technischen Oberflächen mit den Schnipseln und mit *Big Data* zu viel Platz einnehmen, so dass man sich nicht mehr mit dem Betreffenden zusammenschließen kann:

»Etwas interessant finden [...] bedeutet [...], dass man eine innere Kraft entwickelt, um sich zusammenzuschließen mit dem Betreffenden und es [...] in das richtige Fahrwasser zu bringen.«[184]

Durch negiertes oder fehlendes Interesse vermag es der Mensch nicht mehr, seine eigene Subjektivität schöpferisch wahrzunehmen und im Folgenden auch auszubilden. Somit fährt er im Fahrwasser des Ungleichgewichts mit sich selbst. Das Boot beginnt irgendwann zu schaukeln und wird früher oder später kentern, wenn der vernetzte Mensch sich nicht in ruhigeres Fahrwasser ohne negative Beeinflussung oder Manipulation begibt. Erst in letzterem kann der Mensch wieder zum Interesse für eine Sache gelangen – zu einer „Rückbindung an den Zukunftsgang"[185] sowie zu Inspiration und Schöpfung, durch welche die eigene Subjektivität geformt werden kann.

Es ist die Verbindung des vernetzten Menschen, die beim Interesse für eine Sache im Mittelpunkt steht.

Das Ich erhält seine Bestimmung durch das, womit es sich verbindet – so lautet ein Kerngedanke der Menschenkunde Rudolf Steiners, die er in seiner *Theosophie* entfaltet hat. Es bedeutet auch, dass ein Ich sich in dem Maße offenbart, wie es Zusammenhang *stiftet*, wie es Verschiedenes miteinander verbindet.[186]

So sollte sich der vernetzte Mensch überlegen, mit was er sich verbinden mag, um zu größerer Bewusstheit zu gelangen: Mit den digitalen Medien und seinem digitalen Ich, oder darf das subjektive Interesse innerhalb dieser Verbindung auch eine Rolle spielen?

Das bedeutet nicht, die digitalen Medien negieren oder gar abschaffen zu müssen. Es bedeutet vielmehr, dass die digitalen Medien in der

---

184 Laudert, 13. Laudert zitiert einen Vortrag von Rudolf Steiner vom 01./02.11.1919 in Dornach.
185 Ebd., 13.
186 Ebd., 9.

Wahrnehmung nicht mehr an erster Stelle stehen. Weiter bedeutet es, über die Oberfläche der digitalen Medien hinweg in die Tiefe blicken und Zusammenhang stiften zu können – um nicht vorgegebene Zusammenhänge aufzunehmen, sondern selbst welche herstellen zu können:

> Die Stiftung von Zusammenhang gilt für das *denkende* Ich, sofern Denken bedeutet, Wahrgenommenes oder Beobachtetes mit Begriffen zu verbinden, so dass man irgendwann *in* der Verbindung lebt (und denkt) und das konkrete Objekt, die sinnliche Anschauung nicht mehr braucht, um das betreffende Wesen hervorzubringen beziehungsweise zu erkennen.[187]

In der Folge kann der vernetzte und manipulierte Mensch nur noch der mathematisch wissenschaftlichen Objektivität der Algorithmen folgen und lässt die Formung seiner eigenen Subjektivität damit brach liegen.

3.12 Der ausgebrannte Mensch

Die Medien können den Menschen durch ihre funktionelle Nutzeroberfläche, durch ihre ständige Verfügbarkeit, durch ihre Pluralität und vor allem durch ihre immer größere Nähe zum Körper nur allzu leicht dazu verführen, die Mensch-Medien-Schnittpunkte noch zu vermehren und noch näher zum menschlichen Körper zu verlegen. Doch eine hohe Quantität digitaler Medien in der unmittelbaren alltäglichen Umgebung bedeutet einen sehr großen Informationsinput. Kaum ein Mensch ist in der derzeitigen Evolutionsphase in der Lage, auf Dauer die einströmenden Informationen zu verarbeiten sowie seine Aufmerksamkeit immer nach außen zu verlagern – das ist mit ein Grund dafür, dass es immer mehr Fälle von Burnout gibt.

Burnout gibt es nicht, sagt der Psychiater und Psychotherapeut Manfred Lütz. Die „ICD-10, die derzeit gültige Klassifikation aller Krankheiten durch die Weltgesundheitsorganisation", sieht Burnout nicht als

---

187 Ebd.

Krankheit vor, sondern als belastenden Lebensumstand.[188] Das ist gut für das *Bewusstsein 2.0*, denn ein belastender Lebensumstand kann leichter von der Psyche verkraftet, um dann ausgeräumt zu werden, als eine ärztlich diagnostizierte Krankheit. Auch würde die Klassifikation von Burnout als klassische Krankheit das eigentliche Problem verschleiern, nämlich die Tatsache, dass der Mensch erst noch ein Bewusstsein dafür entwickeln muss, wie er mit den Neuen Medien selbstbestimmt und gesund umgehen kann. Die Bezeichnung von Burnout als klassische Krankheit würde bedeuten, dass die Symptome von außen bekämpft würden und nicht die Ursache von innen heraus. Wenn ein Mensch ausgebrannt ist, sollte er nicht den Neuen Medien die Schuld geben, sondern sollte sich selbst, aus seinem Bewusstsein heraus, neu in Richtung Inspiration orientieren, wenn er sein Selbst wieder zu fruchtbarem Boden machen möchte!

3.13 Gewahrsein

Wenn der Mensch sich selbst ins Gleichgewicht bringt und seine Aufmerksamkeit auf das Innere lenkt, kann er zu einem Gewahrsein gelangen, das Russell Targ, Physiker an der Stanford University, in seiner Publikation *PSI. Die Welt ist anders, als sie zu sein scheint* anführt. Gewahrsein kommt aus dem mittelhochdeutschen *gewar*, das Bedeutungen wie »aufmerksam«, »behutsam«, »beobachten« und »aufmerken« in sich trägt.[189] Gewahrsein, das die gesamte Raum-Zeit ausfüllt, ist eine Wahrnehmung, die schon im Buddhismus und Hinduismus Teil des jeweiligen Glaubens ist: Im Bewusstsein keine Trennung wahrzunehmen.[190] Übersetzt bedeutet das folgende Schritte: Die Lenkung der Aufmerksamkeit in das Innere, die Überschreitung der Grenzen seiner in Raum und Zeit eingebetteten Umgebung – die Grenzen seiner bisherigen binären Wahrnehmung sowie die Fokussierung darauf, dass alles

188 Lütz, 70.
189 Kluge: *Etymologisches Wörterbuch der deutschen Sprache*, Berlin/Boston ²⁵2011, Begriff: gewahr.
190 Vgl. Targ, 232.

eins und ewig ist. Mit diesen Schritten ist es nicht unmöglich, dass der heutige Mensch eine Bewusstseinsstufe erlangt, die der Nutzung seiner vorhandenen Fähigkeiten entspricht und vor allem einer Nutzung der vorhandenen Hirngröße:

> Ich glaube, dass wir unser physisches Wachstum abgeschlossen haben; unser Gehirn ist groß genug. Daher schlage ich vor, dass unser nächster evolutionärer Schritt darin bestehen sollte, unsere Spezies zu transzendieren. Als Futter suchende Tiere haben wir begonnen; dann haben wir uns zu einigermaßen bewussten Menschen weiterentwickelt, die versuchen, die Natur zu verstehen; und jetzt sind wir endlich so weit, unsere Bestimmung als Wesen, die um ihr weiträumiges, nichtlokales Bewusstsein wissen, die Raum und Zeit überwinden und die Gabe medialer Fähigkeiten akzeptieren, zu erfüllen.[191]

Die Industrialisierung und deren entsprechende Prägung des Menschen ist Teil der menschlichen Evolution. Sie hat bewirkt, dass der Mensch seine Aufmerksamkeit über seine Werkzeuge nach außen lenkt. Mehr Aufmerksamkeit gilt seiner Umgebung als sich selbst. Schafft es der Mensch jedoch, seine Aufmerksamkeit nach innen umzulenken, kann er auf eine neue Ebene der Bewusstseinsentwicklung gelangen. Heute denken die meisten Menschen analytisch[192], also binär – geprägt durch die äußere maschinelle Umgebung. Der Verstand ist Entscheidungsträger im Denken des vernetzten, nach außen orientierten Menschen. Daher ist dieser Mensch auch weniger durch sein Herz oder innere Intuition geleitet als vielmehr durch seine analogen oder digitalen Werkzeuge und durch seinen Verstand. Beim Gewahrsein geht es darum, eigene Bilder in sich wahrzunehmen, ohne Manipulation von außen, das heißt selbst sein eigenes Medium zu sein, der eigenen Wahrnehmung zu vertrauen!

Die Bilder, die durch die digitalen Medien auf den vernetzten Menschen einströmen, sind in vielen Fällen nicht nur negativ in ihrem In-

---

191 Ebd., 38.
192 Vgl. ebd., 107.

halt, sondern können auch negative Auswirkungen auf die Psyche des Menschen haben. So steht der vernetzte Mensch heute ständig unter Strom und ist stressgeimpft durch seine Bildschirmmedien: Der Körper wappnet sich schon vor jedem »Stromstoß«, „kurz bevor man Szenen von Sexualität, Gewalt oder sinnloser Zerstörung sieht, gegen den Schock oder die Beleidigung".[193] Das Nervensystem weiß vorher, „wann es von einem unangenehmen Reiz überfallen wird".[194] Das zeigt, dass das menschliche Bewusstsein Zugriff auf die Zukunft hat, und damit ist die chronologische Zeit – laut Targ – eine Illusion. Der Mensch ist nicht in einer chronologischen Zeitabfolge gefangen oder konditioniert durch eine solche Zeit. Sein Bewusstsein kann die Grenzen dieser Konditionierung überwinden. Dadurch kann der Mensch zu seinen eigenen Bildern finden, die aus seinem Inneren heraus entstehen. Bilder, die diese Konditionierung übersteigen.

Mit einer ruhigeren Lebensführung in zumindest ein paar Momenten pro Tag könnte der Mensch wieder zu sich selbst und zu seinen eigenen Bildern finden – ohne ständige Stromstöße! Er könnte in diesen Momenten seine Aufmerksamkeit auf seine *Intuition* lenken, um damit Kreativität und Inspiration Raum zu geben, als Gegenpol zur Manipulation. So könnte der vernetzte Mensch – der binär denkende, der ständig Entscheidungen treffen muss wie eine (Turing-) Maschine – sich darüber gewahr werden, weil es keine Trennung gibt, dass Entscheidungen zwar Teil des Alltags sind, doch durch das Gewahrwerden nicht mehr das schwere, vielleicht negative Gewicht haben, das zu Unausgeglichenheit führt. Das menschliche Leiden und die Sorgen sind nach Targs Überzeugung Illusion, genauso wie die Bilder aus den digitalen Medien nicht Teil der menschlichen Realität werden müssen. Der Mensch, wenn er nicht manipuliert und dementsprechend konditioniert ist, hat gleichermaßen Zugriff auf Vergangenheit, Gegenwart und Zukunft. So können Zeit und Raum überwunden werden und das Leiden[195] des Alltags schrumpft auf ein Minimum in der menschlichen Wahrnehmung. Das Gewahrsein ist verknüpft mit einer Entleerung des

---

193 Ebd., 164.
194 Ebd., 165.
195 Vgl. ebd., 261f.

Selbst[196], einer Entkonditionierung.[197] Das Ego bekommt damit sozusagen eine Pause, und der Mensch kann darüber reflektieren, zu welchem Zweck[198] er welche Handlung mit oder ohne digitale Medien getätigt hat und »zukünftig« tätigen wird. Er kann sich in seiner wahrhaftigen oder wahrgenommenen Moralvorstellung üben und Integrität und Verantwortlichkeit[199] nicht nur für das Netz entwickeln, sondern erst einmal für sich selbst, das ist notwendigerweise Teil des *Bewusstseins 2.0!* Integrität und Verantwortlichkeit gegenüber dem eigenen Selbst ist die Basis dafür, um dasselbe, ohne Manipulationen, in die digitale Umgebung tragen zu können.

3.14 Heilungsabsichten

Durch das Gewahrsein kann der vernetzte Mensch nicht nur zu transzendentem Wissen, sondern auch zu transzendentem Handeln gelangen, das Targ als „das Ausströmen unserer Heilungsabsichten"[200] bezeichnet. Transzendenz bedeutet das Überschreiten der Grenzen der »Normalität«. Aus dieser kann der Mensch herausfinden, wenn er auch sein binäres Denken überwindet. Diese Art des Denkens hat uns die Maschine gelehrt. Für die Maschine mag das ausreichen, doch der Mensch vermag viel mehr. Immerhin hat er ein Gehirn zur Verfügung, das viel mehr Potenzial hat, als allein Programmen zu folgen.

　Der Mensch ist nicht beschränkt in seiner Konditionierung, er ist auch nicht beschränkt in seiner Wahrnehmung durch Raum und Zeit. Einerseits suggerieren die digitalen Medien dem Menschen eine Wahrnehmung der Zeit in immensem Maße (begonnen hat es mit der Uhr), andererseits bieten gerade die digitalen Medien dem Menschen die Möglichkeit, den Raum auf eine neue Art und Weise wahrzunehmen. Doch dazu muss er das binäre Denken übersteigen und sich in nicht-

---

196　Vgl. ebd., 270.
197　Vgl. ebd., 251f.
198　Vgl. ebd., 275.
199　Vgl. ebd.
200　Ebd., 170.

analytischem Denken üben, in der Wahrnehmung von Intuition und womöglich in der Fähigkeit, durch das Gewahrsein oder durch außersinnliche Wahrnehmung neue intuitive Herzensebenen zu erkunden – nicht umsonst sagt man, die Liebe erlaube es dem Menschen, durch Raum und Zeit zu sehen. Das ist die Grundlage, die Nichtlokalität des Raumes durch den Geist zu erkunden. Ist diese Grundlage gegeben, führen die Begriffe Imagination, Fiktion und Virtualität weiter, sowie die Überlegung, dass Bewusstsein weder materiell noch immateriell ist. Es muss also noch etwas Drittes geben, neben der binären Entscheidung, ob etwas materiell oder immateriell ist.

Diese Struktur ist in der digitalen Sphäre wiederzufinden. So lehren uns die digitalen Medien, dass es nicht nur Realität und Virtualität gibt, sondern es muss noch etwas Drittes geben, und das ist die Enhanced oder Augmented Reality, die aus der Vermischung von Realität und Virtualität besteht. Die Gefahr dabei ist, dass das Medium als Mittler den Menschen in seiner Wahrnehmung insofern täuscht, als der Mensch das Digitale nicht mehr vom Analogen trennen kann. Basierend auf der Fähigkeit, beides klar voneinander unterscheiden zu können, kommt im Idealfall die Wahrnehmung der erweiterten Realität nicht aus der technischen Welt, sondern aus dem Menschen heraus, nämlich aus seinem Bewusstsein, wenn es sich um eine inspirative und nicht um eine manipulative Erweiterung der menschlichen Wahrnehmung handelt. In der inspirativen Enhanced Reality kann der Mensch die Heilungsabsichten seines Unbewussten begreifen und diese ins Bewusstsein holen, um danach zu handeln – das ist das transzendente Handeln.

Die Erweiterung der menschlichen Wahrnehmung mit der Überschreitung des binären Denkens bedeutet, die Einheit wahrzunehmen und das Benennen und Begreifen aufzugeben, um wahr-haft wahrnehmen zu können. Damit wäre ein Ende des Leidens in Sicht, durch die Entkonditionierung.[201] Die Medien verleiten den Menschen zu einer Mitteilungswut, also dazu, ständig seinem Ego zu folgen. Ständig ins Äußere zu gehen, zu benennen. Mit dem transzendenten Handeln ist der vernetzte Mensch in der Lage, seine Vernetzung zu lösen oder zu über-

---

201 Vgl. ebd., 261f.

schreiten, seine Aufmerksamkeit zu verschieben, weg vom Ego, hin zum wahren Selbst, um seine digitale Vernetzung neu zu ordnen, vielleicht sogar zu erweitern, und das heil und im Gleichgewicht. So kommt der vernetzte Mensch heraus aus seiner Mitteilungswut und hinein in eine integere sowie verantwortungsbewusste Handlung in der sozialen Vernetzung, die sowohl analoge als auch digitale Mitteilungen umfasst.

3.15 Das vollkommene Selbst

Der Mensch ist unvollkommen, das Selbst ist ein getrenntes! – Diese menschliche Wahrnehmung beschreibt Platon in seiner Erzählung über die Kugelmenschen. Diese Sicht ist Teil der menschlichen Sinnhaftigkeit, die der Mensch seiner Welt zuschreibt. Diese Sicht ist wiederum Teil des menschlichen Egos, denn der Mensch strebt nach seiner Vervollkommnung. Das Ego wird durch Werbetrailer geschürt, in denen sich die Phrase „Das will ich auch!"[202] in das vernetzte Unbewusste sowie in das Bewusstsein einbrennt. Mit dieser Wahrnehmung ist der vernetzte Mensch Teil seiner Konditionierung. Auch seine Sucht nach dem Smartphone, durch das er sich Vervollkommnung erhofft, ist Teil seiner Lebenswelt. Doch die Konditionierung kann überschritten werden, indem die Wahrnehmung umgekehrt und im Selbst nach der Vollkommenheit gesucht wird. Diese Vollkommenheit und Einheit liegt in jedem selbst.

Wie der Mensch die Welt wahrnimmt, so ist die Welt. So ist jeder Mensch Ontologe und schreibt der Welt einen bestimmten Sinn zu. Aber jeder Mensch ist auch Dekonstrukteur und kann die Welt von ihrem bisherigen Sinn entleeren. Wenn der Mensch die Evolutionsstadien als Ontologe und Dekonstrukteur durchlaufen hat und schließlich als transzendenter Mensch nach seinem höchsten Potenzial strebt[203], kann er sagen: Das getrennte Selbst ist eine Illusion! So kann er seinen Körper durch seinen Geist vervollkommnen.[204] Durch das innere Bewusst-

---

202 Vgl. Werbetrailer des Fernsehsenders *sixx*, Stand: September 2013.
203 Vgl. Targ, 276.
204 Vgl. Alistair Shearer (Übers.): *Effortless Being. The Yoga Sutras of Patanjali*, Unwin 1989; zitiert aus: Targ, 276.

sein, das dem Menschen helfen kann, seine Fähigkeiten zu nutzen und sein Potenzial zu leben, anstatt sich durch das Äußere, durch das Smartphone, immer weiter von seinem Selbst zu entfernen.

Wenn der Mensch eine Trennung in seinem Selbst wahrgenommen hat, kann er als transzendenter Mensch also erkennen, dass die Vervollkommnung aus dem Selbst heraus wieder herstellbar ist, nämlich durch die Reaktivierung des eigenen Geistes. Dann nimmt nicht mehr das Smartphone dem Menschen seine geistige Arbeit ab, sondern der menschliche Geist arbeitet selbsttätig und selbstbestimmt. In diesem Zustand können Smartphone und andere digitale Medien auf gesunde Art und Weise in die soziale Vernetzung integriert werden. Wenn in der sozialen Vernetzung zunächst analoger Geist mit analogem Geist verbunden[205] wird und erst im zweiten Schritt die digitalen Medien hinzukommen, geht die Selbstbestimmung nicht von der Vernetzung der digitalen Medien untereinander aus, sondern vom Menschen.

---

205 Vgl. ebd.

4

MENSCHLICHE INTELLIGENZ

Der vernetzte Mensch wird durch digitale Medien beeinflusst und kann durch digitale Medien manipuliert werden. Aber auch wenn der Mensch nur noch über Links denkt, Schnipsel liest und dadurch sein Interesse verliert, muss das nicht dauerhaft anhalten. Diese Evolutionsphase kann nur eine Phase sein und muss kein dauerhafter oder flächendeckender Zustand werden, da der Mensch die Möglichkeit zur Nutzung seiner Intelligenz hat. Daher ist diese Phase des neuen Denkens, manipuliert oder beeinflusst durch Links und Textfragmente, eine Verlagerung im Vergleich zur vorherigen Evolutionsphase. So betrachtet, wird das menschliche Denken zu einer interessanten Entwicklung, die sich durch Technologie verändert[206]:

> Wir formen unsere Techniken, und unsere Techniken formen uns und unsere Zeit. Unsere Zeit prägt uns, wir prägen unsere Maschinen, und unsere Maschinen prägen unsere Zeit. Wir werden zu den Objekten, die wir betrachten, aber sie werden zu dem, was wir aus ihnen machen.[207]

In dieser Interaktion ist, in Bezug auf die menschliche Intelligenz, vor allem eines wichtig: Es kommt darauf an, *wie* der Mensch mit seinen unbelebten und belebten Objekten *umgeht*. Wenn er dabei seine Intel-

---

206 Für eine bewusste Haltung gegenüber den Neuen Medien ist es wichtig, Veränderungen *kritisch und konstruktiv* zu reflektieren, wie es Rolf Pfeifer, Professor für Computerwissenschaften an der Universität Zürich, mit dieser Betrachtung zeigte, in: Berg und Geist, 3Sat, 03.06.2013.
207 Turkle, Leben im Netz, 69.

ligenz nutzt, bleibt er menschlich und verdinglicht sich nicht. Doch je mehr Dinge hinzukommen, denen der Mensch das »Denken« überlässt oder die ihn in seinem Denken prägen – wie der digitale Taschenrechner, das GPS, die Fitnessapps, die Links, die Snippets – , desto mehr Nullstellen entstehen dabei in seinem eigenen Kopf. Der vernetzte Mensch verlernt, selbst zu denken. Die Fähigkeit, mit Zahlen umzugehen, wird genauso brach liegen wie das analoge Kartenlesen und – viel wichtiger – die Einsicht in das eigene Wohlbefinden. Das Wichtigste ist aber, innerhalb dieser Manipulation zu erkennen, wenn das eigene Interesse zu einer Nullstelle geworden ist. Nicht allein durch die Nutzung von GPS, sondern erst in der pluralen Verknüpfung der digitalen Medien, in die der Mensch sozusagen seine Denkfähigkeit in pluraler Zerstreuung auslagert und die sein Denken in ihrer fragmenthaften Struktur prägen, läuft er Gefahr, seine Intelligenz brachliegen zu lassen und in einen Zustand der Bequemlichkeit zu geraten, der einen äußerst negativen Beigeschmack mit sich bringt. Es ist in der Wahrnehmung eine Art »Schwebezustand«, weil man durch die plurale digitale Verknüpfung den Boden unter den Füßen verliert. Wahrgenommen wird es auch als eine Art Schleier vor den Augen, weil der Blick in der Wahrnehmung getrübt ist, weil man aufgrund der pluralen digitalen Medien nicht mehr klar sehen kann. Dadurch entwickelt der Mensch Automatismen[208], durch die sich der Mensch seinen Werkzeugen angleicht. Wie der Rechner ohne das menschliche Zutun weiterläuft, wenn er eingeschaltet ist, wie das GPS automatisch den Standort anzeigt. An diese Art von »Intelligenz« sollte der Mensch seine eigene nicht angleichen. So könnte, wenn der Mensch dauerhaft und flächendeckend seine Intelligenz brachliegen lässt, diese Phase zu einem Zustand werden, der Gedächtnisverlust oder sogar Demenz mit sich bringt.

Wenn hingegen der Mensch seine Intelligenz nutzt, die zwar schon reduziert, aber in welcher der Mensch den Maschinen derzeit immer noch überlegen ist, können digitale Medien unterstützend auf die Intelligenz wirken! Eines darf der Mensch dabei nicht machen: Sein selbstständiges Denken auf die Maschinen übertragen. Er muss sich

---

208 Vgl. Weizenbaum, Die Macht der Computer und die Ohnmacht der Vernunft, 44.

darüber bewusst sein, dass der *smarte* Anteil der Maschinen aus der Intelligenz des Menschen resultiert und nur ein fragmentarisches Abbild der menschlichen Fähigkeiten darstellt. Beispielsweise ist der Mensch den Maschinen in seiner Übersetzungsfähigkeit noch lange überlegen, denn er ist fähig, in Kontexten zu denken. Doch was wird durch die digitalen Medien aus dieser Fähigkeit in Zukunft gemacht werden? Was geschieht, wenn der Mensch auch seine Fähigkeit, in Kontexten zu denken, den Maschinen überlässt?

Was in Zukunft auch geschehen wird, für die Gegenwart muss dem Menschen bewusst sein, dass er ein naturgegebenes »Instrument« in sich trägt, das ihn von seiner Umgebung derzeit unterscheidet, durch das er seine Umgebung begreifen kann – nämlich seine Intelligenz, die durch selbstständiges Denken Manipulation abwehren kann und damit auch zunehmende Automatismen oder gar Demenz.

4.1 Woraus besteht die menschliche Intelligenz?

Das Nomen »Intelligenz« ist aus dem Lateinischen entlehnt und bedeutet in der ursprünglichen Verbform »intellegere«: begreifen, einsehen, erkennen, verstehen und wahrnehmen. Es geht also bei der Nutzung von Intelligenz nicht nur darum, die Umgebung wahrzunehmen und zu verstehen, sondern auch darum, Einblick in sich selbst zu haben, um dann eine einfühlende Verbindung zur Umgebung herzustellen. Intelligenz umschließt also auch Empathie. So verbindet der Mensch sich mit der Umgebung, mithilfe von Erlebnissen und deren Verarbeitung, jedoch nicht ausschließlich durch den Verstand, sondern auch durch das Herz – damit sind Kreativität und Neu-Schöpfung verbunden.

Erlebnisse werden im Laufe der Zeit zu Erinnerungen, und der analoge Mensch hat im Normalfall die Fähigkeit, sich an manche Erlebnisse zu erinnern und manche auch wieder zu vergessen, etwas sehr Wichtiges für den gesunden menschlichen Alltag. Hierbei spielen natürlich Bewusstsein und Unbewusstes eine wichtige Rolle. Nun verändern die digitalen Medien die Intelligenz in großem Maße und strukturieren Bewusstsein und Unbewusstes dabei um:

> Mit den Informationen, die der technische Apparat speichert, wächst das Vergessen unserer biologischen Gedächtniszentren. Aufmerksamkeitsverlust und Blackouts kennt mittlerweile jeder. Die nächste Verschärfungsstufe ist der Erinnerungsverlust.[209]

Aber nicht nur die Erinnerung wird zunehmend schwieriger, durch die ständige Verfügbarkeit des externen digitalen Gedächtnisses wird auch das Vergessen zum Problem. Die Folge dieser Diskrepanz ist ein unfassbares Durcheinander im analogen Gehirn: Alles und doch nichts zu vergessen, wo soll das hinführen? Unvermeidbar ist dadurch die Auslagerung des Gedächtnisses in die digitale Welt. Doch passiert das nur, wenn der Mensch es zulässt: Noch mehr Informationen und in der Folge noch mehr Wirrnis zwischen analogem und digitalem Ich sowie letztendlich die Stärkung und Überlegenheit des digitalen Ichs, der digitalen Intelligenz, sind die Folgen!

Wenn der Mensch es zulässt, kann er seine Fähigkeit zum intelligenten Denken und Handeln brachliegen lassen und schreibt stattdessen seiner digitalen Umgebung eine gewisse Intelligenz zu – so wie man es ja auch ständig in den Medien hört. Nicht nur Mülleimer und Kühlschrank werden intelligent, auch Häuser und – die ganze Umgebung. Das ist sozusagen der *worst case* von Manipulation, denn in diesem Falle gibt der Mensch die Fähigkeit auf, die ihn von den Maschinen unterscheidet, allein aufgrund von Bequemlichkeit und ständiger Verfügbarkeit des externen Gedächtnisses sowie der Sucht nach Input und des egoistischen Will-haben-Reflexes. Wenn der vernetzte Google-Mensch einmal ganz selbstverständlich zu Hause im Sessel sitzend mit dem in die Wand eingebauten Computer spricht, wie sehen Bewusstsein und Unbewusstes in dieser neuen Struktur aus? Laut George Dyson wird eine neue Art von Intelligenz geboren werden.[210] Frank Schirrmacher schreibt in *Payback*:

---

209 Schirrmacher, Payback, 44.
210 Vgl. Das Werk von George B. Dyson, *Darwin im Reich der Maschinen*, zitiert aus: Schirrmacher, Payback, 20.

Was wir im Augenblick als geistige Überforderung mit den neuen Technologien bei gleichzeitiger körperlicher Lust an ihnen erleben, sind nur die physischen Schmerzen, die uns die Anpassung an diese neue Intelligenz zufügt.[211]

Damit diese neue Art von Intelligenz dem Menschen nicht zum Nachteil aufgrund von Manipulation erwächst, sollte der Mensch sein eigenes *Bewusstsein 2.0* ausbilden – und sein Potenzial so nutzen. Dazu bedarf es eigener Denkmuster, anstatt der Anpassung an die Maschinen:

Auf der ganzen Welt haben Computer damit begonnen, ihre Intelligenz zusammenzulegen und ihre inneren Zustände auszutauschen; und seit ein paar Jahren sind die Menschen ihnen auf diesem Weg gefolgt. Solange sie sich von den Maschinen treiben lassen, werden sie hoffnungslos unterlegen sein.[212]

Bevor sich der vernetzte Mensch in seinen Denkmustern den Algorithmen anpasst, sollte er sich Fragen stellen wie etwa jene, die George Dyson in seinem Buch *Darwin im Reich der Maschinen* stellt:

Werden wir weiterhin in getrennten Bahnen denken oder zu einem einheitlichen Bewusstsein verschmelzen?[213]

Oder wird sich der vernetzte Mensch einfach nur noch treiben lassen, weil es ja so bequem ist, wenn die Maschinen die Denkmuster vorgeben? Es wird durch das Sich-Treiben-Lassen immer eine Manipulation stattfinden können und damit die Intelligenz der Technik im Vordergrund dieser wahrnehmenden Computernutzer stehen. Deren Bewusstsein wird zu einem Teil der Informations-Industrie werden. Nicht nur, dass die manipulierten vernetzten Menschen so handeln, wie die großen Internetkonzerne es wollen, diese Nutzer werden auch in ihrem Ich, in ihrem analogen Denken, ein Abbild des digitalen Ichs. Damit gäbe es

---

211 Schirrmacher, Payback, 20.
212 Ebd.
213 Dyson, Darwin im Reich der Maschinen, VI.

keine Selbstbestimmung mehr, keine Medienmündigkeit. Wir wären – symbolisch gesprochen – wieder in der Zeit vor der Aufklärung angekommen. Dann würde die digitale Welt wirklich zur Heimat[214] des Ichs werden – zum Vorteil von Google und Facebook. Wenn bei Facebook die Liebsten zu Hause sind, wird man es zwangsläufig auch selbst. Mit Google Now kann der vernetzte Mensch jeden Moment seines Lebens planen: Es ist nicht nur Adressbuch und Kalender, sondern bucht einem auch Flugreisen. Auf der Homepage liest man dazu:

> Die richtigen Informationen zur richtigen Zeit. Sie erhalten Karten mit hilfreichen Informationen für Ihren Tagesablauf – und das sogar, bevor Sie danach suchen.[215]

Weil man seine Daten in die digitale Welt schickt, wird das Ich digital berechnet. Danach wird die Berechnung ausgerichtet, die hinter dieser Vermutung, hinter dieser mathematischen Hypothese steckt: Man bekommt Informationen, bevor man danach sucht. Somit wird der Mensch berechenbar, wenn er nach den technischen Mustern handelt. Ist das nicht eine Beleidigung der menschlichen Intelligenz und des menschlichen Lebens – die sich beide gerade durch Überraschungen und durch Unberechenbarkeit auszeichnen und ausformen? Wird es nicht langweilig und einsam werden, wenn Facebook zum Zuhause wird und man nur noch macht, was Google vorschlägt?

4.2 Keine Förderung der Intelligenz – Der manipulierte Mensch innerhalb der Filter-Blase

Die Personalisierung des Internet kann einen gegenteiligen Effekt haben, wenn der vernetzte Mensch sich manipulieren lässt. Dann wird sich das Denken der Nutzer daran anpassen, was das Netz den Menschen

---

214 Vgl. Kai Biermann: „Facebook will zur Heimat werden", in: Die Zeit online, 04.04.2013 (05.04.2013).

215 http://www.google.com/landing/now/, 13.09.2013.

an Selbst-Bildern eingibt. Dann wird Google – in Deutschland Such-
maschinen-Monopolist, denn in Deutschland nutzen derzeit immerhin
92%[216] der Internet-Nutzer diese Suchmaschine – zum »Herrscher« über
das Bewusstsein und über die Wahrnehmung der vernetzten Menschen.

Seit dem 4. Dezember 2009 ist Google personalisiert.[217] Das heißt,
jedem Nutzer wird auf den ersten Seiten der Suchergebnisse das angezeigt, was sowieso zu seiner Wirklichkeit gehört:

> Ihr Computerbildschirm wird immer mehr zu einem einseitigen
> Spiegel, der Ihre persönlichen Interessen reflektiert, während
> algorithmische Beobachter kontrollieren, auf was sie klicken.[218]

Durch das Google-Netz bekommt der Nutzer immer weniger die Möglichkeit, die Welt aus neuen Blickwinkeln zu betrachten. Der Horizont
des Internet-Nutzers bleibt damit, zumindest durch Google, in gewissem Maße dort, wo er ist. Der Google-Nutzer ist damit immer mehr in
seiner „eigenen kleinen Welt gefangen"[219]. Neue Blickwinkel sind aber
doch gerade das, was den Horizont des Menschen erweitert. Und es ist
nicht »nur« Google, das diese den Menschen reflektierende »Dienstleis-
tung« anbietet:

> Der Wettlauf darum, so viel wie möglich über Sie zu erfahren,
> ist für Internetgiganten wie Google, Facebook, Apple und Mi-
> crosoft zur wichtigsten Schlacht unserer Zeit geworden. [...]
> Hinter den Seiten, die Sie besuchen, wächst ein riesiger neuer
> Markt für Informationen über Ihr Online-Verhalten, angetrieben
> von weithin unbekannten, aber extrem profitablen Personal-
> Data-Firmen wie BlueKai und Acxiom. [...] Je personalisierter
> die angebotenen Informationen sind, desto mehr Werbung
> können sie verkaufen und desto wahrscheinlicher ist es, dass

---

216 Vgl. Mainzer Studie: „Nutzer wissen wenig über Google", in: Die Zeit online,
    16.08.2013 (17.08.2013).
217 Vgl. Pariser, 10.
218 Ebd., 11.
219 Ebd., 13.

Sie die angebotenen Produkte kaufen. Und das Konzept geht auf. Amazon verkauft Waren im Wert von Milliarden Dollar, indem es vorhersagt, für welche Produkte sich der einzelne Kunde interessieren könnte, und diese dann im virtuellen Shop in die Auslage legt.[220]

Ein weiterer Schritt zu Googles Vision wurde im Herbst 2011 mit Google Instant getan, „das schon rät, wonach man sucht, während man den Begriff noch tippt".[221]

Laut Eli Pariser sitzt der Internet-Nutzer durch all diese Personalisierungsfilter in einer Filter-Blase, in einem von Maschinen erschaffenen Informationsuniversum.[222] Doch dort

gibt es weniger Raum für zufällige Begegnungen, durch die wir Einsichten gewinnen und lernen können. Kreativität wird oft dort entfacht, wo Ideen aus verschiedenen Disziplinen und Kulturen aufeinanderprallen. […] Und nicht nur diese glücklichen Zufälle und Entdeckungen werden verhindert. Eine Welt, die nur aus Bekanntem besteht, ist eine Welt, in der man nichts lernen kann. Wenn die Personalisierung zu streng und zu genau ist, enthält sie uns überwältigende, bewegende Erfahrungen und Ideen vor, die uns die Welt und uns selbst aus anderen Augen sehen lassen.[223]

Der Mensch ist in seinem Denken und Handeln ein kreatives Geschöpf, wenn er sich in einem mentalen Gleichgewicht befindet. Dazu bedarf es der Balance zwischen Aufgeschlossenheit und Konzentration – diese Balance bringt die Personalisierung durcheinander.[224]

Damit ist der Mensch – zumindest durch das Netz – in einer endlosen unkreativen Ich-Schleife gefangen.[225] Transzendenz, also das Durchbre-

---

220 Ebd., 14-16.
221 Ebd., 16.
222 Vgl. ebd., 17.
223 Ebd., 22f.
224 Vgl. ebd., 99.
225 Vgl. ebd., 24.

chen der unkreativen Ich-Schleife hin zu Kreativität, ein Überschreiten des Alltäglichen, ist innerhalb der Filter-Blase nicht möglich, wenn der Nutzer unbewusst darin weiterlebt, denn

> die Personalisierung schafft eine Umgebung, die ausschließlich aus dem naheliegenden Unbekannten besteht – Sportmeldungen oder politische Schlagzeilen, die unsere Schemata nicht weiter erschüttern, sich aber wie neue Informationen anfühlen. Die personalisierte Umgebung kann Fragen beantworten, auf die wir selbst kommen, aber sie kann keine Fragen oder Probleme aufwerfen, die außerhalb unseres Blickfelds liegen.[226]

Ich möchte nicht sagen, dass "Computer nutzlos sind, weil sie uns nur Antworten geben" – Pariser erinnert in *Filter Bubble* an dieses Zitat von Pablo Picasso.[227] Computer sind aber dann nutzlos, wenn der Nutzer verlernt hat, sie so zu nutzen, dass sie ihm nutzen. Computer sind dann nutzlos für das kreative Ich, wenn sich der vernetzte Mensch in der Filter-Blase gefangennehmen lässt.

Weiß der Internet-Nutzer jedoch um die Gefahren, welche die Personalisierung mit bringt, kann er sehr wohl aus dieser Filter-Blase ausbrechen, indem er seine technischen Einstellungen am Computer entsprechend »manipuliert« und vor allem seine „intellektuelle Besonnenheit"[228] anwendet, also Medienkritik übt. Doch die ursprüngliche Vorstellung vom Netz als demokratischer Ort, in dem sich jeder Nutzer unkontrolliert bewegen kann und frei an *neues Wissen* herankommt, um seinen Horizont zu erweitern, das ist *innerhalb* der Personalisierung nicht möglich.[229]

Innerhalb der Personalisierung, in der Datenwelt der Filter-Blase, scheint hingegen eine neue Sinnlosigkeit zu entstehen, wie sie Byung-

---

226 Ebd., 99.
227 Vgl. ebd.
228 Alexander Pschera: „Dataismus und Optimismus", in: Die Zeit online, 30.09.2013 (01.10.2013).
229 Vgl. Pariser, 11;13.

Chul Han, Berliner Professor für Philosophie und Kulturgeschichte, in einem Gastbeitrag für DIE ZEIT konstatiert:

> Das Data-Wissen ist eine beschränkte, rudimentäre Form des Wissens. Es kann nicht einmal einen Kausalzusammenhang erkennbar machen. Big Data suggeriert ein absolutes Wissen. In Wirklichkeit fällt es mit dem absoluten Unwissen zusammen. Sich in Big Data zu orientieren, ist unmöglich. [...] Der Dataismus ergibt sich aus Verzicht auf Sinn und Zusammenhänge, die Daten sollen die Sinnleere füllen. Die ganze Welt zerfällt in Daten, und wir verlieren dabei größere, höhere Zusammenhänge immer mehr aus dem Blick.[230]

Byung-Chul Han beschreibt den Dataismus als eine Art Religion.[231] Eine Religion betrifft bekanntermaßen das Glaubenssystem des Menschen und ist damit eines der machtvollsten Instrumente, um dessen Denken und Handeln zu beeinflussen. Wenn Glaube und Vorstellung manipuliert werden, dergestalt, dass der Mensch als Selbstoptimierer dazu gebracht wird, Daten wie „Körpertemperatur, Schritte, Schlafzyklen, Kalorienzufuhr, Kalorienverbrauch, Bewegungsprofile oder sogar Gehirnwellen"[232] sowie Herzschläge bei der Meditation[233] freizugeben, stellt sich die Frage: Wo wird diese Manipulation und damit das Selbstbild enden? Auch wenn Byung-Chul Han den Dataismus als Religion beschreibt, spricht er diesem gleichzeitig die Möglichkeit zur Läuterung und als Erkenntnisinstrument ab:

> Können die gesammelten Daten überhaupt dazu beitragen, sich selbst besser zu verstehen? Aufzeichnungen über sich selbst waren schon in der Antike wesentlich für die Sorge um sich selbst. Der römische Schriftsteller Tertullian nennt es *Pu-*

---

230 Byung-Chul Han: „Dataismus und Nihilismus", in: Die Zeit online, 27.09.2013 (01.10.2013).
231 Vgl. ebd.
232 Ebd.
233 Vgl. ebd.

blicatio sui – gemeint ist die Erforschung des Selbst und das schonungslose Veröffentlichen aller Gedanken. Der Sünder sollte sich als Sünder zeigen und sich damit von seiner Sünde befreien. Die christliche Selbstenthüllung geht mit einem Verzicht auf das selbstsüchtige Ich einher, zugunsten eines höheren Sinnzusammenhangs: *Ego non sum, ego.* Durch Verzicht auf das kleine Ego soll ein höheres Ich erreicht werden. *Publicatio sui* ist eine Praxis der Wahrheit, ist einem höheren Sinnzusammenhang verpflichtet, genau wie die antike Askese keine Diät ist. Quantified Self hingegen ist eine bloße Technik der Optimierung der körperlichen und geistigen Leistung. Vor lauter Daten aber verfehlt der Selbstoptimierer die wirkliche Sorge um sich selbst. Es ist das Aufzeichnungssystem des selbstbezüglich gewordenen Ego.[234]

Wird sich der Mensch als Ouroboros irgendwann selbst auffressen, vor lauter Egoismus und Verbesserungswut? Durch Egoismus und Verbesserungswut werden negative und *destruktive* Emotionen wie Neid, Eifersucht und vielleicht sogar Hass geschürt. Das Mangeldenken und damit der Egoismus der Selbstoptimierer werden immer größer sowie die Nähe des Selbstoptimierers zu seinem Werkzeug, das ihm anscheinend dabei hilft, sich zu verbessern. Aber eben nur auf körperlicher Ebene, und das auch nur in gewissem Maße, nicht auf seelischer Ebene. Der Dataismus ist eine neue Art Religion, die nicht mehr nach wahrhaftiger Erkenntnis und Transzendenz strebt, sondern nach materieller und (oberflächlicher) geistiger Leistung.[235] Nun könnte man das Streben nach geistiger Leistung mit Intelligenz in Verbindung bringen, doch geht es bei der menschlichen Intelligenz, im Gegensatz zur Intelligenz der Maschinen, genau um diesen Unterschied: Der Mensch ist von Natur aus in der Lage, durch die Nutzung seiner Intelligenz Transzendenz zu erlangen, eine Maschine ist es nicht und auch nicht der manipulierte und selbstsüchtige Mensch in der Filter-Blase.

Teil des *Bewusstseins 2.0* ist es, nicht aufzuhören, Fragen zu stellen.

---

234 Ebd.
235 Vgl. ebd.

Teil des *Bewusstseins 2.0* ist es, selbstbestimmt sein eigenes Ich zu reflektieren, indem man Wissen innerhalb und außerhalb des personalisierten Netzes sucht, sowohl im Digitalen als auch im Analogen. Wissen, das durch immer neue Blickwinkel Erkenntnisse sowie eine neue Facette der Persönlichkeit hervorbringen kann. Durch dieses bewusste Geflecht, das sich der vernetzte Mensch 2.0 in seinem Alltag durch Leben, durch Reflexion, Ruhe, personalisierte und nicht-personalisierte Mediennutzung erbaut, sollte sich ein Ziel als roter Faden ziehen. Ein Ziel, das die medienkontrollierte Selbstoptimierung an wahrhaftigem Wert bei weitem übersteigt – die Feinsinnigkeit.

5

WIRKUNGSORTE DER MANIPULATION

Durch digitale Medien ist jeder unbewusst lebende Mensch manipulierbar. Es stellt sich dabei die Frage, an welchen Wirkungsorten die Manipulation geschieht. Ein Mensch, der um solche Wirkungsorte weiß, kann sich einer möglichen Manipulation bewusst werden und damit aus der Opferolle herausfinden. Dabei sollte der zukünftige medienmündige und selbstbestimmt lebende Mensch beachten, dass jede Machtstruktur Basis für eine Manipulation sein kann. Es entsteht eine Machtstruktur, wenn ein Mensch (imaginär) einer Instanz der Außenwelt – bewusst oder unbewusst – eine Übermacht zuspricht. Diese Instanz kann allenfalls ein Mensch sein, kein digitales Medium; denn die Welt, die durch ein digitales Medium erschaffen wird, ist Fiktion. Nur wo der Mensch die Fiktion in Realität umwandelt, durch sein Denken und Handeln, kann Manipulation ins reale Leben des vernetzten Menschen gelangen, dabei dient das digitale Medium nur als Hilfsmittel.

5.1 Computercodes

Wer über das digitale Zeitalter redet, redet nicht nur über ein Medium.
Er redet über eine Fabrik der Gedanken.
Im Internet mag es viele Dummheiten geben,
aber es wetteifern dort auch außerordentliche Intelligenzen miteinander – nicht nur in Texten, sondern vor allem und in erster Linie
in den unsichtbaren Computercodes, die uns leiten.

Hinter ihnen stecken die wahren Programmdirektoren unseres Lebens.[236]

Manipulation kann geschehen, wenn sich zwei Akteure in Interaktion miteinander befinden. Die Aktion, die über das digitale Medium läuft, beeinflusst den vernetzten Menschen über die digitalen Codes in Form von Input. Es sind binäre Codes, Algorithmen, maschinelle Programme vom Menschen programmiert, die den Nutzer beeinflussen oder gar manipulieren. Es sind Programme, die von anderen *Menschen* entwickelt wurden.

Wenn eine Machtstruktur besteht, dann zwischen Menschen. Wenn ein Mensch sich einer Manipulation durch digitale Medien unterwirft, dann lässt er sich von anderen *Menschen* leiten, und zwar in Verlängerung durch die Computercodes.

Diese Manipulation und Entmündigung kann sich durch einen Algorithmus entwickeln. Der personalisierende Google-Algorithmus, der im Kapitel *Menschliche Intelligenz* schon angesprochen wurde, speichert die Eingaben der Nutzer – ihre Daten – und dementsprechend bekommt jeder Google-Nutzer etwas anderes angezeigt, etwas durch die Programmierung des Algorithmus' auf den jeweiligen Nutzer Zugeschnittenes. Eine aktuelle Studie der Johannes-Gutenberg-Universität Mainz hat gezeigt, dass von den 92% der Deutschen, die Google nutzen, nur wenige um die Personalisierung wissen, geschweige denn verstehen, wie diese funktioniert: Die Studie zeigt, dass die meisten Google-Nutzer die Datenspeicherung ablehnen, gleichzeitig jedoch die Personalisierung als begrüßenswert ansehen – ohne Datenspeicherung gäbe es jedoch keine Personalisierung.[237] Es sind Unwissenheit und Bequemlichkeit, an denen der Google-Algorithmus rührt.

Die Studie zeigt, dass die wenigsten Nutzer mit der Google-Suchmaschine sicher umgehen können, wodurch das Machtgefälle zwischen Medium und Mensch als Basis zur Manipulation gegeben ist.

Die meisten Internet-Nutzer gehen über eine Suchmaschine, wenn

---

236 Schirrmacher, Payback, 18.
237 Vgl. Mainzer Studie: „Nutzer wissen wenig über Google", in: Die Zeit online, 16.08.2013 (17.08.2013).

sie im Netz etwas suchen.[238] Schon an diesem Einstiegspunkt kann, allein durch die automatische Vervollständigung von Suchbegriffen, eine Manipulation ablaufen, denn viele Nutzer lassen sich auf einen vorgeschlagenen Begriff ein, anstatt das eigene Ziel mit eigenem Suchbegriff zu verfolgen. Was folgt, ist eine Verzerrung der Suche. Nach diesem Einstiegspunkt kommt dann die Personalisierung, die eine weitere Verzerrung verursacht. Erst dann gelangt der Nutzer in das weite Netz, in dem noch viele Stellen der Manipulation warten.

Für alle diese Stellen, und vor allem für den Google-Algorithmus, sollten daher drei maßgebliche Leitlinien gelten, wie sie die Mainzer Studie fordert: Neutralität, Transparenz und Kompetenz. Es bedarf einer medienrechtlichen Regulierung[239], die dem Google-Konzern wenigstens ein kleines Quantum seiner Macht nähme:

Neutralität bezeichnet gleiche Chancen auf aussichtsreiche Rankingplätze in Trefferlisten für alle Anbieter von Webinhalten. Um den Nutzern eine solche neutrale Auswahl aus dem gesamten Angebotsspektrum zu ermöglichen, dürfen Suchmaschinenbetreiber keinen Einfluss auf das Ranking von Suchergebnissen nehmen. Transparenz zielt auf die hinreichende Offenlegung der Funktionsweise von Suchmaschinen, um interne und externe Manipulationen und Verfälschungen der Trefferlisten erkennen zu können. Die Manipulationsgefahr muss auch stärker in das Bewusstsein der Nutzer rücken. Kompetenz zieht in Betracht, dass die größtmögliche Vielfalt im Internet wirkungslos bleibt, wenn Nutzer keinen Gebrauch von ihr machen. Die Stärkung der Medienkompetenz kann dieses Risiko mindern, indem Nutzer auf ihre eigenen Gestaltungsmöglichkeiten und ihre Eigenverantwortung hingewiesen werden. Dafür müssen die Suchmaschinenanbieter in die Pflicht genommen werden. Diese drei Kriterien sollte der Gesetzgeber bei der Erarbeitung entsprechender Handlungsoptionen berücksichtigen. Anspruch einer künftigen Regulierung muss

---

238 Vgl. http://www.uni-mainz.de/presse/57274.php, 15.08.2013 (26.08.2013).
239 Vgl. ebd.

sein, die Meinungsvielfalt zu sichern, ohne unverhältnismäßig in den Wettbewerb und die dynamischen Entwicklungsprozesse der digitalen Medien einzugreifen.[240]

Doch *Neutralität* erscheint aussichtslos, solange der Kommerz an erster Stelle steht. Die *Transparenz* würde die technische Manipulation des Google-Algorithmus offenlegen, was für das vorliegende Thema am wichtigsten erscheint, denn dann könnte der Nutzer schneller auf die Auswirkungen der technischen Manipulationen auf das eigene Ich schließen. Die *Kompetenz* muss vor allem beim Nutzer beginnen: Die Kompetenz oder viel besser die individuelle Medienmündigkeit[241] sollte zunächst beim Nutzer selber beginnen. Das fehlende technische Wissen und die anschließende Manipulation des Nutzers durch Computercodes zeigt, dass dies noch nicht genügend der Fall ist.

Der Wirkungsort des Google-Algorithmus' ist deshalb so mächtig, weil der Bekanntheitsgrad von Google enorm ist. Die in der Studie befragten Internet-Nutzer kannten alle Google, viele hatten noch nichts von anderen Suchmaschinen gehört. Gleichzeitig verwendeten sie diese eine Suchmaschine namens Google weitgehend unkritisch[242], gaben daher, ohne es zu wissen, ihre Daten her – und ließen sich über diese Daten zu einem Menschen formen, der ihren Klicks entspricht. Der Mensch wird durch Ursache und Wirkung, durch die Klicks und deren Speicherung sowie durch die Reaktion darauf zu einem statistischen Menschen. Das Ich ist deshalb ein verzerrtes oder fragmentarisches Ich, das als Spiegel dienen kann, zur Formung des *Bewusstseins 2.0*:

Ihr Computerbildschirm wird immer mehr zu einem einseitigen Spiegel, der Ihre persönlichen Interessen reflektiert, während algorithmische Beobachter kontrollieren, auf was Sie klicken.[243]

---

240 Ebd.
241 Paula Bleckmann unterscheidet in ihrem Buch *Medienmündigkeit* die Begriffe Kompetenz und Mündigkeit auf eine sehr schlüssige Art und Weise. Vom Begriff Kompetenz ausgehend, kann auch eine Manipulation stattfinden.
242 http://www.uni-mainz.de/presse/57274.php, 15.08.2013 (26.08.2013).
243 Pariser, 11.

Der Nutzer kann in diesem Spiegel entdecken, dass das Internet-Ich ein einseitiges, also fragmentarisches Ich ist, das sich aus den Klicks und Tasteneingaben zusammensetzt und nur einen kleinen Teil des wahren Ichs offenbart.

Es kann ein Weg sein, um zum wahren Ich zu gelangen. Doch läuft dieser über kritisches Denken, das die Verzerrung wieder entspannt, indem das eigene Selbst im Mittelpunkt steht, nicht die Machtstruktur, welche sich aus dem Quasi-Monopol von Google speist:

> Im Quasi-Monopol von Google wird zwar ein zu großes Macht-potenzial erkannt, zugleich wird aber zugestanden, dass die-ses durch das »beste Angebot« gerechtfertigt sei.[244]

Das »beste Angebot« liegt jedoch nicht im Äußeren, sondern im Inne-ren des Menschen, in seinem eigenen Wissen, das sich von außen spei-sen kann, jedoch nur mit der Reflexion auf das eigene Ich.

Durch die Computercodes kann das wahre Ich gespalten werden, wie Zeus den Kugelmenschen durch sein Schwert gespalten hat. Wenn der Mensch nicht mehr reflektiert, gibt er seine geistige und körperliche Kraft an die Computercodes ab. Wenn der Mensch hingegen seine Re-flexion wieder aufnimmt, kann er zu seiner wahren Stärke gelangen und den Wirkungsort der Manipulation zu einem Wirkungsort für Inspira-tion transformieren. Damit kann er seine von Google durch die Perso-nalisierung auferlegte Einschränkung und Begrenzung überschreiten.

Cookies

Ein weiteres Beispiel für einen manipulierenden Computercode sind die Cookies, von denen viele Internet-Nutzer gar nichts wissen. Schon der Name lässt auf Manipulation oder zumindest Beeinflussung schließen, suggeriert er doch etwas Süßes und wird so – ohne tieferes Wissen des Nutzers – vielleicht eher auf dem Computer belassen.

Cookies sind kleine Dateien, die sich über Internetbesuche – Klick für Klick – auf dem eigenen Computer festsetzen. Der Nutzer kann die-

---

244 http://www.uni-mainz.de/presse/57274.php, 15.08.2013 (26.08.2013).

se jedoch löschen, wenn er weiß wie: Der Internet-Browser speichert Cookies auf dem Computer, also kann der Nutzer diese auch im Menü des Internet-Browsers bei den Einstellungen löschen. Es ist auch die Einstellung möglich, Cookies nie zuzulassen, doch dann ist beispielsweise ein Einkauf bei Amazon nicht möglich. Ohne Cookies können Warenkörbe nichts aufnehmen oder bis zum nächsten Besuch speichern. Ohne Cookies gibt es keine Produktempfehlungen.[245] Cookies machen also das Surfen doch annehmlicher, sie haben durchaus einen positiven, süßen Aspekt. Doch der negative Aspekt folgt auf dem Fuß: Cookies speichern das Verhalten des Internet-Nutzers! Der Cookie-Verlauf zeigt genau, für was sich der Internet-Nutzer interessiert. Somit gehören auch die Cookies zur Personalisierung des Internets und tragen ihren Teil zur Erschaffung des digitalen Ichs bei.

Cookies sind also Teil von Big Data. Über die digitalen »Kekse« kann nicht nur Amazon das Surfverhalten beobachten, sondern auch dessen Kooperationspartner. Besucht man also eine kommerzielle Internetseite, auf der man einkaufen möchte, können dessen Kooperationspartner, über die Cookies, auch das eigene Nutzerverhalten auf anderen Seiten ausspähen:

> Besuchsgewohnheiten, Kaufpräferenzen, auch Art und Einstellungen des Computers werden ermittelt und mit den im Cookie gespeicherten Identifikationsnummern verknüpft. So weiß [der Kooperationspartner] nicht nur, auf welche Buttons ein Nutzer [auf der besuchten Seite] geklickt hat, [er] sieht auch sein Surfverhalten [auf anderen Internetseiten]. Das erlaubt auch eine psychologische Analyse des Nutzers. […] Wer die Analyse menschlichen Verhaltens kommerziell betreiben will, dem bietet das Netz paradiesische Möglichkeiten, die im realen Leben undenkbar wären: In einem Supermarkt kann niemals derart genau ermittelt werden, wohin ein potenzieller Kunde während des Besuches schaut und welche konkreten Produkte ihn

---

245 Vgl. http://www.amazon.de/. Auf der Homepage gibt es rechts oben, unterhalb des Einkaufswagens, einen Link zur Erklärung: „Amazon nutzt Cookies. Was sind Cookies?“

zu interessieren scheinen. [...] Festgehalten wird im digitalen Raum alles: jedes angesehene Foto, jede kontaktierte Person, jede hinterlassene Nachricht des Nutzers.[246]

Wenn der vernetzte Mensch sich also gegen die Manipulation durch Cookies wehren möchte, diesen Wirkungsort ausschließen möchte, sollte er die Einstellungen auf seinem Computer entsprechend vornehmen, so dass diese zu seinem Leben passen. Möchte man auf Amazon einkaufen, muss man Cookies akzeptieren. Jedoch muss man diese nicht immer akzeptieren, sondern kann die digitalen »Kekse« nur von Websites, die man besucht, annehmen. Damit werden Cookies von Kooperationspartnern unterdrückt, also Cookies von Dritten oder Werbeanbietern.

Social Bots

Auch Social Bots machen deutlich, dass Manipulation über Algorithmen an der digitalen Tagesordnung ist. Social Bots sind Algorithmen, welche menschliches Verhalten imitieren. Sie steuern Profile in sozialen Netzwerken, Profile, hinter denen normalerweise ein Mensch steht.

Die Tatsache, dass die menschliche Komponente in der Leitung durch Algorithmen fehlt, wird deutlich an der immer lauter werdenden Forderung nach ethischen Konzepten, „um die Funktionsweise von Algorithmen transparent zu machen".[247] Die „Entwicklung von Filtern, die diesen Umstand beherzigen, [wäre] eine logische Konsequenz".[248] Doch auf die technische Transparenz sollte der Internet-Nutzer nicht warten, er sollte eine „wachsende Sensibilität für die Qualität der Daten, die unser Denken und Handeln beeinflussen"[249] entwickeln – das *Bewusstsein 2.0*.

Social Bots sind Algorithmen, die „menschliches Verhalten imitieren"[250] und versuchen, den Menschen so zu täuschen. Die Social

---

246 Kurz, 23f.
247 Frederik Fischer: „Ferngesteuerte Meinungsmache", in: Die Zeit online, 25.05.2013 (30.05.2013).
248 Ebd.
249 Ebd.
250 Ebd.

Bots „sind nur schwer von Menschen zu unterscheiden und kaum zu identifizieren"[251].

Die erste Generation von Bots, die „stur Spam verteilen, werden mittlerweile von Twitter nach kurzer Zeit entdeckt und gesperrt".[252] Diese erste Generation hat noch nach Reichweite operiert. Die neueste Generation, die Social Bots, arbeiten nach *Beeinflussung*. Es soll das menschliche Denken und Handeln beeinflusst oder manipuliert werden zugunsten „wirtschaftlicher oder politischer Entscheidungsprozesse".[253]

Wenn man in der digitalen Welt also nicht mehr weiß, ob man von einer Maschine getäuscht wird oder ob es sich dahinter um einen realen Menschen handelt, wo geht dann der Grundstock der Moral – das Vertrauen – hin? Wahre Werte zählen in einer Welt der Social Bots nicht.

Tracking

Tracking bedeutet »Verfolgung« sowie »Spurführung« und funktioniert über sogenannte Tracking-Cookies. Facebook bietet Werbekunden seit 2013 eine optimiertere Möglichkeit zur Verfolgung der Internet-Nutzer, und zwar durch Optimized CPM, durch die eindeutige Ermittlung der Facebook-Identifikationsnummer. Wenn die Werbekunden einen entsprechenden Code in ihre Internetseiten einbauen, erlaubt dieser es, Nutzer durch das Netz hinweg zu verfolgen. Dies funktioniert dann, wenn die Nutzer bequem sind und sich bei Facebook am Ende ihres Besuches nicht ausklinken. In diesem Falle kann Facebook das Surfverhalten über die Seiten hinweg ausspähen und auswerten, die den entsprechenden Code eingebettet haben. Der Zweck ist natürlich kommerziell.[254]

Deutlich wird an diesen Codes, dass diese ein digitales Ich der Internet-Nutzer aufbauen, basierend auf der Identifikationsnummer. Im kommerziellen Teil des Internets bekommt also der Internet-Nutzer ein

---

251 Ebd.
252 Ebd.
253 Ebd.
254 Vgl. Jens Ihlenfeld: „Facebook statt Tracking-Cookie", in: golem.de, 25.01.2013 (14.10.2013).

kommerzielles Ich angehängt – und zwar auf Kosten der Privatsphäre. Wenn also ein Nutzer aufgrund dieses Trackings Produkte einkauft, ist er auf eine perfide Art der Manipulation hereingefallen, denn hier funktioniert Kommerz auf Kosten eines wertvollen moralischen Gutes – der Achtung vor Privatsphäre.

Ein noch krasserer Fall von Tracking existiert an Schulen, deren Auszubildende durch einen in der Schuluniform eingenähten Chip digital verfolgt werden. Das gab es 2005 in Kalifornien und gibt es bis heute in Brasilien. In Texas müssen die Chips in Ausweiskarten und mit Band um den Hals getragen werden. Wie funktioniert hier die Manipulation durch Computercodes? Der Grund für diese Ausspäh-Chips ist das Schwänzen der Schüler. Der Chip zeigt an, ob der Schüler sich in der Schule befindet oder nicht. Die Informationen über den Aufenthalt des Schülers wird vom Chip an einen Computer gesendet, woraufhin Eltern per SMS benachrichtigt werden. Wenn also ein Schüler schwänzt, wird das registriert, was dann Auswirkungen auf die staatliche Unterstützung des Schulbezirks hat[255]:

> Fehlt ein Schüler innerhalb von 180 Schultagen neunmal oder öfter, bekommt der Bezirk für diesen Schüler fünf Prozent weniger staatliche Unterstützung als für einen Schüler, der keinen Tag verpasst hat.[256]

5.2 Sinneswahrnehmungen, Emotionen und Gefühle – Manipulation oder Inspiration

Die sinnliche Wahrnehmung der vernetzten Umgebung läuft erst einmal über die menschlichen Sinne. So kann ein Gefühl auch die Wahrnehmung durch den Tastsinn meinen, beispielsweise das Wischen und Scrollen am Tablet-Computer. Das wiederum ist mit Empfindsamkeit, der Aufnahmefähigkeit für Reize, in Zusammenhang zu bringen. Reize,

---

255 Vgl. Patrick Beuth: „Wenn die Schuluniform die Schüler überwacht", in: Die Zeit online, 22.11.2012 (14.10.2013).
256 Ebd.

die sich dann durch Emotionen, durch Gefühlsbewegungen, auswirken. Reize können manipulierend oder inspirierend wirken. Diese Reize filtert der Mensch im Normalfall. Das Filtern funktioniert über Reflexion, über Abwehr oder Annahme. Aus Reflexion kann Bewusstheit entstehen – ein psychisches Immunsystem, durch das sich der Mensch vor Manipulation schützen oder durch das er Inspiration zur Entfaltung bringen kann. Bei einer Reizüberflutung durch digitale Medien ist der Mensch nicht mehr in der Lage zu filtern, er ist, was das wahre emotionale Selbst angeht, außer Gefecht gesetzt.

Durch Einwirkung der Reize auf die Gefühlswelt sind die Emotionen der effektivste Wirkungsort für Manipulation. Wenn an den Emotionen gerührt wird, kann der Mensch am effektivsten beeinflusst werden, entweder zum Kauf, beispielsweise eines iPhones, zur Herausgabe digitaler Daten oder aber zu kreativer Schöpfung durch digitale Medien. Diese drei Handlungen müssen sich nicht ausschließen, wenn der Mensch in der Lage ist, darüber zu reflektieren. Reflexion der Emotionen bedeutet die Erschaffung eines Gegenpoles, und sowohl Reflexion als auch Emotionen sind Hort der Autonomie:

> Das heutige Alltagsverständnis sieht Gefühle oft als das Allgemeinmenschliche, als das Ureigene und Intime, als Hort der Autonomie, als jene Stelle, an der sich menschliche Subjektivität in Reinform kristallisiert. Um diese Einzigartigkeit herzustellen und zu stabilisieren, bedarf es der Abgrenzungen, Unterscheidungen, Differenzen, kurz: der Produktion eines Anderen.[257]

Durch die Smileys auf Facebook, die einen Gefühlsstatus abbilden, gibt der Nutzer beispielsweise nicht nur sein intimstes Innenleben preis, sondern schafft damit gleichzeitig den Zugang zum Manipulationsort. Die menschliche Subjektivität kann an dieser Stelle manipuliert werden, durch die digitale Oberfläche, auf der sich die Masse bewegt, an die man sich ohne Reflexion schnell angleicht. Doch um die

---

257 Plamper, 35.

menschliche Einzigartigkeit zu bewahren, kann der vernetzte Mensch filtern und reflektieren, mit dem Wissen darum, dass seine Emotionen angezapft und verändert werden können. Es geht um Abgrenzung, Unterscheidung, Differenzierung, etwas anderes zu produzieren, als die digitalen Medien suggerieren. Etwas anderes zu produzieren, meint hier, sich seine Subjektivität zu bewahren als Basis für Inspiration. Es bedeutet das Wissen darum, dass die ureigenen Emotionen nicht dieselben sind wie diejenigen, die von den digitalen Medien produziert werden.

Die Veränderbarkeit der Emotionen

Es gibt verschiedene Theorien zur Veränderbarkeit der Emotionen. Die einen sagen, es sei möglich, die anderen streiten es ab.[258] Wenn Emotionen als Manipulationsort digitaler Medien betrachtet werden, ist die logische Grundlage dafür, die Veränderbarkeit der Emotionen anzunehmen. Manfred Spitzer führt in seinem Buch *Digitale Demenz* an, dass zu viel Gewalt – auch wenn sie rein virtuell betrachtet wird – Emotionen abstumpfen kann.[259] Die Gefahr ist, dass diese zwar fiktive Gewalt trotz der Fiktion Auswirkungen auf die Wahrnehmung der Realität hat. Wie Körper und Psyche sich vor unangenehmen virtuellen Bildern wappnen, wird im Kapitel *Gewahrsein* angesprochen. Die Nervosität, die daraus entsteht, ist maßgeblich beteiligt an der Veränderbarkeit der Emotionen, denn Nervosität bedeutet, leicht reizbar zu sein! Da die digitalen Medien an der Reizbarkeit ansetzen, haben sie leichtes Spiel. Hierbei handelt es sich jedoch nicht um ein simples Reiz-Reaktions-Schema, im Gegenteil. Wie es schon bei den antiken griechischen Philosophen der Fall war, sollten Emotionen mit bewusster Reflexion verbunden werden. Bei den Griechen gehörten Emotionen nicht in „einbahnstraßenartige Reiz-Reaktions-Schemata"[260], im Gegenteil, der bewussten Reflexion wurde Raum gelassen:

---

258 Vgl. ebd., 322f.
259 Vgl. Spitzer, 197-200. Dieses Laborexperiment wird auch im Kapitel *Computerspiele* genannt.
260 Plamper, 25.

Aristoteles definierte Angst als »eine Art von Schmerz oder Beunruhigung, herrührend aus der Vorstellung eines bevorstehenden verderblichen oder schmerzlichen Übels«, und sah diese – mitunter körperliche Reaktion auf vorgestelltes zukünftiges Ungemach nicht als Automatismus, sondern gestand Überzeugungen, Meinungen und Glaubenseinstellungen die Kraft zu, den Emotionsablauf zu unterbrechen.[261]

Emotionen sind also nicht einfach nur vorhanden, sie können auch durch Beeinflussung von außen hervorgerufen oder verändert werden. Digitale Medien lösen beim Menschen einen Reiz aus. Wie dieser darauf reagiert, entscheidet darüber, ob er manipuliert wird oder nicht. Wenn der vernetzte Mensch reflektiert und nicht aus einem Automatismus heraus handelt, kann er seine Emotionen selbst steuern.

Angst

Was geschieht, wenn der Mensch nicht in der Lage ist, den Emotionsablauf bewusst und selbsttätig zu unterbrechen, soll anhand eines Beispiels erläutert werden.

Ein Gefühl ist ein Zustand, eine Emotion eine innerliche Bewegung. Diese innerliche Bewegung kann über Manipulation nach außen gelangen. Die am meisten beachtete Emotion, die, nach der wohl eine große Zahl Menschen handeln, ist Angst. Die Angst ist ein Teil des Menschseins, der damit zu einem sehr effektiven Wirkungsort einer Manipulation werden kann. Der Mensch scheint »blind« zu werden, oder zumindest in seiner Denkweise nur sehr wenig bewusst, wenn es um seine Ängste geht. Der Mensch scheint zu dieser Emotion zu werden, wenn diese erregt wird.

Wird an der Angst gerührt, beispielsweise durch die Versprechung, Kameras machten die Umgebung sicherer, so wird der Manipulierte leichter eine flächendeckende Überwachung akzeptieren. Er nimmt die Umgebung also über die Angst wahr und ist dadurch blind für alles, was außerhalb dieser durch Angst gespeisten Wahrnehmung liegt.

---

261 Ebd.

Eine Diskussionsteilnehmerin sagte im Anschluss an eine Lesung von Benjamin Steins Roman *Replay*, sie fühle sich durch Kameras in der U-Bahn sicherer. Durch Kameras wird die Angst bedient. Diese Frau hat also durch ihre Einstellung zu den Kameras die Opferrolle innerhalb einer Manipulation inne. Durch die Bedienung ihrer Angst entsteht eine Blockade, die es unmöglich macht, dass diese Frau darüber hinaus denken könnte, um Gedanken zu entwickeln wie: Was passiert mit den Bildern, die die Kameras in der U-Bahn aufnehmen? Das Opfer hat den Aspekt der fehlenden Reflexion inne (es ist blockiert durch Angstgefühle), reflektiert nicht über die Angst hinaus, etwa darüber, was mit den Bildern sonst noch gemacht werden kann oder welche Sicherheit Kameras überhaupt geben.

Diese Frau steht nicht alleine da. 82% der Befragten wollen zumindest auf Bahnsteigen mehr Kameras.[262] Es ist ein enormer Markt, der sich an die Bedienung des Angstgefühls anschließt: *Digitale und vernetzte Kamerasysteme* werden bis 2016 den Umsatz im Bereich Video-Überwachungstechnologie, „laut einer Prognose von IHS, einem Marktbeobachtungskonzern der Rüstungs- und Sicherheitsindustrie aus dem US-Staat Colorado", mehr als verdoppeln.[263]

Doch welche Sicherheit sollen Kameras wirklich geben? Auch mit Kameras kann dem Menschen Schaden zugefügt werden. Zwar kann Überwachungstechnologie vielleicht einen einzelnen oder wenige »Klein-Täter«, wie vielleicht einen Handtaschendieb, abschrecken, flächendeckend jedoch können Kameras bisher nichts zur effektiven Sicherheit beitragen, wenn es um Verbrechensbekämpfung geht: „In Lyon, wo es mehr als 2.000 öffentliche Kameras gibt, werden nur zwei Prozent der Verbrechen mittels Videoaufnahmen aufgeklärt", sagt – laut einem ZEIT-Artikel – Jérôme Leignadier-Paradon, Chef der Lyoner Piratenpartei.[264]

Trotzdem scheint die Tendenz, mit Berufung auf die Sicherheit der

---

262 Vgl. Robert Schmidt: „Wo die Kameras stehen und hängen", in: Die Zeit online, 19.08.2013 (23.08.2013).

263 Kevin P. Hoffmann: „Gute Geschäfte mit der Angst", in: Die Zeit online, 11.05.2013 (23.08.2013).

264 Robert Schmidt: „Wo die Kameras stehen und hängen", in: Die Zeit online, 19.08.2013 (23.08.2013).

Bürger – bislang nur in Großstädten – dahin zu gehen, flächendeckend zu überwachen. Mit Zunahme des technologischen Könnens wird die Zukunft auch in deutschen Großstädten so aussehen wie in Abu Dhabi oder London:

> Abu Dhabi am Persischen Golf gilt als die am besten überwachte Stadt der Welt. Dort ließen sich schon Straftäter am Bildschirm sitzend lückenlos vom Flughafen bis ins Hotelbett verfolgen. Auch in Londons Innenstadt kann man sich heute kaum verstecken.[265]

Ist das wirkliche Sicherheit, die durch Überwachung geleistet wird? Oder sollte die Frage nicht eher lauten, was der eigentliche Preis für vermeintliche Sicherheit ist? Das FBI verfügt über die größte biometrische Datenbank der Welt. Es speichert Fingerabdrücke, Fotos, Angaben über Körpergröße und spezielle körperliche Merkmale wie Tätowierungen und Narben, Stimmen, Irisfotos und Gesichtsmuster. Dabei gibt vor allem die Speicherung von Daten ziviler Personen zu denken. Zivile Daten und Daten von Kriminalfällen werden in eine Datenbank zusammengelegt[266] – für Algorithmen gilt die Annahme, jeder sei verdächtig![267] Ein neues Programm, das ab Mitte 2014 laufen soll, erlaubt es, „ein beliebiges Foto hochzuladen, um dann in der Datenbank nach dem passenden Namen dazu zu suchen".[268] Durch die flächendeckende Überwachung mit Videokameras kann „ein solches System [...] dazu dienen, in Echtzeit Menschen aufzuspüren".[269] Das ist eine beunruhigende Entwicklung in Bezug auf die Verletzung von Privatsphäre und Bürgerrechte. Die andere ist die Tatsache, dass

---

265 Kevin P. Hoffmann: „Gute Geschäfte mit der Angst", in: Die Zeit online, 11.05.2013 (23.08.2013).

266 Vgl. Kai Biermann: „FBI will Gesichter in der Masse identifizieren", in: Die Zeit online, 27.06.2013 (23.08.2013).

267 Vgl. Ders.: „Für Algorithmen ist jeder verdächtig", in: Die Zeit online, 19.06.2013 (18.10.2013).

268 Ders.: „FBI will Gesichter in der Masse identifizieren", in: Die Zeit online, 27.06.2013 (23.08.2013).

269 Ebd.

Gesichtserkennung [...] nicht unbedingt fehlerfrei [ist] oder wenigstens fehlerarm. Kameras und Analyseprogramme irren noch relativ häufig bei der Zuordnung, vor allem wenn Lichtverhältnisse und Blickwinkel variieren. Auch das Geschlecht, die Hautfarbe und das Alter beeinflussen, wie gut das Verfahren jemanden wiedererkennt.[270]

Wenn der vernetzte Mensch also befürchten muss, auf Schritt und Tritt beobachtet zu werden, und um die Tatsache weiß, dass Gesetzeshüter nach denselben Mustern fahnden wie Algorithmen, wie soll er sich dann verhalten? Nicht erst das andere Verhalten aufgrund dieses Wissens wäre eine Auswirkung von Manipulation am Wirkungsort Angst, sondern schon allein die Tatsache, dass Algorithmen jeden Menschen als verdächtig ansehen, ist Manipulation des digitalen Ichs.

Es ist die Manipulation des Menschen, die zu einer Verschiebung des wahren Ichs führt. Die Angst vergrößert sich durch Manipulation an diesem Wirkungsort – dadurch verschiebt sich das Ich in Bezug auf das innere Wesen. Es ist Teil der menschlichen Entwicklung und Teil des *Bewusstseins 2.0*, dies zu begreifen.

Wenn der Mensch einmal am Wirkungsort Angst von der Manipulation gepackt wurde, dann trägt eine nachfolgende Verhaltensanalyse dieser schon manipulierten Menschen zu einer noch stärkeren Verschiebung des wahren Ichs bei, zu einer noch stärkeren Unbewusstheit im Umgang mit den digitalen Medien. Doch es gibt Strömungen, die dagegen aufbegehren, wie beispielsweise Karten, in denen der Standort von Kameras eingetragen werden kann, in Frankreich heißt dieses Projekt *Sous surveillance*, *Unter Überwachung*:

Entwickler der Karte ist Jérôme Leignadier-Paradon, Chef der Lyoner Piratenpartei. Die meisten Menschen würden die Kameras gar nicht mehr bemerken, sagt er, das soll mit dem Angebot anders werden.[271]

---

270 Ebd.
271 Robert Schmidt: „Wo die Kameras stehen und hängen", in: Die Zeit online, 19.08.2013 (23.08.2013).

Die Unterscheidung zwischen
Wirklichkeit und Suggestion

Sobald Emotionen im Spiel sind, ist es schwieriger, den Fiktionsgehalt zu erkennen. Beispielsweise wird durch das Mitfühlen beim Filmschauen die Emotion oft nicht mehr als narrative Emotion wahrgenommen, sondern als wahre Emotion.[272] Der Fiktionsgehalt der narrativen Emotion schwindet durch das Mitfühlen und wird zu einer wahrgenommenen, also scheinbar echten Emotion. Der Film suggeriert Realität durch Manipulation am Wirkungsort Emotion. Wenn am Wirkungsort der Emotionen gerührt wird, kann Realität nicht mehr von Fiktion unterschieden werden.

Die narrative Emotion im Film ist jedoch nicht nur an ein simples Reiz-Reaktions-Schema gebunden, es muss hier auch die zeitliche Komponente beachtet werden – der Zuschauer nimmt als Leihkörper „an enormen Zeitsprüngen in der Filmnarration teil".[273] Wenn nun im Folgenden der Vergleich mit einem Smartphone angestrebt wird, muss dabei ebenso die zeitliche Komponente betrachtet werden. Die digitalen Medien suggerieren Echtzeit. Doch dabei wird das Smartphone in die Realität mit einbezogen, ohne dessen Fiktionsgehalt reflektiert zu haben – die Suggestion wird nicht als solche erkannt, sondern als Realität wahrgenommen.

Beim Smartphone ist es für manche vernetzte Menschen schwierig, die Fiktion zu erkennen, weil das Smartphone den Menschen über die Emotionen mit der Umgebung verknüpft. Das alte Spiel mit der Liebe in dem SMS-Kürzel »LG« – liebe Grüße[274], rührt an den Emotionen der Menschen. Findet ein realer sozialer Kontakt auch außerhalb der

---

272 Die Beschreibung der Emotion des Kinobesuchers als narratives Phänomen stammt von Christiane Voss: „Die leibliche Dimension des Mediums Kino", in: Frank Bösch; Manuel Borutta (Hrsg.): *Die Massen bewegen. Medien und Emotionen in der Moderne*, Frankfurt am Main 2006, 63-80, 77; zitiert aus: Plamper, 336.

273 Christiane Voss: „Die leibliche Dimension des Mediums Kino", in: Frank Bösch; Manuel Borutta (Hrsg.): *Die Massen bewegen. Medien und Emotionen in der Moderne*, Frankfurt am Main 2006, 63-80, 72; zitiert aus: Plamper, 336.

274 Vgl. Nina Pauer: „Die Liebe meines Lebens", in: Die Zeit online, 05.10.2012 (30.08.2013).

virtuellen Welt statt, fällt die Suggestion von Realität weg und damit auch die Fiktion. Dann können Emotionen real ausgelebt werden, und die Manipulation durch ein digitales Medium ist aufgehoben.

Doch je weniger reale Kontakte stattfinden, umso mehr kann die Emotion zu einer fiktiven werden; umso mehr kann Manipulation durch ein digitales Medium stattfinden. In diesem Falle kann sich immer weniger Bewusstheit durch reale Situationen bilden.

Je weniger rein reale Augenkontakte stattfinden und je mehr digitale Ebenen zwischen diesen Augen liegen, desto fiktiver wird der Kontakt und desto fiktiver die Emotion. Der Kontakt kann also einen ähnlichen Fiktionsgehalt erreichen wie der Film, wenn Kontakte nicht mehr real stattfinden. Die Emotion ist damit keine reale oder wahre mehr, sondern eine narrative, gefiltert oder manipuliert durch das digitale Medium.

Wenn der Mensch hinter einem sozialen Kontakt nicht mehr real als Bezugsperson anwesend ist, sondern vielmehr wie ein Drehbuchautor durch das digitale Medium, dann kann sich auch die Liebe zum Menschen zu einer Liebe zum Objekt verschieben.

Nina Pauer schreibt in dem Artikel mit dem Titel *Die Liebe meines Lebens* über die »Liebe« des Menschen zu seinem Smartphone:

> Niemand kennt uns so gut, niemanden berühren wir so oft: Pausenlos stehen wir in Kontakt mit unseren Smartphones.[275]

Bei diesem pausenlosen Kontakt wird aus einer anfänglichen Bequemlichkeit, um zu sozialen menschlichen Kontakten zu gelangen, leicht eine Art Liebe zum Objekt. Das digitale Gerät suggeriert den Zugang zu einem realen sozialen Kontakt. Doch meist bleibt es nicht bei wenigen virtuellen sozialen Kontakten, weil der Zugang ja so bequem ist:

> Man spielt es [das alte Spiel] nun nicht mehr nur zu zweit, dritt oder viert, mit den Menschen, die um einen Tisch passen. Heute spielen wir es mit endlos vielen Teilnehmern. Mit

---

275 Ebd.

all denen eben, mit denen wir durch unsere tausend Kanäle, Accounts und Nummern verbunden sind. Mit all jenen eben, mit denen wir *connected* sind. Und mit all denen, die ständig neu dazukommen.[276]

Die Emotionen können sich also durch eine Manipulation verschieben. Der Mensch liebt nicht mehr Menschen, sondern Objekte, und meint damit, das Smartphone zum emotionalen Überleben zu benötigen anstelle realer sozialer Kontakte. Wenn der Mensch einmal nicht mehr wahrnimmt, dass das digitale Medium einen ähnlichen Fiktionsgehalt mit sich bringen kann wie der Film, dann kann die Manipulation auch eine Abhängigkeit vom Smartphone bewirken. Menschen werden so immer mehr zu Käufern digitaler Medien, anstatt reale Menschen zu treffen. Die Auswirkung am Manipulationsort Emotionen kann also Einsamkeit sein:

> Es zeigte sich [bei einer Studie], dass für jede Stunde mehr Bildschirmmedien-Nutzung das Risiko einer geringen Eltern-bindung um 13 Prozent und das Risiko einer geringen Bindung an Gleichaltrige und Freunde sogar um 24 Prozent *anstieg.*[277]

Zum Problem wird die Liebe zum Objekt – oder eben zur Suggestion, wenn hinter dem Objekt ein Mensch steht oder ein sozialer Kontakt. Denn eigentlich ist es so: Wer weiß, dass ein Objekt unecht ist, schaltet seine Empathie ab![278] Doch was ist ein Smartphone? Ein Objekt, ein Kontaktpunkt zum Menschen oder schon Teil des Menschlichen? Je nachdem wie stark die Emotionen des Smartphone-Nutzers manipuliert wurden, dementsprechend wird seine Antwort darauf ausfallen.

Intuition – die eigenen Emotionen wahrnehmen

Um eine Manipulation am effektivsten Wirkungsort Emotionen oder zumindest eine starke Verschiebung des Ichs durch manipulierte Emotio-

---

276 Ebd.
277 Spitzer, 195f.
278 Vgl. Plamper, 37.

nen möglichst ausschließen zu können, sollte der Mensch wieder Raum für die Wahrnehmung seiner Gefühle bekommen. Dabei hilft die Erkenntnis der Kognitionspsychologie, „dass der tradierte Gegensatz zwischen Rationalität und Gefühlen gar nicht existiert"[279], das war im Übrigen auch schon während der Aufklärung erkannt worden, nur scheint das vom vernetzten Menschen mehr und mehr vergessen zu werden.

> Die vermeintlich so rationalen Philosophen der Aufklärung waren empfindsam und gefühlskundig, ihre Erkenntnisse brauchten die sinnliche Wahrnehmung und erfahrungsgestützte Beobachtungen, und natürlich hatten für sie vernünftige Wesen unbedingt eine Gefühlsbegabung [...].[280]

Vernunftsdenken oder analytisches Denken, das die Maschine den Menschen lehrt, und Gefühle müssen gar nicht derart differenziert werden. Für das Selbst ist das auch nicht notwendig, im Gegenteil. Die Trennung von Gefühlen und Verstand führt oft dazu, dass das innerliche Gefühl völlig unterdrückt wird und rein nach Verstand, also »maschinell«, gehandelt wird. Notwendig ist die Trennung von Gefühlen und Verstand und die Unterdrückung der wahren Gefühle jedoch für die Konsumkultur, denn nur wer seine Intuition *nicht bewusst wahrnimmt*, kann an diesem Ort manipuliert werden. Die kommerzielle Manipulation geschieht

> [...] seit dem frühen 20. Jahrhundert [, seither] wird das psychologische Wissen über Gefühle in der Werbung gebraucht, um den Verbraucher, den Konsumenten besser ansprechen zu können.[281]

Arbeiten Gefühl und Vernunft dagegen in Reflexion zueinander zusammen, kann daraus Bewusstheit erwachsen, und der Mensch ist in der

---

279 Elisabeth von Thadden: „Alles eine Frage des Gefühls", in: Die Zeit online, 17.09.2012 (22.10.2012).
280 Ebd.
281 Ebd.

Lage, sich aus seinem bewussten Selbst heraus zu lenken und nach seinen wahren Emotionen zu handeln.

Gefühle und Emotionen sind auch verbunden mit dem Begriff Intuition. Wenn Gefühle unterdrückt und Emotionen durch Manipulation verändert werden, wenn also nicht nach den wahren Emotionen gehandelt wird, sondern nach den von außen durch digitale Medien veränderten Emotionen, dann verlagert sich auch die Wahrnehmung immer mehr nach außen. Wer jedoch seine wahrhaftigen Gefühle wahrnehmen will, also seine Aufmerksamkeit wieder nach innen lenken möchte, muss seine Aufmerksamkeit erst einmal von den digitalen Medien ablenken. Das heißt nicht, die digitalen Medien zu negieren, sondern ihnen nur dann Aufmerksamkeit zu schenken, wenn es der eigenen Inspiration nutzt. Dabei kann die Intuition helfen. Sie ist nämlich eine jedem Menschen gegebene Fähigkeit, „verwickelte Vorgänge sofort richtig zu erfassen", eine „unmittelbare Anschauung ohne wissenschaftliche Erkenntnis".[282]

Mensch und Umgebung

Die Intuition wahrnehmen zu können, bedeutet, Zugriff auf das eigene Innere zu haben, über einen gesunden Menschenverstand zu verfügen sowie aus reflektierten Erfahrungen heraus nach den entsprechenden Wahrnehmungen zu handeln. Der gesunde Menschenverstand bringt also das eigene Innere mit dem Äußeren in Bezug. Noch stärker das Äußere betrifft die Empathie, woraus Subjektivität entsteht. Wenn der Mensch durch digitale Medien immer mehr vereinsamt, kann er sich diese Wahrnehmungen, die aus Reflexion mit der analogen Umgebung entstehen, nicht mehr ausbilden. Die Intuition, der gesunde Menschenverstand und die Empathie verkümmern, wenn der Mensch zu viele digitale Medien als Reflexionshindernis in seine Umgebung einbringt. Digitale Medien sind deshalb ein Reflexionshindernis für Gefühle, weil Maschinen keine Gefühle haben und diese deshalb nicht wahrhaft, sondern nur fiktiv, also hypothetisch zu reflektieren vermögen. Diese Verschiebung vom wahrhaften Gefühl zu einem Gefühl, das auf einer mathematischen Hypothese basiert, ist Teil der Manipulation durch digitale Medien.

---

282 Gerhard Wahrig: *Deutsches Wörterbuch*, München 1989, Begriff: Intuition.

So offenbart die Liebe zum Objekt Smartphone ein manipuliertes Ich. Die Liebe zu diesem Objekt kann ungesund für den Menschen werden, solange sie unbedacht bleibt. Zum *Bewusstsein 2.0* gehört es, sich Fragen zu stellen, wie etwas diese: Waren die Kaufentscheidungen und vor allem der Umgang danach dienlich für die Inspiration oder eher kontraproduktiv? Hat das Objekt die eigenen Gefühle angesprochen oder gar manipuliert? Hat das Objekt ein Gefühl des Mangels verstärkt? Bei einer Manipulation oder Verstärkung des negativen Gefühls durch Handlung können diese Gefühle und Handlungsweisen noch weiter intensiviert werden. Gefühle des Mangels sind dies grundsätzlich, da sie für die kreative Entfaltung des Selbst hinderlich sind. Nur wer einen inneren Reichtum verspürt, kann auch aus sich heraus etwas schöpfen. Wer ein Gefühl des Mangels verspürt, muss ins Äußere gehen, um dieses zu kompensieren, so dass eine Liebe zum Objekt Smartphone oder gar eine Sucht entwickelt werden kann. Auch das ist Teil des *Bewusstseins 2.0*. Der Mensch benötigt seine Evolutionsphasen, um Bewusstheit zu entwickeln, und dazu gehören auch alle Emotionen, die den Menschen mit seiner Umgebung verknüpfen.

Entfremdung

Durch die Manipulation am Wirkungsort Emotionen und die daraus resultierende Liebe zum Objekt entfremdet sich der Mensch von sich selbst. Er wird immer weniger Liebe für sich selbst und immer weniger Mitgefühl für seine Mitmenschen empfinden können. Er wird sich selbst durch die Liebe zum digitalen Medium immer mehr in eine exponierte Stellung projizieren, die mit Einsamkeit vor den Bildschirmen verbunden ist. Der vernetzte Mensch wird zwar scheinbar mit anderen Menschen durch die digitalen Medien verbunden sein, doch in Wahrheit ist er alleine. Das Gefühl der Einsamkeit wird er womöglich gar nicht empfinden können. Die Empfindung des Selbst, des eigenen Inneren, auch die Einsamkeit an sich, wird durch Reize aus dem Digitalen derart überflutet, dass sie nicht mehr wahrnehmbar sein wird. Wer seine Gefühle nicht mehr wahrnimmt, nimmt sich selbst nicht mehr wahr. Er ist sich selbst damit entfremdet durch die Reizmanipulation der digitalen Medien.

Emotionale Pathologie

Jan Plamper stellt in *Geschichte und Gefühl* die Frage, ob psychische Erkrankungen wie Neurosen und Psychosen nicht emotionale Pathologien seien.[283] Im Folgenden gehe ich davon aus, dass diese Frage bejaht wird.

Die analoge Neurose wird zum digitalen Normalzustand. Ist es neurotisch, beim Klappern des Briefkastens sofort an denselben zu hetzen, um die Post abzufangen? Ist es normal, beim Ton, der den E-Mail-Eingang anzeigt, sofort die E-Mail zu lesen? Das ist ein Beleg dafür, dass Manipulation am Wirkungsort Emotionen durch digitale Medien stattfindet. Im Digitalen versunken, begreift der Manipulierte die Neurose nicht mehr als Neurose, sondern als Normalzustand. Diese Verschiebung ist eine emotionale Pathologie!

Wo Emotionen manipuliert, verschoben und/oder unterdrückt werden, werden „Neurosen, Zwänge und andere Störungen" ausgelöst.[284]

5.3 Empathie im Netz

Moralische Gefühle und der Shitstorm

Wer sich an einem Shitstorm beteiligt, muss nicht unbedingt an mangelndem Mitgefühl leiden. Allein die Situation, in der sich ein Shitstorm entwickelt, hat eine solche Eigenmacht, dass dies einen eigentlich empfindsamen und mitfühlenden Menschen leicht mitreißen kann. Es sind erstens die Anonymität und zweitens die Masse im Digitalen, welche eine Empörung im Individuum heraufbeschwören können, die es alleine im Analogen nicht entwickeln würde. Zudem ist es im Netz durch die weite digitale Oberfläche viel leichter, »in einen Mob zu geraten«, als im Analogen. Drittens spielt die vielleicht nicht empfundene, aber unterschwellig ansässige Einsamkeit durch die Position vor dem Bildschirm eine Rolle in der Situation des Shitstorms. Wenn sich diese Einsamkeit ein Ventil für die unterdrückten Emotionen sucht,

---

283 Vgl. Plamper, 231.
284 Ebd., 235.

kommt die Empörung der digitalen Masse in manchen Fällen gerade recht.

Viertens sind die Hemmschwellen im Digitalen anders gesetzt, durch die Anonymität, durch die Differenz zwischen Analogem und Digitalem! Im Analogen gibt es Konsequenzen, wenn man diese Hemmschwellen überschreitet, nicht aber im Digitalen. Wer diese noch nicht existenten Konsequenzen ausnutzt, missbraucht seine »Macht« hinter dem Bildschirm, missbraucht die Anonymität, und damit ist die Wahrhaftigkeit negiert. Das wahre Ich, die wahren moralischen Gefühle werden unterdrückt. Es sind Reflexionen durch *face to face* und Reflexionen im Kopf, welche bei einem Shitstorm fehlen und somit die Möglichkeit zur Unterdrückung der wahren moralischen Gefühle bieten. Das wahre Ich wird in der Anonymität nicht mehr wahrgenommen. Der Mensch hinter dem Bildschirm wird im wahrsten Sinne anonym.

Künstliche Empörung

Die Emotion der Empörung ist eine künstliche, wenn sie von der digitalen Masse heraufbeschworen wird. Es ist eine Empörung, die durch eine fiktive Oberfläche, nämlich das Netz, großen Einfluss auf das reale Ich haben kann. Das reale Ich speist sich also aus der Künstlichkeit – und anders herum! Diese Korrelation muss im *Bewusstsein 2.0* verankert sein. Wenn dies mehr und mehr Menschen bewusst wird, werden sie ihr Verhalten im Netz vielleicht verantwortungsvoller gestalten.

Die Folgen eines digitalen Empörungsmobs sind nicht unerheblich. In einigen Fällen entwickelt der Mensch vielleicht eine gewisse Gleichgültigkeit der Öffentlichkeit gegenüber, wenn er Shitstorms als Opfer aushalten muss. Oder aber man versinkt in Depression oder anderen Suchterkrankungen. Schlimmere Fälle sprechen von Umzug der ganzen Familie in eine andere Stadt oder gar von Selbstmord. Die Reaktionen der Opfer zeigen jeweils eine Verschiebung oder gar eine Negierung des Ichs, die sogar mit dem Freitod enden kann. Gerade die schlimmen Fälle belegen, dass etwas an dem Empörungsmob sich ändern muss. So sollte der Shitstorm als Evolutionsstufe dienen, die reflektiert, dass etwas im anonymen Verhalten verändert werden muss, um das Digitale gesund ins Analoge integrieren zu können.

Wenn der digitale Mob so weiter agiert wie bisher, wird sich das kollektive Bewusstsein, das sich mehr denn je aus dem Digitalen speist, auf eine katastrophale Weise ändern. Die Menschen werden auf eine anthropologische Katastrophe zusteuern, die eine Umwälzung des menschlichen Miteinanders bedeutet. Das Menschliche wird mehr und mehr negiert, und Mangel und Hass werden immer mehr geschürt werden.

Tugendterroristen

Tugendterroristen müssten über sich selbst empört sein! Der digitale Mob lässt seiner Empörung freien Lauf, schimpft über ein vermeintlich falsches moralisches Verhalten einer in der Öffentlichkeit stehenden Person. Dabei wird sich an Kleinigkeiten aufgehalten, die nie ins Gewicht fallen würden – ohne Medien würden diese Kleinigkeiten gar nicht auffallen und allein dazu dienen, dass die betreffende Person daraus ihr Geheimnis macht, aus dem sie dann Integrität und Wahrhaftigkeit entwickeln kann. Die Möglichkeit der digitalen Dokumentation manipuliert den vernetzten Menschen in seinem Verhalten. Ein im Analogen mitfühlender Mensch kann, mitgezogen von der digitalen Masse, zum Tugendterroristen werden. Schon die Ambivalenz dieses Begriffes offenbart ein paradoxes Verhalten, das immer diejenigen Menschen aufweisen, die ihrem Ego freien Lauf lassen. Würden sich die Tugendterroristen einen Spiegel vorhalten, würde ihnen vielleicht bewusst werden, dass sie sich eigentlich gar nicht wirklich über die andere Person empören, sondern unbewusst über sich selbst.

Gerade das ist eine Möglichkeit für das Opfer, den Shitstorm nicht als Flut zu sehen, die das Selbst des Opfers verschlingt, sondern als Fiktion, die keine Macht über das reale Leben des Beschimpften hat. Der Shitstorm als Fiktion, ohne unbewusste Macht über das Ich, sondern als bewusste Erkenntnismöglichkeit. Schwierig ist diese Sichtweise für Kinder und Jugendliche, einfacher für Erwachsene. Man könnte den Shitstorm auf dieselbe Ebene der Fiktion stellen wie einen Film oder einen Roman. Man könnte „ihn annehmen als eine menschliche Kulturleistung"[285] und so mit ihm spielen, anstatt sich in die Opferrolle zu begeben.

---

285 Peter Kümmel: „Nehmt es als Erfrischung!", in: Die Zeit online, 31.03.2013 (31.03.2013).

5.4 Informationsflut durch Selbstoptimierung: Big Data

Durch die Selbstoptimierung mithilfe digitaler Medien lässt sich der vernetzte Mensch manipulieren. Er häuft eine Unmenge an Daten an und ertrinkt im schlimmsten Falle in seiner eigenen Informationsflut. Die Welt ist durch diese Flut einer umwälzenden Veränderung unterworfen und, noch viel wichtiger, der Mensch selbst: Sein wahres Ich wird durch die Informationsflut in jedem Falle manipuliert, also negativ verändert, im schlimmsten Falle ertränkt. Nach diesem analogen geistigen »Tod« lebt nur noch die digitale Kopie weiter. Es existieren durch diese Flut digitale Kopien einst vernetzter Menschen. Manipulierte vernetzte Menschen, die sich vielleicht auf eine Insel retten konnten, und Menschen, die schon vor der Flut auf dieser Insel lebten. Eine Insel, die von der Flut verschont worden ist. Diese Insel heißt *Bewusstsein 2.0*.

Die Teilung des wahren Ichs stößt der Mensch selbst an, durch die „Ökonomisierung von allem und jedem".[286] Die Digitalisierung der menschlichen Daten, seine Bewegungs- und Verhaltensprofile, ergeben ganze Lebensprofile, die der vernetzte Mensch Google, Facebook und den Geheimdiensten immer dann schenkt, wenn der entsprechende Dienst am Menschen kostenlos ist. Wo Verhaltensmuster studiert, kann auch manipuliert werden! Digitale Stirnbänder messen Gehirnströme und damit die Schlafaktivität, sie lesen sogar die Träume mit. Digitale Armbänder messen die Nahrungsaufnahme und die Bewegungsaktivitäten.[287] Der Medienkritiker Evgeny Morozov beschreibt diese Ökonomisierung in seiner Publikation *Smarte neue Welt*. Die Vision des Silicon Valley ist es, durch die Technik einen verbesserten Menschen zu gebären. Grundlage dafür ist das Ausschöpfen seines Inneren: Der Mensch wird dabei transparent gemacht. Jeder, der sich digital lesen lässt, im Übrigen gilt das auch für den Payback-Karten-Nutzer, macht bei diesem Akt des gemeinsamen Gebärens mit:

---

286 Schirrmacher, Ego, 16.
287 Vgl. „Held oder Verräter? Edward Snowden und die Demokratie", in: Kulturzeit online, 3Sat, 22.08.2013, (30.08.2013).

Immer mehr Menschen finden es toll, jeden ihrer Schritte zu vermessen. Trendige Apps auf ihren Handys leiten die Daten weiter: Bewegung, Ernährung, Gefühle, Stress, alles wird erfasst. Die Krankenkasse könnte mitlesen. Die AOK-Nordost unterstützt bereits jetzt die, die mitmachen. Werden sie demnächst sehen, wenn wir zu wenig schlafen, ungesund essen, uns zu wenig bewegen? Müssen wir dann höhere Gebühren zahlen?[288]

Diese Selbstoptimierung geht nicht nur von Individuen aus. Der Mensch ist dieser Kontrolle über das Selbst auch von außen her ausgeliefert. In Supermärkten werden die Gesichtszüge und Bewegungen aufgezeichnet, Emotionen gelesen oder interpretiert und mit den Daten vorheriger Besuche verglichen, damit ein passendes Angebot auf das Handy gesendet werden kann.[289] In Zukunft soll sogar der smarte Mülleimer Fotos des eingeworfenen Mülls schießen, um die Mülltrennung zu dokumentieren. Der Mensch soll dabei spielerisch belohnt werden, wenn er sich »richtig« verhalten hat.[290] Gelangen wir Menschen dadurch nicht wieder in einen Zustand des Kind-Seins? Sollten Algorithmen und Internet-Unternehmen wirklich die Erwachsenen in dieser Erziehung des Menschen sein?

Die heutige Selbstoptimierung wurde schon grundlegend manifestiert durch Taylorismus, Marxismus und Darwinismus. So befindet sich der Mensch in einer neuen Form der Lebenspraxis, die den Menschen für Manipulation offen hält, die den Menschen digital auskratzt:

Die drei Ideologien, die das Leben der Menschen in den letzten zwei Jahrhunderten bis heute am nachhaltigsten verändert haben, waren Taylorismus – also die »Arbeitsoptimierung« gesteuert durch die Stoppuhr und den Zwang zur äußersten Effizienz –, Marxismus und Darwinismus. Alle drei Weltbilder finden im digitalen Zeitalter in einer »personalisierten« Form,

---

288 Ebd.
289 Vgl. ebd.
290 Vgl. Morozov, 20.

nicht als Ideologie, sondern als Lebenspraxis, zusammen. Der
Taylorismus in Gestalt des Multitaskings, der Marxismus in Gestalt kostenloser Informationen, aber auch selbstausbeutende
Mikroarbeit im Internet, die vor allem Google zugute kommt,
und der Darwinismus in Gestalt des Vorteils für denjenigen, der
als Erster die entscheidende Information hat.[291]

Dieser Mensch befindet sich in einer Lebenspraxis, die eine Informationsflut produziert. Die personalisierte Informationsflut gilt somit als
Wirkungsort der Manipulation. Daher ist der am stärksten vernetzte
Mensch am offensten für Manipulation, weil dieser Mensch die meisten
Informationen produziert, über die er manipuliert wird. Am Ende über-
lebt seine digitale Kopie, nicht sein wirkliches Selbst. In diesem Falle
sind Kreativität und das menschliche Bewusstsein und Denken ausge-
schaltet. Vom Verhalten und Denken her wird dieser Mensch zu einer
Maschine. Damit führt das Sammeln von Informationen für den vernetzten Menschen zu keinem sinnvollen Ziel.[292] Das anthropologische
Ziel ist in diesem Falle negiert. Wie sehen jedoch die Überlebenden der
Informationsflut aus? Wird die digitale Kopie sich mit einem auf einer
Insel lebenden Menschen zusammentun und ein neues Bewusstsein 3.0
hervorbringen? Das *Bewusstsein 2.0* hat der Mensch, der die Informationsflut weitgehend ohne Manipulation überlebt oder aus dieser Ma-
nipulation wieder herausfindet und einen gesunden Umgang mit den
digitalen Medien pflegt. Einen gesunden Umgang, der das menschliche
Selbst nicht negiert, sondern im besten Falle kreativ und inspirativ zur
Entfaltung bringt.

Wenn die Informationsflut zu einer anthropologischen Katastrophe
führen wird, werden sich auch die zwischenmenschlichen Beziehungen
stark verändern, denn wenn das Selbst negiert wird, zeigt sich das auch
in zwischenmenschlichen Beziehungen und Freundschaften:

Was zunächst gut überlegte Nähe und ehrliche Verbundenheit
versprach, ist heute kompetitiver Größenwahn und strategi-

291 Schirrmacher, Payback, 19.
292 Vgl. ebd., 42.

sches Mittel. In irdischen Gefilden war sie eine andere, auf dem Weg in die virtuelle Welt hat sie sich verloren, und so musste sich die tiefe Freundschaft der oberflächlichen Vernetzung ergeben.[293]

Diese Oberflächlichkeit von Freundschaften, die sich daraus ergibt, dass Freunde angehäuft werden, ist eine Folge der Informationsflut. Im Prinzip ist ein Freund bei Facebook ja eine Information im Sinne einer Datenverarbeitung. Er wird im Freunde-Ordner abgelegt. Dabei gilt: Je mehr Freunde, desto mehr Informationen.

Eine Vorstufe des negierten Selbst, ein Symptom der Entwicklung hin zur anthropologischen Katastrophe, ist „das Gefühl, dass das Leben mathematisch vorbestimmt ist und sich am eigenen Schicksal nichts mehr ändern wird".[294] Das ist, laut Schirrmacher, „einer der dokumentierten Effekte der Informationsüberflutung".[295]

Der Raum für die Entfaltung des Selbst, für Inspiration und Kreativität, könnte die anthropologische Katastrophe verhindern. Je mehr sich der Mensch jedoch auf sein digitales Ich konzentriert, dem wahren Selbst also den nötigen Raum nimmt, indem er diesen von Informationen überfluten lässt, desto eher wird er auf die anthropologische Katastrophe zusteuern. Das Gehirn des vernetzten Menschen wird so von Big Data übernommen werden. Von der Manipulation des digitalen Raumes werden Inspiration und Kreativität verdrängt werden, wenn der Mensch nichts dagegen unternimmt.

293 Nikola Helmrich: „Wörterbericht. Freundschaftsanfrage", in: Die Zeit online, 27.09.2012 (13.11.2013).
294 Schirrmacher, Payback, 20.
295 Ebd.

5.5 Zeit

Es geht darum,
Verzögerungen in unser Denken einzubauen.[296]

Die Informationsflut fügt einer Zeitspanne mehrere Zeitströme hinzu. Die Zeit wird dadurch multipel:

Jede Sekunde dringen Tausende Informationen in die Welt, die nicht mehr Resultate melden, sondern Gleichzeitigkeiten.[297]

Darauf reagieren viele Menschen unbewusst mit Multitasking[298]:

Multitasking ist eine sich selbst beschleunigende Abwärtsspirale, bei der man am Ende nur noch dafür lebt und arbeitet, die Ablenkungen, die sie produziert, von sich fernzuhalten.[299]

Multitasking ist eine Handlung, die auf Manipulation durch digitale Medien, die auf Informationsflut basiert. Durch Multitasking wird keine einzige Handlung bewusst ausgeführt. Aus dieser Art Handlung kann nichts Kreatives hervorgehen. Alltägliche Handlungen können dadurch scheinbar schneller bewältigt werden, aber was wirklich daraus entsteht, ist die automatische Handlung und das Abschalten des Denkens. Bewusstheit kann sich dadurch nicht entwickeln. Selbstverständlich müssen manche alltägliche Handlungen, wie etwa das Abschließen der Wohnungstüre, automatisch ablaufen, weil der Mensch den hektischen Alltag gar nicht anders bewältigen könnte. Doch es sind insbesondere Handlungen mit digitalen Medien, die nicht automatisch vollzogen werden sollten. Gerade in diesen Augenblicken, in denen man durch den digitalen Raum klickt und wischt, sollte man hellwach sein, damit die

---

296 Ebd., 222.
297 Ebd., 16.
298 Vgl. ebd.
299 Ebd., 71.

Algorithmen Hand und Finger nicht zu Automaten machen. Wenn der Aspekt des Unbewussten innerhalb einer automatischen Handlung in Bewusstheit umgewandelt wird, kann sich der Mensch gegen die Manipulation seines Denkens und Handelns wehren.

Die multiplen Zeitströme verhindern also mehr und mehr bewusstes Denken und Handeln. Es ist durch die Nutzung von digitalen Medien nicht mehr so, dass die Sekundenzeiger den Menschen quälen, es sind jetzt vielmehr *die pluralen Nachrichtentöne*, das ständige Buhlen der digitalen Medien nach menschlicher Aufmerksamkeit. Es ist gleichsam so, als würden die Medien als Personifikationen an den Rockzipfeln der Menschen zerren. Wenn eine Nachricht tonal angezeigt wird, sollte die Hand nicht jedesmal automatisch zum Smartphone wandern. Alles, was in der derzeitigen Evolutionsphase des Menschen Aufmerksamkeit verlangt, ist die menschliche Souveränität im Umgang mit der Digitalisierung. Im gegenwärtigen Entwicklungsprozess ist dieses beharrliche Buhlen um Aufmerksamkeit noch nicht gelöst. Es ist so lange etwas Negatives, solange es den Menschen in seinem Denken und Handeln manipuliert. Der Mensch ist in dieser Lebensphase wie ein Sklave der digitalen Medien – wenn er es selbst zulässt. Um diese Phase zu überwinden, sollte der Mensch das Unbewusste in Bewusstsein umwandeln. Die Schocks, welche die digitalen Medien den Menschen zufügen, können zur Bewusstwerdung dienen, denn ein Schock ist immer auch ein Moment des Erkennens.

Das Bewusstsein fungiert, nach Freud, als *Reizschutz* für den Menschen, der dadurch von Energien der Außenwelt geschützt ist. Diese Energien können Schocks auslösen. Wenn der Schock nicht bis in das Unbewusste vordringen kann, sondern vom Bewusstsein aufgenommen wird, kann er verarbeitet werden und keine oder nur kleinere Traumata auslösen.[300]

Der Mensch benötigt derzeit dringend Entschleunigung, was den meisten mittlerweile bewusst ist. Aber diese muss in jedem Augenblick einhergehen mit klarem Denken, mit Bewusstheit, sonst fällt man wieder in alte Verhaltensweisen zurück. „Bewusstsein entwickelt sich ge-

---

300 Vgl. Starobinski, 613.

nerell »im Zeichen des Abgelaufenen«" – ein Phänomen muss erst abhanden gekommen sein, „um voll ins Bewusstsein zu gelangen".[301] Oft kann über die Erinnerung an alte Muster wieder klares Denken hergestellt werden – so vermag der Mensch aus der negativen Evolutionsphase herauszufinden. Noch ein Faktor ist dafür erforderlich: Die innere Entleerung. Durch sie kann der Mensch sich wieder in den Zustand der Inspiration begeben; denn nur wo Raum für Neues ist, kann Inspiration entstehen, bestehen und Früchte tragen. Wenn es also gelingt, die *Aufregung* des schnellen Lebens, die zu viel Input bedeutet, in *Anregung* zu transformieren, dann besteht das *Bewusstsein 2.0* und noch mehr: Dann hat der vernetzte Mensch wieder Zeit für sich selbst.

5.6 Menschliche Wahrnehmung – Imaginationen und Selbst-Denken

Ein Zusammenspiel von Bildern im Kopf

Der Mensch nimmt die Umgebung über seine Moralvorstellungen, Erfahrungswerte, Erinnerungen und Imaginationen[302] wahr. Es ist ein Zusammenspiel von unterschiedlichen Bildern, das die Reflexion jeder aktuellen Situation prägt. Gefärbt wird jedes Bild durch die Stimmung, die sich aus Moral, Erfahrung und Vorstellung zusammensetzt. Die Stimmung kann manipuliert werden, indem einem vernetzten Menschen Bilder in den Kopf gesetzt werden, die eine bestimmte Wahrnehmung hervorrufen. Je mehr Bilder als Manipulationsort dienen, desto weniger Raum hat der Mensch, dies zu erkennen. Deshalb sollte sich jeder Nutzer digitaler Medien ab und zu entschleunigen, denn unter Zeitdruck sind Wahrnehmung und Bewusstheit des Menschen eingeschränkt. Je schneller also der Mensch handelt, umso unbewusster geschieht dies. Wenn der Mensch mehr Handlungen in weniger Zeit unterbringen will, ist nur eine Schlussfolgerung logisch: Die unbewussten Handlungen nehmen zu und damit auch die Möglichkeit zur Manipulation durch digitale Medien.

Der Unterschied zwischen Unbewusstem und Bewusstem besteht,

---

301 Vgl. Assmann, 11.
302 Vgl. dazu: Das französische Nomen »image« trägt die Bedeutung »Bild«.

neurobiologisch gesehen, darin, dass die menschliche *bewusste* Wahrnehmung von der Großhirnrinde ein zweites Mal überprüft wird.[303] Auch dadurch wird klar, dass Raum für die eigene Wahrnehmung notwendig ist, Raum für die ureigenen Bilder oder für bewusst umgeformte Bilder – oder für Bilder, die eine bewusste Handlung nach sich ziehen. Nur durch eine bewusste Handlung kann der Mensch lernen, andernfalls bleibt er immer in derselben Evolutionsphase und dabei nicht Mensch, sondern Marionette seiner durch digitale Medien implantierten Bilder.

Digitale Masse und Fremd-Denken

Das Phänomen der Masse ist im Netz ein ganz besonderer Manipulationsfaktor. Bekanntlich werden Meinungen stärker, wenn sie durch eine Gruppe bestätigt werden. Die Imagination, also das Bild im Kopf, das den Menschen zum Handeln bewegt, erfordert zuerst einmal individuelles Selbst-Bewusstsein, erst so kann die Imagination zur eigenen Meinung avancieren. Die Meinung kann durch die Masse verstärkt oder transformiert werden und wird so zum Manipulationsort. Diese Transformation oder Manipulation beschrieb schon im Jahre 1911 Gustave Le Bon, Psychologe und Begründer der Massenpsychologie:

> Die unbewusste Wirksamkeit der Massen, die an die Stelle der bewussten Tatkraft der Einzelnen tritt, bildet ein wesentliches Kennzeichen der Gegenwart.[304]

Diese Gegenwart ist für den heutigen digital vernetzten Menschen noch ebenso gültig wie für den damals analog manipulierten.

Schlussendlich ist es so: Kann die Masse die eigene Meinung verschlucken, ist der vernetzte Mensch von Fremd-Denken geleitet, nicht von den ureigenen Bildern im Kopf. Es geht bei jeder Meinung, wenn sie mit einer Handlung verknüpft wird, darum, sie entsprechend selbstbewusst umzusetzen, andernfalls geht es um eine Verlagerung der ei-

303 Vgl. Karsten Flohr: „Wer hat das Sagen in unserem Kopf?", in: P.M. Fragen und Antworten (Nr. 7) 2013, 30.
304 Le Bon, 15.

genen Entscheidung. Diese Verlagerung kann bewusst geschehen oder unbewusst durch eine Manipulation seitens der Masse.

Ein Beispiel dafür ist der Shitstorm. Eine Masse von Menschen missbraucht die Anonymität im Netz und nutzt eine oft kaum nennenswerte, aber doch ein wenig unpassende Situation als Ventil für das Durchdrücken der eigenen Vorstellungen. Nicht selten werden dabei individuell sehr unterschiedliche Moralvorstellungen einander angeglichen.

Schaut man sich in der Theorie die Verknüpfung zwischen der eigenen Meinung und der entsprechenden Handlung genauer an, kommen drei Namen ins Spiel: Gerd Gigerenzer, Gustave Le Bon und Sigmund Freud. Laut Schirrmacher ist Gigerenzer einer der brillantesten Lehrer für Selbst-Denken.[305] Mit dem Selbst-Denken einher geht das Vertrauen in das Selbst. Nur wer sich selbst vertraut, kann die eigene Meinung selbstbewusst in eine Handlung umsetzen. Das digitale Medium hat, mit dem Auftreten der Masse bei einem Shitstorm, die Macht, dem Individuum das Selbstvertrauen zu nehmen. In diesem Falle vertraut der Mensch dem Computer[306] beziehungsweise der Meinung der anonymen digitalen Masse. Die eigene Intuition wird in diesem Falle nicht mehr beachtet oder gar zugänglich. Gigerenzer beschreibt in seinem Sachbuch *Bauchentscheidungen*, wie der Bauch den Kopf dabei unterstützen kann, Entscheidungen zu treffen. Wenn jedoch dem Bauchgefühl – dieser so menschlichen Eigenschaft – nicht mehr vertraut oder es nicht mehr wahrgenommen wird, dann wird der Mensch rein analytische Entscheidungen treffen, sozusagen wie eine Maschine. Wenn das Hilfsmittel Computer nicht mehr nur als Hilfsmittel für Kopf und Bauch oder Herz verwendet wird, sondern als alleiniger Entscheidungsträger, wurde das Denken des Menschen längst derart geprägt und manipuliert, dass der Mensch analytisch und objektiv denkt wie eine Maschine. Hinter dem Entscheidungsträger »Computer« sind es digitale Masse und Anonymität, welche dieses analytische Denken nach außen leiten, wodurch das wahre Selbst-Bild nicht mehr sichtbar sein kann. Digitale Masse und Anonymität ersetzen sozusagen das wahre Selbst-Bild eines vernetzten Menschen:

---

305 Vgl. Schirrmacher, Payback, 40.
306 Vgl. auch ebd., 43f.

Jeder Einzelne ist ein Bestandteil von vielen Massen, durch Identifizierung vielseitig gebunden und hat sein Ichideal nach den verschiedensten Vorbildern aufgebaut. Jeder Einzelne hat so Anteil an vielen Massenseelen, an der seiner Rasse, des Standes, der Glaubensgemeinschaft, der Staatlichkeit und so weiter, und kann sich darüber hinaus zu einem Stückchen Selbstständigkeit und Originalität erheben. [...] In diesen lärmenden, ephemeren, den anderen gleichsam superponierten Massen begibt sich eben das Wunder, dass dasjenige, was wir eben als die individuelle Ausbildung anerkannt haben, spurlos, wenn auch nur zeitweilig, untergeht. Wir haben dies Wunder so verstanden, dass der Einzelne sein Ichideal aufgibt und es gegen das im Führer verkörperte Massenideal vertauscht.[307]

Die Beeinflussung des Denkens von außen beginnt schon früh im Leben eines jeden Menschen. Allein das Bildungssystem ist auf Fremd-Denken getrimmt[308], wenn in dieses plurale digitale Medien schon in Kindergarten und Grundschule eingeflochten werden, wird sich das Fremd-Denken verstärken und die Möglichkeit zur Manipulation durch digitale Medien vergrößern.

Die Erschaffung des analogen Ichs

Wer seines Persönlichkeitsbewusstseins beraubt wird, ist empfänglich für Suggestionen, lautet eine Erkenntnis von Le Bon.[309] Wenn man das ins Digitale überträgt, gilt: Wer sein wahres Selbst-Bild nicht mehr wahrnehmen kann – hoffentlich zeitlich beschränkt – ist empfänglich für Suggestion.

Die Erschaffung des digitalen Ichs besteht in jedem Klick, den der vernetzte Mensch tätigt. Zwar verbindet dieser Klick das Digitale mit dem Analogen, jedoch ist es in der Wahrnehmung vieler vernetzter Menschen so, dass diese das Analoge einfach nicht erfassen können.

307 Freud, 76.
308 Vgl. Schirrmacher, Payback, 40.
309 Vgl. Freud, 13.

Das sind vor allem die jüngeren Generationen, die mit den digitalen Geräten aufwachsen. Diese Generationen nehmen die Realität wahr, indem sie denken, dass alles, was geschieht, nur dann wirklich geschehe, wenn sie das Geschehene auch getwittert oder als digitales Status-Update bei Facebook gepostet haben. Jede Emotion oder Aktivität kann digital mitgeteilt werden. Erst durch diese Übertragung ins Digitale nimmt der digital Sozialisierte das Geschehene auch wahr. Durch diese Art der Wahrnehmung (durch die digitale Brille) kann analog alles geschehen, ohne dass es gesehen wird, auch jegliche Art von Manipulation. Doch man stelle sich einmal vor, wenn der vernetzte Mensch plötzlich *Offline!* wäre – wie es der Wissenschaftsautor Thomas Grüter in seinem gleichnamigen Buch beschreibt – aufgrund eines Stromausfalls beispielsweise, was würde in diesem Fall mit der Wahrnehmung geschehen? Plötzlich müssten die digital Sozialisierten feststellen, dass es außerhalb der digitalen Sphäre auch noch eine Realität gibt. Es wäre in diesem Fall sicherlich eine chaotische Realität, denn eine Informationsgesellschaft ist nichts ohne digitale Information. Diesen Ist-Zustand beschreibt Grüter in *Offline!* Dabei gilt: Je größer das digitale Ich und dessen Welt, die man sich erschaffen hat, desto größer der Zusammenbruch und desto tiefgreifender ist der Wandel danach.

Auf eines sei an dieser Stelle nachdrücklich hingewiesen: Der Moment des Erkennens auf dem Weg von »Online« zu »Offline« besteht in der plötzlichen Wahrnehmung des analogen Ichs – für manchen plötzlich nicht mehr vernetzten Menschen wohl eine Art Neugeburt. Auch das gilt es als Teil des *Bewusstseins 2.0* zu begreifen. In diesem neuen Zustand, in dem der Mensch – auf Basis des Persönlichkeitsbewusstseins – sein analoges Ich wahrnimmt, wird Suggestion immer mehr abnehmen.

5.7 Generation Schüler – Eine neue Alphabetisierung?

Das kindliche Be-greifen der medialen Welt

Die neue Alphabetisierung der Zukunft geht immer von der jüngsten lernenden Generation aus. Der Schulalltag dieser Generation ist in zunehmendem Maße durch digitale Medien geprägt. Es stellt sich die Frage, wie sich dadurch die Alphabetisierung entwickelt.

Für eine bewusste Integration der digitalen Medien in die analoge Welt muss sich nicht nur jeder individuelle Erwachsene die entsprechende Begriffsdefinition vor Augen führen, sondern vor allem auch Eltern und Lehrer, wenn es darum geht, ein Kind an ein digitales Medium heranzuführen.

Ein Medium ist im Allgemeinen ein Vermittler. Ein digitales Medium im Speziellen vermittelt etwas über den binären Code, also über das Zahlenpaar 0 und 1 – über programmierte Algorithmen. Das ist sozusagen das Innere des digitalen Mediums, das als Input in den Menschen gelangen kann. Das Äußere der digitalen Medien besteht aus unterschiedlichen Oberflächen und unterschiedlichen Ebenen. Dies wird am deutlichsten durch die Differenzierung in primäre, sekundäre und tertiäre Medien, wie sie Harry Pross 1974 vorgenommen hat. Zu den primären Medien zählt er die direkte *face to face*-Kommunikation, die Sprache originär an den Artikulationsorten produziert, Mimik und Gestik des originären analogen Körpers. Die primären Medien sind also analog und originär mit dem Körper verbunden, so auch die primäre Kommunikation, sie geht analog-analog von Körper zu Körper (mit dem Geist als Vermittler). Es gibt hier also eine analoge originäre Körper-Geist Rezeption. Sekundäre Medien hingegen haben eine analog-analoge Träger-Körper-Rezeption, denn sie bedürfen eines technisch hergestellten *Trägers*, es sind Wand- oder Tafelbilder, Schrift- und Druckmedien, Grafiken oder Fotografie. Bei tertiären Medien läuft die Rezeption über einen technisch hergestellten *Aufnehmer*, *Träger* oder *Sender*. Es handelt sich bei tertiären Medien um Telegraf, Telefon, Hörfunk, Film und TV und Multimedia. Hier sind auch die digitalen Medien eingeordnet. Wenn der Mensch mit einem tertiären Medium arbeitet, ist die Rezeption entweder analog-analog oder analog-digital, zwischen Körper/Geist und analogem oder digitalem Medium. Im Falle eines digitalen Mediums geht der Input ins Analoge (Körper/Geist) vom digitalen Code aus.[310] Der Begriff Multimedia offenbart am deutlichsten

---

310 Vgl. Pross, 127-262; zitiert aus: Kerlen, 13f.

die verschiedenen Oberflächen: Immer mehr digitale Medien können in andere digitale Medien integriert werden. Die Oberflächen, die wahrgenommen werden müssen, um beherrscht werden zu können, werden also immer größer und damit auch die potenzielle Möglichkeit zur Manipulation, wenn die Technik zu komplex wird, um damit umgehen zu können. Deshalb sollte jeder Mensch nur mit so vielen digitalen Medien arbeiten, die er auch auf gesunde Art und Weise verwenden kann; und vor allem ein Kind sollte nur *ein digitales Medium* in sein Umfeld bekommen und von Anfang an so wenig technische Oberflächen eines digitalen Mediums wie möglich wahrnehmen müssen, um zu lernen, diese Oberflächen ver- und bearbeiten zu können. Idealerweise sollte dieses Medium am Anfang zumindest so weit wie möglich vom Körper des Kindes entfernt bleiben, damit es noch genug Spielraum im Analogen hat. Beispielsweise ist ein Smartboard im Klassenzimmer ideal. Es ist weiter von Körper des Schülers entfernt als ein Schüler-Laptop. Zu frühe und zu starke digitale Mediennutzung führt für das Kind zu den »automatischen Fingern«, und das kann für das Bewusstsein fatal sein. Auf den zu vermittelnden Inhalt kann das digitale Medium stark manipulierend einwirken, wenn das Kind das Analoge noch nicht beherrscht, also sich seines analogen Körpers und des analogen Umfeldes noch nicht bewusst ist.

Stellen wir uns vor, das Kind steht in der Mitte seiner Welt, Familie und Freunde umgeben es. Dazwischen befinden sich die digitalen Medien. Welchen Inhalt diese Menschen und Medien auf welche Art und Weise vermitteln, beeinflusst das Kind. Die Beeinflussung kann inspirierend oder manipulierend sein. Hier müssen die Vormunde der Kinder regulierend eingreifen und dem Kind als Filter dienen, um dem Analogen noch genügend Raum zu geben. Eltern und Lehrer müssen dem Kind das in die Hand geben, was sein Herz und seinen Geist erreicht und dem Kind gleichzeitig für seine Bildung nutzt, nicht für seine Halbbildung oder gar für eine Deformierung, die im Laufe der Entwicklung des Kindes schon bald in eine digitale Demenz führen könnte. Was das Kind in die Hand bekommt, beeinflusst es, und über diesen Gegenstand formiert sich die Wahrnehmung seiner Umgebung. Bekommt das Kind zu früh ein digitales Medium »in die Hand«, besteht die Gefahr einer

Verschiebung der Realitätswahrnehmung. Die Realität zunächst über analoge Medien zu begreifen, ist für das Kleinkind grundlegend. Wenn also im Kindergarten schon Laptops stehen, wird die Realität durch die Vermittlung dieser digitalen Medien anders wahrgenommen als durch die Vermittlung analoger Medien. Damit wird der Möglichkeit zur Manipulation, ausgehend von digitalen Codes, sehr viel Raum gegeben. Es wird dem Kind so die Möglichkeit der analogen Selbstentfaltung und des Selbst-Bewusstseins genommen, auf das ein gesunder Umgang mit digitalen Medien aufbauen könnte.

Diese Verschiebung entsteht aufgrund der Entfernung des digitalen Mediums von der Realität. Das digitale Medium hat mehr Oberflächen, in die das Kind eintauchen kann, mehr Ebenen, die von der Realität wegführen können, als ein analoges Medium. Analoge Medien sind Bild und Schrift auf Papier oder an der Tafel sowie der Abakus. Digitale Medien sind Bild und Schrift im Computer, auf dem Smartboard oder Whiteboard sowie der digitale Taschenrechner. Das analoge Medium hat als Oberfläche Papier und Tafel und darauf aufbauend Bild und Schrift sowie die Rechenschieber. Das sind zwei Ebenen, die das Kind wahrnehmen und be-greifen lernen muss, um damit umgehen zu können, um dann den Input zu erfassen.

Das digitale Medium hat als Oberfläche den Bildschirm, das Browser-Fenster, das Bild im Browser, die Schrift in den verschiedenen Menüs (auf verschiedenen Ebenen). Das sind – nehmen wir einmal an, es ist nur der Internetbrowser und kein weiteres Programm geöffnet – mindestens vier Ebenen, die wahrgenommen und be-griffen werden müssen, um den Input setzen lassen zu können. Hier kann das Kind leichter verwirrt werden als bei einem analogen Medium.

Die genannten Ebenen waren jeweils diejenigen am jeweiligen Medium. Dazu kommt, wenn es um die Wahrnehmung des Kindes geht, auch der Körper (und natürlich Gehirn und Geist), denn zwischen der physisch(-geistigen) Welt und dem Medium findet die Vermittlung statt und damit auch die Wahrnehmung. Je weiter das, was erfasst und begriffen werden soll, also Bild oder Schrift, vom Körper und damit vom Geist entfernt liegen, desto eher kann sich die Realitätswahrnehmung des Kindes verschieben. Je mehr Ebenen, wie beim digitalen Medium, desto weiter kann die Wahrnehmung der Realität verschoben werden – und desto eher wird das Kind manipuliert werden können. In diesem Falle der Verschiebung der Realitätswahrnehmung steht nicht mehr das Selbst des Kindes im Zentrum seiner Wahrnehmung, sondern die Technik, weil das Kind in der Entwicklungsphase der Wahrnehmung der technischen Ebenen stehen bleibt. Weil das Kind gar nicht die Möglichkeit hatte, sich selbst, von seinem Körper und Geist ausgehend, als Zentrum wahrzunehmen. Weil es von der Technik, von den vielen verschiedenen technischen Ebenen, abgelenkt wurde. Es wurde von sich selbst und seinem Ziel, nämlich Schrift und Bild sowie der eigenen Reflexion in Schrift und Bild, abgelenkt. All dies tritt ein, wenn das Kind zu früh an ein digitales Medium herangeführt wird.

Damit wären folgende Fragen beantwortet: Lenkt das Kind die Wahrnehmung oder das Medium? In jedem Falle ist es eine Interaktion. Aber wann ist die Interaktion manipuliert und wann ist sie inspiriert? Wenn das Kind zu früh an ein digitales Medium herangeführt wurde und sich selbst gar nicht als Zentrum seiner Welt wahrnehmen durfte, ausgehend vom Körper und Geist!

Wenn also das Kind die analoge Welt be-griffen hat, ausgehend von seinem Körper, kann es ein digitales Medium mit seinen vielen verschiedenen Oberflächen besser erfassen und es gesund und inspirativ in das eigene Leben integrieren.

Smartboard oder Laptop?

Nun ist die Problematik der Heranführung eines Kindes an ein digitales Medium ansatzweise geklärt. Die Eltern sollten dabei individuell für jedes Kind entscheiden, wann das Kind medienmündig ist. Lehrer müssen entscheiden, welche analogen und digitalen Medien für welchen Lerninhalt geeignet sind. Ein Interview mit der Lehrerin Bianca Saalfeld erwies sich als Idealfall für dieses Problemfeld.

Bianca Saalfeld war zum Zeitpunkt des Interviews, im Winter 2012/ 2013, Lehramtsanwärterin an einer Mittelschule in Freilassing. Sie gehört einer Generation an, die in Maßen mit den digitalen Medien aufwuchs. Ihre Kindheit war geprägt vom Analogen, erst während des Studiums musste sie lernen, mit einem digitalen Medium wie Google gesund umzugehen – in dieser Generation nehmen die digitalen Medien oft erst im Studium zu, also in einer Entwicklungsstufe, in welcher der Mensch bewusster mit den Neuen Medien umgehen kann, als Kinder es vermögen. Sie weiß, was es heißt, im Netz quer zu lesen und gleichzeitig tiefgehende Studien in analoger Fachliteratur zu unternehmen. Bianca Saalfeld unterrichtete zum Zeitpunkt des Interviews Schüler ab Klasse fünf. Ihre Schüler haben im Idealfall schon viel analogen Raum kennengelernt. Trotzdem werden ihre Schüler *langsam* an die digitalen Medien herangeführt, wodurch die Schüler *Zeit* bekommen, um zu lernen, ihre Umgebung zu erkunden.

In der Freilassinger Mittelschule wurden die Tafeln, also sekundäre Medien, durch Smartboards, auch Whiteboards genannt, ersetzt, also durch tertiäre Medien. Die Oberfläche des Mediums »Tafel« ist dadurch größer geworden. Die Schüler müssen durch das Smartboard als digitale Tafel mehr erfassen, wodurch sie mehr technischen Input haben, ausgehend vom technisch hergestellten Träger. Die Rezeption ist damit komplexer als die mit einer analogen Tafel.

Um mit diesem digitalen Medium umgehen zu können, benötigen die Schüler Raum und Zeit. Diesen bekommen sie von ihrer Lehrerin. Somit ist die Möglichkeit zur Manipulation durch dieses digitale Medium sehr gering. Eine Gefahr zur Manipulation bestünde dann, wenn jeder dieser Schüler zusätzlich noch einen Laptop vor sich stehen hätte. Dann wäre die technische Oberfläche vielleicht zu groß, um sie wahrnehmen und erfassen zu können. Dann stünde der Inhalt in vielen Fällen hinter der Technik. Damit einher geht die oberflächliche Bearbeitung des Inhalts, der die Schüler letztendlich erreichen soll, anstatt des technischen, manipulierenden Inputs, ausgehend von den digitalen Medien. Manfred Spitzer führt den Fall des Einsatzes von Smartboard statt Tafel – und Laptop vor jedem Schüler – in seinem Buch *Digitale Demenz* an:

> Nicht selten werden Smartboards zusammen mit Laptops eingesetzt [ein Laptop für jeden Schüler]. Es lassen sich dann die gleichen Inhalte auf beiden Geräten darstellen, so dass die Notwendigkeit entfällt, einen Inhalt beispielsweise von der Tafel ins Heft zu übertragen. [...] Nie mehr von der Tafel abschrei-

ben müssen – das [...] erlaubt die neue Technik. [...] Mit einem
Wort kann man kaum etwas Oberflächlicheres anstellen, als es
mit der Hand zu berühren und an einen anderen Ort der elektronischen Tafel zu ziehen. Man braucht es dazu nicht einmal
zu lesen oder sich damit gedanklich zu beschäftigen. [...] Das
Bewegen eines Inhalts mit einer Zeigebewegung, die für jeden
Inhalt dieselbe ist, festigt diesen Inhalt nicht. *Abschreiben* wäre
da schon viel besser, denn hierbei müsste das Wort memoriert
und selbst erneut geschaffen werden – durch sinnvolle, das
heißt die Bedeutung aus einzelnen Zeichen zusammensetzen-
de Bewegungen.[311]

Das handschriftliche Abschreiben hat also eine Funktion für die Bildung von neuen Hirnzellen, durch die Memorierung und Neuerschaf-
fung, was durch das Schreiben auf einer Tastatur oder durch die Copy
& Paste-Technik nicht gegeben ist. Das heißt, der Schüler läuft Gefahr,
vom digitalen Medium manipuliert zu werden, insofern das Kind die
Schrift mithilfe des digitalen Mediums zu oberflächlich behandelt. Hier
muss der Lehrer als Filter fungieren, um dem Kind die Möglichkeit
zur Bildung seiner Medienmündigkeit zu geben. Der Lehrer muss dafür
sorgen, dass der Schüler zum Inhalt gelangt und nicht vom digitalen
Medium abgelenkt oder manipuliert wird.

Dies ist in der Freilassinger Schule möglich. Dort ist das Smartboard
als einziges digitales Medium gegeben, ein Medium, das weit genug
von den Körpern der Schüler entfernt ist, so dass der Lehrer sozusagen
als Filter dazwischen stehen kann.

Durch die Verwendung von nur einem digitalen Medium unterliegen
die Schüler nicht der Gefahr, nichts mehr handschriftlich abschreiben
zu müssen. Bianca Saalfeld wechselt zudem – das ist ganz wichtig für
die Zukunft der Verbindung von analoger und digitaler Welt – mehrere
Medien ab, verschiedene analoge und ein digitales, wie sie im Interview
sagte, da jedes Kind anders lernt:

---

311 Spitzer, 78-80.

Unterrichten mit digitalen Medien kann praktisch sein. Ein digitales Medium sollte aber auf keinen Fall das einzige Medium sein. Das Lernen erfolgt eigentlich gar nicht über das Medium – es kann lediglich einen Zugang zum Lerninhalt schaffen. Nach dem Konstruktivismus bildet jeder Mensch seine eigene Wirklichkeit und hat deshalb auch seinen eigenen Lernstil. Für manche kann also das jeweilige Vermittlungsmedium besonders gut oder schlecht geeignet sein. Deshalb müssen wir als Lehrer vorrangig darauf achten, vielfältige Medien einzusetzen.

Werden in einer Schule jedoch Whiteboard *und* Laptop verwendet, wie Manfred Spitzer es als Beispiel anführt, bedeutet das die Benachteiligung des Sekundärmediums Handschrift und damit eine Unausgeglichenheit, die zu einer Manipulation führen kann. Je mehr tertiäre Medien, desto mehr technische Oberflächen, und desto mehr schülerische Aufmerksamkeit wird von den digitalen Medien auf ihre Technik gelenkt. Es ist nicht der Computer im Klassenzimmer, der Aufmerksamkeit auf sich zieht, weil er als etwas Neues dort steht. Nein, es ist die Interaktion von Schüler, Whiteboard und Laptop, welche die Aufmerksamkeit auf die Technik lenkt. Wenn die Schüler, wie im Falle der Klassen von Bianca Saalfeld, genug Zeit und Raum bekommen, können sie das Neue Medium begreifen lernen. Wenn die Technik jedoch zunimmt, wie im Beispiel von Spitzer, verlangen die technischen Oberflächen mehr Aufmerksamkeit, und desto weniger Aufmerksamkeit wird dem Erlernen des Schreibens gewidmet.

Denk-Punkte im Gehirn eines Kindes

Wie sieht nun der konkrete Wirkungsort einer möglichen Manipulation aus? Das Interview mit der Lehrerin Bianca Saalfeld enthielt eine wichtige Aussage: Wenn es um die Manipulation des Denkens der Kinder geht, „soll die Frage nach der Intention eines »Machers« dringend Unterrichtsgegenstand sein" – im Hinblick auf Film und Fernsehen genauso wie bezüglich Internetwerbung und sozialer Netzwerke. Wenn Manipulation die Intention eines »Machers« ist, kann diese schon im Unterricht sichtbar gemacht und damit gleichzeitig aufgelöst werden.

Damit wird die Machthierarchie offenbar, und sobald dies der Fall ist, kann das potenzielle »Opfer« aus seiner Rolle herausfinden oder gar nicht erst in diese hineinschlüpfen. Kinder sind die größten potenziellen »Opfer« von Manipulation – das ist nicht nur in der Fernsehwerbung oder im Supermarkt der Fall – sie haben ihr psychisches Immunsystem noch nicht ausgebildet. Bei dieser Ausbildung sollten Eltern und Lehrer helfen.

Die »Opferrolle« der Kinder beginnt bei der Schwächung von »Denk-Punkten« (*thinking spots*) im Gehirn. Der Begriff *thinking spot* stammt von Edwin Tenney Brewster, er hat ihn in seiner Enzyklopädie für Kinder *Natural Wonders every child should know* beschrieben.[312] Die Formung von diesen »Denk-Punkten« geschieht, laut Brewster, nur im Kindesalter.[313] Es handelt sich um bestimmte Punkte im Gehirn, die sich durch das Lesen, Schreiben und Rechnen bilden. Kinder lernen zu lesen, zu schreiben und zu rechnen – die Art, wie sie dies lernen, wird die ganze Zukunft ihres analog-digitalen Lebens beeinflussen: „Je oberflächlicher ich einen Sachverhalt behandle, desto weniger Synapsen werden im Gehirn aktiviert, mit der Folge, dass weniger gelernt wird."[314] Es sind Denk-Punkte, die sich bei den Erwachsenen nicht mehr formen: „Heißt das, dass Erwachsene gar nicht mehr lernen können? Nein! Sie lernen anders als kleine Kinder, nämlich durch Andocken von Neuem an früher bereits gelernte Sachverhalte."[315]

Wie Kinder das Rechnen erlernen, wird sie ihr Leben lang beeinflussen: Frühe einfache Lernprozesse wirken sich

entscheidend auf spätere höhere geistige Leistungen aus [...]:
Wer auf der unteren Ebene keine klaren, scharfen und deutli-

---

312 Vgl. Schirrmacher, Payback, 23f. Die Enzyklopädie fand ich interessanterweise während meiner Recherche in Form eines von Google digitalisierten Scans – und zwar nicht als Schnipsel, sondern in vollständiger Form. Die Internetadresse dazu lautet: http://babel.hathitrust.org/cgi/pt?id=coo.31924001126055;view =1up;seq=162 (Stand: 17.08.2013).

313 Vgl. Edwin Tenney Brewster: *Natural Wonders every child should know*, New York 1912, 133; zitiert aus: Schirrmacher, Payback, 24.

314 Spitzer, 69.

315 Ebd., 159.

chen Spuren angelegt hat, der kann auf höheren Ebenen nur schwer das abstrakte Denken lernen, denn der Input der höheren Ebenen kommt von den einfachen Ebenen.[316]

Spitzer führt das analoge Rechnen an, also das Rechnen mit den Fingern[317], das dem Menschen – um mit Brewster zu sprechen – einen anderen Denk-Punkt formt als das digitale Rechnen, einen Denk-Punkt, der dem Kind eine ruhigere, tiefergehende und vor allem bewusstere Beschäftigung mit einem Thema erlaubt.

> Die Bedeutung des *Be-greifens* der Welt beim Lernen wurde schon frühzeitig in der Pädagogik erkannt. Lernen sollte *mit Herz, Hirn und Hand* vonstatten gehen, meinte schon Johann Heinrich Pestalozzi (1746-1827). Bereits vor ihm, im Jahr 1747, wurde die erste *Real*schule gegründet, in der sich das Lernen an realen Dingen in der realen Welt vollziehen sollte. Warum ist die Realität so wichtig? Und warum das Be-greifen mit den Händen?[318]

Weil das Be-greifen des Selbst in dessen Umgebung, also die Selbst-Bewusstheit des Menschen, erst einmal mithilfe aller Sinne von seinem eigenen Körper ausgeht.[319] Dazu sagt Bianca Saalfeld:

> Das Lernen und die Konzentration funktionieren im Wesentlichen wie ein Herzschlag, und wir müssen bei der Rhythmisierung des Unterrichts auch darauf achten, dass der Rhythmus »Ent- und Anspannung« eingehalten wird. Das bezieht sich vor allem auf den Sozialformenwechsel (Einzel-, Partner- und Gruppenarbeit), auf das Tun (Handeln, Hören, Sehen, Anfassen) und eben auf den Einsatz verschiedener Medien. Kopf, Herz und Hand lernen meist zusammen.

---

316 Ebd., 168.
317 Vgl. ebd., 169-176.
318 Ebd., 167.
319 Vgl. auch ebd., 169.

Schon das Kind sollte lernen, dass es selbst Schöpfer des Rechnens ist (genauso wie es beim Schreiben Schöpfer der Schrift ist). Es selbst schöpft neue Zahlen aus einer Aufgabe, und dies gelingt deshalb am besten mithilfe des Sehsinns und des Tastsinns (des Er-Fühlens der Finger) sowie mit der Bewegung der eigenen Finger:

> Noch bevor Kinder über Zahlen nachdenken, verwenden sie schon ihre Finger zum Zählen. Das Zählen mit den Fingern war schon im alten Ägypten gebräuchlich. In praktisch allen Kulturen lernen Kinder das Zählen mit den Fingern: Sie sind immer vor Augen und verfügbar und können daher immer mit der Anzahl der zu zählenden Sachen in Verbindung gebracht werden. Diese Art des Zählens ist somit eine sensomotorische Tätigkeit, der man schon nachgeht, bevor das Zählen »im Kopf« (und ohne Finger) zu einer rein geistigen Tätigkeit wird.[320]

Es sind Sinne und geistige Tätigkeit, welche die Selbst-Bewusstheit und die Hervorbringung von etwas Neuem, die Schöpfung, formen. Finger und Geist lernen gemeinsam zu rechnen und daraus Intelligenz zu schöpfen. Wenn wir jetzt einmal Körper und digitales Medium zusammenbringen: »Finger« heißt auf lateinisch »digitus«. Mit dieser Übersetzung wird die Verschiebung des Mediums als Vermittler sehr deutlich. Ein Kind verliert sein Selbst-Bewusstsein, ausgehend von Körper und Geist, wenn es mit dem Computer rechnen lernt. Dann ist der Computer Vermittler. Im schlimmsten Falle nimmt das Kind auch den Computer als geistigen Schöpfer wahr, nicht sich selbst.

Wenn Kinder schon beim Entstehen der Denk-Punkte umgeformt werden, im Sinne einer Auslagerung des Rechnens, wird das nicht in einer anthropologischen Katastrophe enden? Aus diesen Kindern würden neue Menschen, geprägt durch eine umfassende Digitalisierung ihres Lebensbereiches. Zentral ist hierbei das Bewusstsein des neuen Menschen, der sich aus der jüngsten lernenden Generation formt. Dass die digital Sozialisierten einmal mehr unter Demenz leiden könnten als alle

---

320 Ebd.

Generationen vor ihnen, ist ein wichtiger Hinweis von Manfred Spitzer. Deshalb ist es wichtig, dass die digital Sozialisierten auch das Analoge kennenlernen. Das *Kind 2.0* sollte nicht nur digital rechnen lernen, sondern erst einmal anhand seiner Finger zählen und dann mit diesem analogen Körperbewusstsein rechnen lernen: Denn das Rechnen geht vom eigenen Kopf, nicht vom digitalen Rechner aus! Genauso das Lesen und Schreiben. Erst wenn die dazugehörigen Denk-Punkte geformt wurden, sollte der Umgang mit der digitalen Welt begonnen werden. Eine Ebene nach der anderen kann so vom Kind erlernt werden: Zuerst die primären Medien, dann die sekundären und zuletzt die tertiären, die digitalen Medien – alle Ebenen der Medien sollten im Lehrplan enthalten sein.

Eltern und Lehrer haben es in der Hand, wohin die Aufmerksamkeit ihrer Kinder und Schüler fließt, ob diese sinnvoll fließen kann oder ob sie durch zu viele tertiäre Medien abgelenkt und der sinnvolle Lernprozess damit blockiert wird. Wenn der ehemalige SPD-Kanzlerkandidat Peer Steinbrück einen Laptop für jeden Schüler fordert[321], sollten Eltern und Lehrer sich nicht in einseitigen Meinungen für oder gegen die Digitalisierung verlieren, sondern die Umgebung der Kinder und Schüler sinnvoll gestalten, wie Bianca Saalfeld das beispielhaft vormacht.

Das Erlernen von neuer Technik

Wenn der Mensch ein Neues Medium in seine Umgebung integriert, muss der Umgang damit erst einmal erlernt werden. Das heißt beispielsweise für die Teilnehmer des Unterrichts von Bianca Saalfeld, erst einmal auf dem Whiteboard schreiben zu lernen, bis es dann dem Inhalt entsprechend anwendbar ist. Auf dem Whiteboard zu schreiben, stellte sich deshalb anfangs als Schwierigkeit heraus, „da die Verpixelung zu einer schmierigen Handschrift führt, wenn man nicht geübt ist".

Auch Bianca Saalfelds Besuch einer Weiterbildung zum Thema *Fluch oder Segen der Whiteboards* zeigte, dass die Lehrer noch mitten in der Bewältigung der digitalen Technik stecken, denn nur vereinzelt

---

321 Im August 2013.

„hörte man dort eine Contra-Meinung, die sich auf pädagogische oder didaktische Nachteile bezog". Die meisten Contra-Meinungen betrafen technische Aspekte.

Auch die Schüler, obwohl sie mit der Technik aufwachsen, konnten zum Zeitpunkt des Interviews „kaum selbst auf dem Board schreiben", obwohl sie bei Bianca Saalfeld viel Zeit zum Üben bekommen.

> Auch das sogenannte sich aufbauende Tafelbild ist schwierig, da das Whiteboard etwas kleiner ist als eine normale Tafel und darauf oft nicht so viel Inhalt oder Gestaltung Platz hat, zumal man sehr groß schreiben muss, damit man alles gut lesen kann.

Ein wichtiger Faktor ist, dass die Schüler viel Zeit zum Üben bekommen; denn nur, wenn das digitale Medium (einigermaßen/so gut wie möglich) technisch beherrscht werden kann, ist eine sinnvolle Nutzung möglich. Viel Zeit zum Üben ist verbunden mit der Muße, denn es ist eine Zeit, in der Kinder die Möglichkeit zur Entfaltung haben, die das digitale Medium miteinschließen kann oder auch nicht. Es ist das Sich-Zeitlassen, das Bianca Saalfeld den Kindern gewährt, das eine Voraussetzung für echte Bildung ist.[322] In dieser Zeit können die Kinder „Gefahrenbewusstsein, realistische Selbsteinschätzung, Fähigkeit zur Perspektivenübernahme und Rücksichtnahme"[323] entwickeln.

Die Übungszeit ist in Bezug auf die technische Erfassung auch deshalb immens wichtig, da ein tertiäres Medium neue Oberflächen in die Umgebung eines Kindes integriert, die erst einmal erfasst werden müssen, damit eine bewusste und gesunde Gewöhnung des Menschen im Umgang mit seiner Umgebung stattfindet. Wenn es sich nur um *ein* digitales Medium handelt, dann ist dies die sinnvollste Unternehmung, da jedes Kind den sinnvollen Umgang mit digitalen Medien für seine Zukunft erlernen sollte. Werden jedoch mehr tertiäre Medien in den Unterricht integriert, besteht die Gefahr einer Überforderung von Lehrern und Schülern, weil die Umgewöhnung aufgrund vieler neuer

---

322 Vgl. Bleckmann, 34.
323 Ebd., 35.

Oberflächen gar nicht gesund erfasst werden könnte. Dann bestünde die Möglichkeit zur Manipulation und dabei die Gefahr, dass die Medien nicht zu einer echten Bildung beitragen.

Das sollten auch die Eltern beachten: Jedes Kind muss den Umgang mit den digitalen Medien erlernen, dabei ist es unerheblich, technisch immer auf dem neuesten Stand zu sein. Wichtig ist vielmehr, *im Kopf* auf dem neuesten Stand zu sein, was den wachen Umgang mit diesem einen Medium anbelangt. Wenn man im Kopf dieses eine Medium versteht, benötigt man nicht jede neuere Version davon.

Die *sinn*-volle Medienmündigkeit

Zum gesunden Umgang mit dem digitalen Medium in technischer Hinsicht gehört vor allem auch die sinnvolle inhaltliche Nutzung. Zwar liegt allen Internet-Nutzern anscheinend jegliches Wissen zu Füßen, doch nicht alles Wissen ist gleichzeitig sinnvolles Wissen. Zudem sollten die Sinne der Kinder bei einer Verwendung von Wissen aus dem Netz nicht abgestumpft werden.

Jedes Kind sollte in der Schule lernen müssen – so sagte Bianca Saalfeld im Interview –,

> wie man richtig »googelt« oder wie durch das Internet vermitteltes Wissen auf Seriosität geprüft wird. Es geht darum, die Schüler handlungsfähig zu machen, da gerade das Medium Internet einen Unreflektierten oder Unwissenden in seiner Mündigkeit einschränken kann, indem er blind den »kapitalistischen Anliegen« oder den Meinungsbildnern folgt.

Zum Thema »Medienmündigkeit« hat Paula Bleckmann ein beeindruckend aufbereitetes Buch geschrieben, das an dieses Thema anschließt. Es soll dazu anregen, dass die Schüler zu einem selbstbestimmten und inspirativen Umgang mit Medien gelangen, also medienmündig werden, durch pädagogische, politische und schöpferische Spielräume.[324] Es leidet vor allem die schöpferische Kraft des Kindes, durch unsinni-

---

324 Vgl. ebd., 18.

ges Wissen aus dem Netz oder durch zwar sinnvolles Wissen, jedoch
per Copy & Paste kopiert.

Der Begriff Mündigkeit stammt vom mittelhochdeutschen »die Mund
oder die Munt« und wurde

> seit dem 9. Jahrhundert mit der Bedeutung »Schutz, Schirm,
> Bewahrung« verwendet. Vormund ist also, wer seinen Schutz-
> befohlenen vor Schaden und Übervorteilung bewahrt. Mündig
> ist, wer reife Urteilsfähigkeit erlangt hat, so dass er des Schut-
> zes durch den Vormund nicht mehr bedarf, sondern selbst für
> sich eintreten, sich selbst schützen kann.[325]

Eltern und Lehrer sollten Kinder und Schüler als Vormunde unterstützen, wenn es darum geht, die Medienmündigkeit zu erlangen, damit das
Kind durch »Wissen« aus dem Netz keinen Schaden nimmt.

Dazu gehört die individuelle Entscheidung der Eltern und Lehrer, ab
welchem Alter die Kinder an ein digitales Medium herangeführt werden.
Zwar gehört es zur Zukunft der Kinder, Verkehrsmündigkeit im Netz zu
erlangen, doch genauso wenig wie beim Führerschein kein Mensch Pra-
xiserfahrung ab drei Jahren verlangt, sollte das auch beim Umgang mit
einem digitalen Medium der Fall sein.[326] Ein Kleinkind kommt weder
am Auto noch im Internet an die »Pedale« heran. Wenn also Laptops im
Kindergarten gefordert werden, wo steckt darin der *Sinn*? Oder wo bleiben die Sinne der Kinder, wenn schon eine Rassel eine iPhone-Halterung
hat oder das Töpfchen eine iPad-Haltung? Die Sinne und das Wissen
der jüngsten lernenden Generation bilden die Zukunft; diese sollten also
nicht durch Kommerzstreben manipuliert und abgestumpft werden. Dieser Idealismus wird sich noch als lebensnotwendig erweisen!

Moralischer Verhaltenskodex

Neben technischer und inhaltlicher Nutzung gehört auch ein Verhaltenskodex oder Knigge zum sinnvollen Gebrauch digitaler Medien

---

325 Ebd., 33.
326 Vgl. ebd., 35.

in der Öffentlichkeit und zur sinnvollen Bewegung des Menschen im Netz.

Es sollten schon den Kindern Regeln vermittelt werden, welche die Integration der digitalen Medien in den Alltag gesellschaftsfähig machen, eine Art *Knigge zur Handhabung digitaler Medien.* Es gibt noch viele Eltern, die selbst nicht sinnvoll oder bewusst damit umgehen können. So gibt es viel zu viele Kinder, die sich wünschen, dass ihre Eltern seltener ihr Smartphone benutzen, was zu einer Beobachtung passen könnte, die sich in Menschenmengen machen lässt: Eine Mutter ist mit ihrem Sohn beim Einkaufsbummel. Sie hat ihren ungefähr vierjährigen Sohn an der einen Hand, ihr Smartphone in der anderen, und ihr Blick ist nicht nur für einen Augenblick auf ihr Smartphone gerichtet. So kann man vielen Menschen, alleine oder mit Kind, aber mit Blick auf das Smartphone, begegnen. Denken wir einmal weiter: Was ist, wenn wir das alle so machen würden? Wo bleibt dabei der Mensch und vor allem das vierjährige Kind an der Hand? Die Menschen sind es, die *face to face* Aufmerksamkeit benötigen – vor allem die Kinder – nicht aber die Technik. Das Aufmerksamkeitsdefizit, das manche Kinder erfahren müssen, sollte nicht noch vergrößert werden.

So sollten Schüler schon in der Schule lernen, dass der Smartphone-Gebrauch *in bestimmten Situationen* in der Öffentlichkeit unsinnig und vielleicht auch unhöflich ist und der Menschlichkeit abträglich. Dieser Zeitpunkt sollte bei keinem Kind verpasst werden. Nur allzu oft lässt der Mensch sich durch Medien von seinem eigentlichen Ziel ablenken, genauso wie von der Menschlichkeit in den Begegnungen. Das gilt für einen Einkaufsbummel mit dem Kind genauso wie für die Menschen, die einem entgegenkommen. Auch während familiärer Gespräche sollten weder der Gang zum Telefon noch der Griff zum Smartphone Priorität haben. Wenn ein Medium nach der Aufmerksamkeit des Menschen klingelt, sollte der Mensch sich nur dann danach richten, wenn es für ihn in diesem Moment sinnvoll ist und sich dann dementsprechend aus größeren Gruppen zurückziehen, wenn der Gebrauch des Mediums die Gruppentätigkeit stören könnte. Wenn der Mensch das Medium für sich sinnvoll nutzt, dann gebührt die Aufmerksamkeit nicht der Außenwelt, sondern vor allem dem eigenen Inneren. Jedes Klingeln bedeutet Stress, um diesen Stress zu vermeiden, sollten der Mensch und sein Geist im Mittelpunkt seines Lebens stehen und nicht das Klingeln. Deshalb werden Handys im Klassenzimmer verboten. Dieser Ort und der Arbeitsplatz sollten jedoch nicht die einzigen »Verbotszonen« bleiben. Es gibt schon Restaurants, in denen das umgesetzt wird. Genau das sollte Teil der Vermittlung an die Kinder, Teil des *Bewusstseins 2.0* sein: Der Mensch und sein Geist ist der Mittelpunkt und nicht die Technik!

Der Verhaltenskodex oder Knigge zur sinnvollen Bewegung des Menschen im Netz sollte die Moral betreffen. Gleiches hatte auch Benjamin Stein in einer öffentlichen Diskussion im Herbst 2012 gefordert: Kindern muss Moral in der analogen Welt genauso vermittelt werden wie Moral in der digitalen Welt. Die scheinbare Unsichtbarkeit im Netz verleitet so manchen zu unmoralischem Verhalten, der in der analogen Welt noch moralisch handelt. Dazu gehört, den Schülern und Kindern zu vermitteln, was Privatheit in Zeiten der Digitalisierung bedeutet.

Der Problem hierbei ist die Medien-Manipulation der Wahrnehmung. Ein digital Sozialisierter nimmt Privatheit anders wahr als ein analog Sozialisierter. Deshalb sollten Eltern und Lehrer den Kindern Privatheit analog nahebringen, bevor sie diese Verschiebung der Bedeutung mit in ihr Leben und in ihre Generation nehmen. Ansatzpunkt ist hier das moralische Gefühl, das jeder Mensch hat, auch kleine Kinder. Erst durch den »falschen« Input kann diese Moral verschoben, also in der Auffassung anders wahrgenommen werden, als es das Gefühl dem Menschen eigentlich vermittelt. Wenn die Kinder zuerst das Analoge kennenlernen, können sie diese analoge Erziehung mit in die digitale Welt nehmen und dort umsetzen. So können Kinder „vor Fremdbestimmtheit in sensiblen Entwicklungsphasen geschützt werden".[327]

Kinder werden durch die scheinbare Anonymität im Netz gerne einmal dazu verleitet, Dinge zu tun, die sie eigentlich gar nicht tun wollen.[328] Sie werden durch die Anonymität aus ihrer Verantwortung enthoben, bevor sie überhaupt *wirklich* lernen können, was Verantwortung ist.

---

327 Ebd., 15f.
328 Vgl. ebd., 16f.

5.8 Computerspiele

In welcher Heftigkeit digitale Medien den Menschen beeinflussen, wird durch Computerspiele sehr bildhaft deutlich. Die Art des Computerspiels hat Auswirkungen auf das Unbewusste und das entsprechend beeinflusste Handeln.

Die Auswahl der Spiele beschränkt sich zwar nicht allein auf simple Ballerspiele; aber genau diese sind es, die auf die Emotionen des Spielers großen Einfluss haben.

Allein das Töten ist schon negativer Einfluss genug, aber das ist nicht alles. Es ist die ganze Realität, die sich auf die Psyche des Spielers auswirkt. Daher sollte jedem Spieler bewusst sein, dass die fiktiven Emotionen[329] nicht den realen Emotionen entsprechen. Doch die Manipulation durch Rollenspiel, Bilder, Erzählung und Aktion ist so intensiv, dass fiktive und reale Emotionen wohl bei den meisten Spielern verschmelzen. Diejenigen, die diese Verschmelzung verhindern können, sind wohl diejenigen, die sich wieder vom Computerspiel abwenden oder aber nur selten spielen. Der Spieler von *Grand Theft Auto V* wird beispielsweise in eine »Spiele-Realität« gezogen, deren Geschichte den Spieler dazu nötigt, „einen vermeintlichen Terroristen zu foltern. Elektroschocks, Zähne rausreißen, Waterboarding."[330] Und das allein, um die Dramatik zu erhöhen!? Das ist dann im stärksten Sinne „zynisch und geschmacklos"[331], wenn es in ein Computerspiel eingebettet ist, das auf Kommerz angelegt ist und nicht auf Bewusstseinsbildung – was wohl für keines der Computerspiele zutreffen dürfte. Das Foltern eines Terroristen ist ein „provokantes Zitat aus der Realität"[332], jedoch eines,

---

329   Vgl. auch den Begriff: narrative Emotionen des Filmzuschauers, aus: Christiane Voss: „Die leibliche Dimension des Mediums Kino", in: Frank Bösch; Manuel Borutta (Hgg.): *Die Massen bewegen. Medien und Emotionen in der Moderne*, Frankfurt am Main 2006, 63-80, 77; zitiert aus: Plamper, 336. Jedoch interagiert der Computerspieler stärker als der Filmzuschauer und damit erscheinen die Emotionen des Computerspielers realer und weniger narrativ oder fiktiv.

330   David Hugendick: „Fantasialand für Intensivtäter", in: Die Zeit online, 20.09.2013 (03.10.2013).

331   Ebd.

332   Ebd.

das innerhalb eines Computerspiels manipulativ auf die Emotionen des Spielers einwirkt. Der Schock soll Kunden locken – es ist dasselbe Prinzip wie *Sex sells.*

Ein prominentes Beispiel für die Manipulation des realen Denkens und Handelns durch fiktive Spiele ist Prinz Harry. An seiner Ausdrucksweise wird die Beeinflussung durch Computerspiele sehr deutlich:

> »Wenn Leute unseren Jungs etwas Schlimmes antun wollen, dann nehmen wir sie aus dem Spiel«, beschrieb der 28-jährige seine Mission. Bei den Einsätzen habe er auch von seiner Liebe zu Spielekonsolen profitiert. »Ich liebe den Gedanken, dass ich mit meinen schnellen Daumen ziemlich nützlich bin.«[333]

Ein weiterer Aspekt von Manipulation bei einem Computerspiel ist das vernetzte Rollenspiel, in das mehrere reale Spieler eingebettet sind. Der Mensch ist von Natur aus ein soziales Wesen. Warum nicht auch ein Computerspiel darauf auslegen? Das ist so lange unproblematisch, solange diese Spieler nicht zusammen ihre Realitätswahrnehmung negativ verschieben. Im Miteinander Gewalt auszuüben, kann die Wahrnehmung stärker verschieben als ein Ein-Mann-Spiel und entsprechend ungeteilte digitale Bilder. Bekanntermaßen verstärken sich Vorstellungen, wenn diese von anderen Menschen geteilt werden. So wird durch das Ausüben von Gewalt im Miteinander auf fiktiver Ebene auch das Handeln dieser Menschen auf realer Ebene stärker beeinflusst, als wenn ein Spieler alleine in einem Ballerspiel mitwirkt. Die Verschiebung der Wahrnehmung und des sozialen Handelns aufgrund von Gewaltspielen macht auch Manfred Spitzer in seinem Buch *Digitale Demenz* deutlich. Er sagt, Bildschirmmedien im Allgemeinen „schaden dem Einfühlungsvermögen und den sozialen Fähigkeiten und Fertigkeiten".[334] Natürlich ist hier individuell zu unterscheiden, wie viel Gewalt im Spiel ist, zudem sind die sozialen Fähigkeiten unterschiedlich ausgeprägt. Bei einem Laborexperiment stellte sich jedoch heraus, dass diejenigen

---

333 Hendrik Bebber: „Prinz Harry: Lust am Töten war nicht das Hauptmotiv", in: Schwäbisches Tagblatt Tübingen, 23.01.2013 (15.11.2013).
334 Vgl. Spitzer, 196.

bei einem real miterlebten Gewaltakt schneller zur Hilfe eilen, die ein gewaltfreies Computerspiel gespielt haben: „Wer gerade digitale Gewaltszenen erlebt hatte, der war gegenüber der real wahrgenommenen Gewalt abgestumpft."[335] Eine sehr bedenkliche Entwicklungstendenz!

---

335 Ebd., 197-199.

6

MANIPULATION UND MEDIENKONSUM

6.1 Bilder

Digitale Bilder und Apparaturen

Ich kann schon nicht mehr denken, was ich denken will.
Die beweglichen Bilder haben sich an den Platz
meiner Gedanken gesetzt.[336]

Nicht nur die technische Manipulierung digitaler Bilder ist heutzutage eine alltägliche Handlung, was allein schon die Wahrnehmung prägt. Viel mehr Einfluss hat die absichtliche Manipulation der Bilder im Kopf. Das eine ist reine Beeinflussung durch die eigene Handlungsweise, durch den individuellen Umgang mit digitalen Bildern; das andere aber ist Manipulation von Medienkonsumenten durch Apparaturen und deren Erzeugnisse.

Die Gefühle jedes Individuums werden im Kopf in Bilder umgesetzt. Diese Über-Setzung ergibt sich durch Input und Output, durch Reflexion von Innerem und Äußerem. Die Wahrnehmung der Umgebung durch die Sinne ist Input und Output zugleich. Je mehr digitale Medien als unterschiedliche Ebenen im Input agieren, desto mehr werden die Bilder im Kopf des Menschen manipuliert. Diese Manipulierung und die Über-Setzung der Gefühle bedeutet eine Verschiebung der Gefühle. Die Gefühle bleiben nie Original durch die Über-Setzung, je mehr Ma-

---

336 Georges Duhamel: *Scènes de la vie future* (2. Edition), Paris 1930, 52; zitiert aus: Benjamin, Das Kunstwerk im Zeitalter seiner technischen Reproduzierbarkeit, 67.

nipulation dabei im Spiel ist, desto weniger bleibt vom Original in der Über-Setzung enthalten.[337]

Begonnen hat die Manipulation der imaginären Bilder nicht mit den digitalen Medien, sondern schon bei Fotografie und Film. Der Film gibt die Bilder vor. Die Fiktion beim Film scheint nahe an der Realität, weil man die Bilder nicht nur vor dem geistigen Auge sieht. Die Möglichkeit der Inspiration wird durch die vorgegebenen Bilder kleiner, und damit die Möglichkeit der Manipulation größer. Die Suggestion von Realität durch die gezeigten Bilder führt hin zu dem Aufeinandertreffen von Realität und Fiktion im gezeigten Bild. Je mehr vorgegeben ist und je mehr wahrgenommen werden muss, desto größer wird die Möglichkeit zur Manipulation. So kann das Bild die Wahrnehmung vertiefen oder sie verhindern, durch optische und akustische Signale:[338]

> Hier greift die Kamera mit ihren Hilfsmitteln, ihrem Stürzen und Steigen, ihrem Unterbrechen und Isolieren, ihrem Dehnen und Raffen des Ablaufs, ihrem Vergrößern und ihrem Verkleinern ein.[339]

Über die Art der Apparatur wird also bestimmt, wie der Mensch die Umgebung und in der entsprechenden Reflexion auch sich selbst wahrnimmt. Ein gutes Beispiel sind Fotos, sie werden heute nicht mehr als papierne Abbildung gezeigt, sondern oft schon auf dem Smartphone bearbeitet und dann erst präsentiert. Es ist heute nicht mehr die analoge Bildherstellung, die auf die Wahrnehmung von Bildern Einfluss nimmt, sondern die binär codierte, also digitale Bearbeitung, die ein Bild zu dem macht, was der Fotograf präsentieren will. Der Fotograf mit digitalen Werkzeugen hat heute einen viel intensiveren Einfluss auf die Wahrnehmung des Bild-Betrachters: Er kann nicht nur Bilder manipulieren, sondern auch den Betrachter. Genauso wie der Fotograf das

---

337 Als Unterstützung zum Verstehen von der Rolle der Manipulation in der Über-Setzung kann das Unterkapitel Mit-teil-ung dienen.
338 Vgl. Benjamin, Das Kunstwerk im Zeitalter seiner technischen Reproduzierbarkeit, 58.
339 Ebd., 62.

Optisch-Unbewusste manipulieren kann, hat auch der Betrachter Einblick in das Optisch-Unbewusste des Fotografen. Das digitale Bild ist eine Schnittstelle zwischen Betrachter und Fotograf, die tiefgründige Bedeutungen trägt. Wenn beide sich darüber bewusst sind und das Bild nicht als Realität begreifen, sondern als eine veränderte, sogar manipulierte Realität, kann das digitale Bild für beide zur Inspiration anstatt zur Manipulation dienen.

Realität und Imagination

Die Imagination ist ein Bild im Kopf. Es ist rein subjektiv. Sobald ein Bild mit den Augen sichtbar wird, kommt eine objektive Komponente hinzu. Jeder Betrachter sieht dasselbe Bild vor sich, jedoch nimmt nicht jeder dasselbe wahr. Durch die optische Sichtbarkeit, weil ein Bild im Sichtbarkeitsbereich liegt, ist es näher an der Realität, aber noch nicht real. Man könnte auch sagen, es suggeriert Realität, weil es die Menschen im Raum miteinander verbindet. Jeder sieht das Gleiche und doch auch nicht. So ist es auch beim digitalen Medium. Die Imagination durch ein digitales Medium jedoch ist nie dieselbe. Gerade darin liegt das Potenzial für einen kreativen Umgang. Sobald sich der Mensch von der scheinbaren Objektivität leiten lässt, ist er durch das Suggerieren von Realität durch das digitale Medium manipuliert worden. Ist er sich jedoch bewusst, dass jeder das digitale Bild anders wahrnimmt, führt ihn seine Subjektivität, und dann ist Inspiration und Kreativität möglich.

Bilder bekommen mehr Potenzial zur Manipulation, wenn diese immer stärker Realität suggerieren, der visuell wahrgenommenen Realität also immer näher kommen. Aspekte des Bildes, wie Bewegung im Film und Dreidimensionalität, machen dies möglich:

> Unser Vertrauen in das fotografierte, bewegte Bild hat eine kurze Tradition. Davor waren alle Bilder von der Welt gemalt und gezeichnet, das heißt, ganz offensichtlich individuell gestaltet. Mit der Fotografie kam die Idee auf, dass wir nun ein Medium hätten, das ein unverfälschtes, reales Abbild der Wirklichkeit darstellt. Doch diese Vorstellung wurde schnell erschüttert. Das bewegte Bild galt lange Zeit als schwer zu manipulieren.

> Dies ändert sich nun. Eine ähnliche Skepsis und einen kriti-
> schen Umgang, wie wir sie bei der Fotografie und den Print-
> medien gelernt haben, müssen wir uns nun für die bewegten
> Bilder von Film und Fernsehen aneignen. Zugleich sollte man
> nicht in kulturpessimistische Argumentationen verfallen, denn
> gerade für die dokumentarische Form schaffen die heftigen
> Diskussionen um Manipulationen à la Michael Born, um Digi-
> talisierung und journalistische Ethik auch neue Freiräume [...].
> Gerade in der derzeitigen Verunsicherung liegt die Chance,
> sich von langweiligen Konventionen zu verabschieden und
> neue Gestaltungsmöglichkeiten kreativ zu nutzen.[340]

Die Differenz zwischen Realität und Suggestion bringt die Verflech-
tung von analogen und digitalen Bildern in immer stärkerem Maße mit
sich. Ein bewusster Umgang mit dieser Differenz bietet die Möglichkeit, sich sein eigenes Bild von der Welt zu machen, die Welt neu zu
entdecken und sich dabei gleichzeitig seine Subjektivität zu bewahren,
ein *Bewusstsein 2.0* zu entwickeln.

Ausschnitthaftigkeit

Bilder können das Entscheidende ausblenden und verschweigen. Bilder
können nicht zeigen, was ihnen durch ihren Rahmen verwehrt ist. Bilder können bewusst ausblenden, wenn sie Mythen produzieren und ihr
Publikum schonen sollen. Es geht hierbei um die zentrale Frage, wie der
Betrachter die Wirklichkeit wahrnimmt.[341]

Diese Ausschnitthaftigkeit prägt die menschliche Wahrnehmung.
Wer nicht über die visuellen Grenzen hinaus denken kann, ist manipulierbar. Zum wahren Selbst gelangt nur, wer über die Grenzen des
fragmentarischen Ichs hinaussehen kann. Das geschieht durch Reflexion und Einordnung des Kontextes:

> Es geht nicht darum, ob man medial vermittelte Inhalte glaubt,

---

340 Hoffmann, 26.
341 Vgl. Ulrich Rüdenauer: „Die Leichen hinter den Filmen", in: Die Zeit online,
     14.09.2012 (28.11.2013).

sondern darum, sie richtig einzuordnen und den Kontext, in dem sie entstanden sind, zu verstehen. Das ist der einzige Filter gegen Fehlinformationen, den es geben kann.[342]

Das Ich des Betrachters wird – nach dem *Bewusstsein 2.0*, wie es hier dargestellt wird – zum fragmentarischen Ich, wenn der Betrachter die Grenzen des Bildes nicht wahrnimmt und überschreitet. In diesem Falle findet Manipulation anstelle von Reflexion statt. Je mehr Bilder und Bewegung in der Interaktion zwischen vernetztem Menschen und digitalen Medien vorhanden sind, desto weniger Raum und Zeit bleiben zur menschlichen Reflexion aus dem Menschen heraus! Reflexion ausgehend vom digitalen Medium, Reflexion im Sinne der Spiegelung, die eine Suggestion und Täuschung nach sich ziehen kann. Diese findet im Falle von Manipulation statt.

6.2 Worthülsen und Kommunikation: Die Generationen der digitalen Eingeborenen und Einwanderer

Genauso wie das Bild, kann auch die Sprache nur Ausschnitte der Wirklichkeit wiedergeben. Bewusst gesetzte Worthülsen können die Wirklichkeit verschleiern. Das sind zwei verschiedene Ebenen der Beeinflussung. Die Sprache vermag nie das Ganze wiederzugeben, sie vermag nie das ganze Gemeinte wiederzugeben. Die Über-Setzung vom Gemeinten ins Gesagte zieht eine Verschiebung der Wahrheit mit sich. Die bewusst gesetzte Worthülse jedoch beeinflusst nicht nur die Wahrheit im Sinne einer Verschiebung oder ausschnitthaften Darstellung, sondern sie manipuliert im Sinne einer Täuschung. Die Worthülse füttert den Konsumenten zwar, jedoch mit Nonsens. Um der Manipulation entgegenzuwirken, sollte der Konsument die Worthülse durch eigene Reflexion mit Sinn befüllen.

---

342 Oliver Gehrs: „Zweifelt an allem! Beim Fall des TV-Fälschers Born wird übersehen: Fälschung gehört zum Geschäft. Auch in seriösen Medien", in: die tageszeitung, 22.10.1996; zitiert aus: Hoffmann, 25.

Nun ist die Frage, wo Worthülsen auftreten. Sie treten überall dort auf, wo die Wahrheit verschleiert werden soll. Das ist der Fall in der Diskussion über Medienkompetenz. Medienkompetenz suggeriert die Notwendigkeit der technischen Fertigkeiten. Das ist insofern Nonsens, als „technische Fertigkeiten [...] den Menschen nicht vor der Vereinnahmung als Maschinensklave" schützen.[343] Deshalb reicht Medienkompetenz allein nicht aus:

> Diese Aussage bezieht sich auf das extrem verengte, auf technische Fertigkeiten reduzierte Verständnis von Medienkompetenz, das sich – leider – in der öffentlichen Diskussion und sogar bei vielen Medien-Erziehern durchgesetzt hat.[344]

Sinn-volle Medienmündigkeit entsteht dagegen „nur in einem ausgewogenen Verhältnis von Reifung und Förderung".[345] Die Worthülse Medienkompetenz verbirgt also die Tatsache, dass der Mensch Raum und Zeit für sich selbst benötigt. Stattdessen konzentriert sich der medienkompetente Mensch auf die Technik. Eine der schlimmsten Folgen ist, nach der Medienpädagogin Paula Bleckmann, der „schleichende Wandel im Selbst- und Weltbild".[346]

Auch die Bezeichnung »digitaler Einwanderer« ist eine Worthülse. Sie suggeriert, dass es eine Gruppe von Menschen gibt, die technisch völlig unwissend ist.[347] Wenn dieser Nonsens einmal in die Köpfe der Menschen implantiert ist und die Wahrnehmung des Nonsens als »Sens«, also als Sinn, existiert, dann ist es für diese Menschen umso schwieriger, über die Grenzen der Worthülse hinweg zu sehen und die eigene Intelligenz einzusetzen.

Wenn über die Grenzen der Worthülse hinausgesehen wird, kann erkannt werden, dass durch die Verwendung der Worthülsen »digitaler Einwanderer« und »digitaler Eingeborener« eine Kluft zwischen beiden

---

343 Bleckmann, 17.
344 Ebd., 230, Fußnote 10.
345 Ebd., 20.
346 Ebd., 24.
347 Vgl. ebd., 25.

Gruppen entsteht, die derart pauschal nicht existiert. Vielmehr gibt es individuelle Fälle. Bei keiner Klassifizierung wird beachtet, dass jeder Mensch anders aufwächst. Nicht alle heute Dreißigjährigen wachsen mit einem eigenen Computer oder gar mit ständigem Internetzugang auf. Damit ist die Bezeichnung »digitaler Eingeborener« eine Worthülse ohne Sinn.

Es ist natürlich richtig, dass beispielsweise die heutigen Grundschüler viel mehr in diese Gruppe passen. Die Klassifizierung dieser Kinder als »digitale Eingeborene« und ihrer Eltern als »digitale Einwanderer« bedeutet jedoch, dass ein Worthülsenkeil diese Generationen auseinander treiben könnte. Dabei brauchen die digital Sozialisierten ihre analogen Eltern mehr denn je an ihrer Seite, wenn es um den Umgang mit Technik geht. Ist die analoge Wahrnehmung der Welt einmal ausgestorben, was geschieht dann?

Schaut man sich einmal an, wie intuitiv die Computer heute sind und wie intuitiv die digital Sozialisierten damit umgehen, kann beobachtet werden, dass diese sich im Umgang mit den digitalen Medien mehr zutrauen, weil sie mit diesen Medien aufwachsen. Dabei ist natürlich zu beachten, dass diese Generation leichter am Manipulationsort »Intuition« zu treffen ist, andererseits können sie den gesunden Umgang mit digitalen Medien mit Selbstvertrauen auch schneller lernen. Dazu bedarf es aber des analogen Menschen, der den ganz jungen Generationen seine analoge Weltsicht mitgibt, damit die digital Sozialisierten nicht beginnen, dem Computer zu vertrauen – anstatt sich selbst. Mithilfe der analogen Weltsicht kann sich der sogenannte digitale Eingeborene darüber bewusst werden, dass Manipulation durch digitale Medien möglich ist, hat aber gleichzeitig aufgrund seiner Nähe zur Technik auch keine Berührungsängste. Dadurch ist ein gesunder Umgang mit den modernen Medien im Sinne des *Bewusstseins 2.0* möglich.

Das Vertrauen in das Selbst, und nicht das Vertrauen in die Technik, ist allein dann entwickelbar, wenn die junge Generation sich in einer anderen Wahrnehmung spiegeln kann. Nur durch diese Reflexion entsteht das Vertrauen in das Selbst. Ohne dieses wird der Medienkonsument zum unmündigen Menschen. Auch Worthülsen können den Medienkonsumenten zum unmündigen Menschen machen und die beiden

Generationen, deren gemeinsame Kommunikation, historisch gesehen, so wichtig ist, auseinander treiben. Davon sollten die auseinander getriebenen Generationen jedoch wieder wegkommen und sich durch die subjektive Sinnbefüllung der Worthülsen einander wieder annähern, um sich auszutauschen und durch gegenseitige Hilfestellung das Vertrauen in das Selbst zu entwickeln. Das benötigen nämlich auch die analog Sozialisierten, wenn sie gesunden Umgang mit den Medien pflegen wollen, um selbsttätig und selbstbewusst einen Computer bedienen zu können, ohne in technischen Fragen von den digital Sozialisierten abhängig zu sein.[348]

6.3 Public Relations und Werbung

Manipulation oder Inspiration?

In Phasen tiefgreifender Veränderungen sind Menschen leichter zu manipulieren als in stabilen Phasen. So ist es derzeit aufgrund der rasch voranschreitenden Digitalisierung, und so war es zu Beginn des 20. Jahrhunderts, im Zeitalter der frühen Massenmedien. In der damaligen Umwälzung der menschlichen Wahrnehmung entwickelt der 1891 geborene Journalist Edward Bernays, der »Vater« der Public Relations, ein zynisches Gesellschaftsbild einer »Masse«, deren unkontrollierten Herdentrieb man als Ingenieur der Demagogie in die gewünschten Bahnen lenken müsse[349]:

> Bernays ist seinem gänzlich ungebrochenen Selbstverständnis nach ein Ingenieur der Demagogie. Er selbst nennt Dampfmaschine, Druckerpresse und staatliche Bildung als Parameter dieser neuen Zeit, in der die Industrielle Revolution der Demokratie eine Massengesellschaft beschert habe, die dementsprechend nur noch durch Massenkommunikation zu führen sei. [...] Für den Journalisten Bernays vermischen sich hier mit

---

348 Dazu ist die Publikation *Netzgemüse. Aufzucht und Pflege der Generation Internet* von Tanja und Johnny Haeusler eine aufschlussreiche Lektüre.
349 Vgl. Kocks, Vorwort, in: Bernays, 12f.

der zeitgenössischen Massenpsychologie eines Gustave Le Bon und der industriellen Massenproduktion des Ford'schen Fließbandes zwei Vorstellungswelten. Sie finden sich wieder in der Theorie einer neuen politischen Klasse, die der Macht kommunikativ zu ihrer Macht verhilft und dem Geschäft kommunikativ zu seinem Geschäft.[350]

Macht-Hierarchie und Konsum sind zwei Aspekte, die zur Manipulation innerhalb dieser Propaganda dienen. Als Demagoge, – der wörtlichen Bedeutung nach – als »Führer« eines Volkes, definierte Bernays Propaganda als demokratisches und kommunikatives Instrument.[351] Tatsächlich aber handelt es sich bei dieser Art von Propaganda um eine extreme Interpretation des Wertes von Konsumartikeln. Der (gesundheitliche) Wert des Menschen spielt hierbei oft keine (Haupt-) Rolle, je nachdem wie viel der PR-Agent weiß oder nicht weiß. Aufgrund des negativ besetzten Begriffes Propaganda durch die Verwendung von Bernays' Werk durch Joseph Goebbels, spricht Bernays in späteren Jahren nicht mehr von Propaganda, sondern von Public Relations.[352] Aber auch dieser Begriff offenbart das Beziehungsgeflecht, die Interaktion auf Kommunikationsebene, die aus Manipulation zwischen »Manipulator« und »Opfer« besteht. Abgesehen von dieser historischen Ebene, sollte vor allem auch die inhaltliche Begriffsebene klar sein: PR und Propaganda sind beides Formen von Kommunikation, die eine legitim, die andere illegitim[353] – aus heutiger Sicht. Es ist natürlich immer eine Sache der Interpretation:

> Eine integre PR weist Identität, Intention, Ideologie und Interessen aus: Sie lässt prinzipiell erkennen, wer spricht, was er beabsichtigt, wes Geistes Kind er ist und mit wessen Geldern finanziert wurde.[354]

---

350 Ebd., 12.
351 Vgl. ebd., 11.
352 Vgl. ebd., 13.
353 Vgl. ebd., 14.
354 Ebd.

Wie sieht also die PR-Arbeit oder die Propaganda im Konkreten aus? Bernays wurde von Unternehmen zur Umsatzsteigerung engagiert. Für die Firma *British American Tobacco* lancierte er im Jahre 1929 eine Kampagne, in der Zigaretten als »Fackeln der Freiheit« interpretiert wurden. Auf der traditionellen New Yorker Osterparade entzündeten Frauen öffentlich diese »Fackeln«, was am nächsten Tag in den Zeitungen als landesweiter Aufmacher genutzt wurde. Die fiktive Geschichte um die Zigaretten als Freiheitssymbol funktionierte deshalb, weil es Frauen in den USA bis dahin gesetzlich verboten war, zu rauchen. Diese Art von Manipulation ist heute nicht mehr möglich, denn es sickerte doch irgendwann das Wissen über die Schädlichkeit von Tabak durch die Medien, und Bernays selbst wurde später zum Tabakgegner. Diese kommunizierte Symbolik der Freiheit scheint aber bis heute mit diesem Konsumartikel in Verbindung gebracht zu werden, gilt die Zigarette doch auch heute noch in vielen jugendlichen Kreisen als Zeichen der Rebellion.[355]

Die Geschichte, die durch eine PR-Arbeit erzählt wird, die sich auf interaktiver Kommunikationsebene zwischen den Akteuren abspielt, ist immer eine fiktive Geschichte. Frauen zu suggerieren, sie würden durch eine Zigarette Freiheit erfahren, ist eindeutig Fiktion, das wird mit dem heutigen Wissen über Tabak deutlich. Diese fiktionale Ebene ist Teil der Konsumwelt, Teil der PR und Teil der Werbung.

Die klassische Konsumkritik nennt diese fiktionale Ebene eine leere Versprechung durch Werbung[356], im Falle der Zigaretten ist es das wohl auch. Doch in Bezug auf andere Konsumprodukte, wie beispielsweise den Computer, möchte ich darauf hinweisen, dass Fiktion nicht gleichzeitig in jedem Falle eine Lüge bedeuten, also negativ besetzt sein muss.

So wirft auch Wolfgang Ullrich einen neuen Blick auf die klassische Konsumkritik: Fiktion kann auch zur Inspiration dienen.[357] Derart wird

---

355 Vgl. zur Geschichte Bernays und seinen Kampagnen: Dirk Schäfer: „Der Beginn des Doktor Spin", in: Süddeutsche online, 19.05.2010 (08.12.2013).

356 Vgl. „Das Kaufen als warenästhetische Erziehung", in: Kulturzeit online, 3Sat, 27.03.2013 (03.12.2013).

357 Vgl. ebd.

die fiktionale Ebene des Konsums Teil der Bewusstseinswerdung, Teil der Evolution hin zum *Bewusstsein 2.0.*

Aufgrund der computerisierten Vernetzung erfährt der Mensch einen Mehrwert: Er kann die digitalen Medien inspirativ nutzen. Der Computer bringt einen Mehrwert, nicht nur für den vernetzten Menschen in seinem privaten Alltag, sondern auch für die Lebensqualität und den kulturellen Aspekt, welche die derzeitige Digitalisierung mit sich bringt.[358] Doch hierbei sollte der von Werbung beeinflusste Mensch beachten, ob er sich bewusst beeinflussen oder unbewusst manipulieren lässt. Man kann sich durchaus von Werbung beeinflussen lassen, denn wenn es gewollt geschieht, handelt es sich um Inspiration, die zu etwas Gutem führen kann.

Die Werbung ist tief in den Alltag integriert. So ist es nicht erst seit Erfindung des Internets allein die bewegte Werbung, die den Alltag des vernetzten Menschen steuern kann, sondern es ist auch die analoge Produktpalette, die zu Hause im Badezimmer und in der Küche steht.[359] Schon die illustrierte Zeitung – „ein propagandistisches Medium im Interesse einer bestimmten Idee"[360] – kann zum richtigen oder falschen Wegweiser[361] werden, mit der Hinzufügung der Sprache zum Bild, was in der Kombination zu einer starken fiktionalen Ebene wird. In den illustrierten Zeitungen

> ist die Beschriftung zum ersten Mal obligat geworden. Und es ist klar, dass sie einen ganz anderen Charakter hat als der Titel eines Gemäldes. Die Direktiven, die der Betrachter von Bildern in der illustrierten Zeitschrift durch die Beschriftung erhält, werden bald darauf noch präziser und gebieterischer als im Film, wo die Auffassung von jedem einzelnen Bild durch die Folge aller vorangegangenen vorgeschrieben erscheint.[362]

---

358 Vgl. ebd.
359 Vgl. ebd.
360 Bernays, 129.
361 Vgl. Benjamin, Das Kunstwerk im Zeitalter der technischen Reproduzierbarkeit, 32.
362 Ebd.

Dass die fiktive Ebene der illustrierten Zeitungen großen manipulativen Einfluss hat oder hatte, zeigt das noch allgemein gängige Schönheitsideal der dünnen und jungen Frau. Mittlerweile kommen immer mehr Meinungen hinzu, die dieses Schönheitsideal aus einem anderen Blickwinkel betrachten, vor allem die extreme Beschreibung dieses Schönheitsideals als pädophile Neigung aufgrund der Aspekte des geringen Gewichts und des jungen Alters. In illustrierten Zeitungen, vor allem der 80er und 90er Jahre, waren diese Aspekte in der Darstellung von Frauen sehr ausgeprägt. Der weibliche Betrachter solcher Bilder formt sich (unbewusst) durch diese Manipulation sein Schönheitsideal und versucht diesem nachzueifern, was bedeutet, dass sich die Produkte, die zu diesem Schönheitsideal »gehören«, massenweise verkaufen.

Was dieses Schönheitsideal angeht, haben die *digitalen* Medien sicherlich einen positiven Einfluss auf die Prägung neuer Meinungen. Durch die sehr verschiedenen Medien »illustrierte Zeitung« und »Internet« haben Betrachter und Nutzer Vergleichsmöglichkeiten und können so neu reflektieren und sich ein neues, vielleicht eigenes Bild des gängigen Schönheitsideals machen.

Durch Werbung in illustrierten Zeitungen entstand also schon eine manipulierte Selbstwahrnehmung. Die gebieterischen Direktiven sorgen dafür, dass Frauen sogar mit Kleidergröße 38 denken, sie seien zu korpulent. Die fiktive Ebene, die erzählte Geschichte, die durch Werbung immer mitgeliefert wird, suggeriert ein Schönheitsideal, das vom wahren Ich ablenkt. Die wahre Ebene ist die Selbstwahrnehmung, welche durch die fiktionale Ebene in der Werbung gestört werden kann, wenn es der Konsument zulässt und nicht reflektiert. Die fiktionale Ebene des Schönheitsideals kann aber auch zur Bewusstwerdung dienen, um dahin zu gelangen, sich selbst wahrzunehmen. Dieses Beispiel zeigt, dass auch ohne Werbung im Netz der Mensch schon grundlegend durch Werbung fremdgesteuert sein kann. Mit interaktiver digitaler Werbung kann der Mensch noch stärker manipuliert werden. Das Medium Internet kann aber dazu dienen, bestehende Meinungen zu überdenken und neue Denkmuster zu bilden, wie Sherry Turkle das in *Leben im Netz* beschreibt.[363]

---

363 Vgl. Turkle, Leben im Netz, 31.

Steuerprozesse

Edward Bernays leitet sein Werk *Propaganda. Die Kunst der Public Relations* mit einer Forderung nach manipulativen Steuerprozessen ein:

> Die bewusste und zielgerichtete Manipulation der Verhaltens-
> weisen und Einstellungen der Massen ist ein wesentlicher Be-
> standteil demokratischer Gesellschaften. Organisationen, die
> im Verborgenen arbeiten, lenken die gesellschaftlichen Abläu-
> fe. Sie sind die eigentlichen Regierungen in unserem Land. Wir
> werden von Personen regiert, deren Namen wir noch nie ge-
> hört haben. Sie beeinflussen unsere Meinungen, unseren Ge-
> schmack, unsere Gedanken. Doch das ist nicht überraschend,
> dieser Zustand ist nur eine logische Folge der Struktur unserer
> Demokratie: Wenn viele Menschen möglichst reibungslos in ei-
> ner Gesellschaft zusammenleben sollen, sind Steuerungspro-
> zesse dieser Art unumgänglich.[364]

Eine Forderung von Steuerprozessen ist auf die digitale Gesellschaft übertragbar. Wenn dies eine Gesellschaft sein soll, in der selbstbestim-mende Individuen mit subjektiven Meinungen leben können, muss die Steuerung aus jedem Individuum heraus kommen und nicht von au-ßen. Wenn ein Monopolist alle vernetzten Menschen von außen steuert, dann haben wir wieder den Fall der Bernayschen Propaganda. Wenn der Mensch ein Bewusstsein für die Gegenwart entwickeln will, soll-te er aus der Geschichte lernen, und die Bernaysche Steuerung nicht wieder zulassen. Wer inspiriert und nicht manipuliert leben will, sollte darauf achten, dass er sich selbst steuert und nicht den Manipulations-strukturen unterliegt.

Eine Forderung nach Steuerprozessen aus dem Individuum heraus ist deshalb zurzeit wieder akut, da beim heutigen vernetzten Menschen die Werbung im Netz in potenzierter Form zu den Manipulationen aus der analogen Werbung kommt. Deshalb sollte er ein Bewusstsein ent-

---

364 Bernays, 19.

wickeln, das zumindest die perfide Art von Werbung herausfiltert, so dass der Mensch dieser Werbung gar keine Aufmerksamkeit schenken muss. Doch bis zu dieser Filterung reicht *nicht jedes* psychische Immunsystem *aller* vernetzter Menschen, zudem kommt jeder zu einem bestimmten Punkt in seinem Leben an seine biologischen und mentalen Grenzen. Ein Fenster, das den Inhalt der Website, auf die man seine Aufmerksamkeit richtet, plötzlich komplett verdeckt, um die menschliche Aufmerksamkeit zu erheischen – diese Art von Werbung ist kaum animierend zu einem inspirierten Informationsaustausch. Vielmehr führt diese Interaktion der Werbung, wenn sie quantitativ zunimmt, zur Reizüberflutung und zum Stillstand des psychischen Immunsystems – ein Teufelskreis, wenn man sich nicht selbst zu helfen weiß.

Der vernetzte Mensch sollte sich *für* seine mentale Gesundheit *gegen* diese perfide Seite der Konsumwelt wehren. Das ist möglich, indem man selbst die Einstellungen des Internetbrowsers technisch manipuliert. AdBlock, beispielsweise, ist eine (kostenlose) Browser-Erweiterung, die Werbung im Netz blockiert. Problematisch ist hier jedoch die Tatsache, dass damit *jegliche Art* von Werbung blockiert wird, solange man die Einstellungen dementsprechend hält. Es gibt ja nicht nur perfide und ungehörig aufdringliche Werbung, sondern auch *zurückhaltende*, die zusammen mit einer bewussten Haltung durchaus zur Inspiration dienen kann – immer mit dem Wissen, dass es eine fiktive Ebene ist, die man in sein Leben integriert, die aber dann keine negativen Auswirkungen hat, wenn es um inspirative Integration geht. Um diese zurückhaltende Werbung zuzulassen, bedarf es einer technischen Einstellung des Ad-Block. So kann man AdBlock nur für bestimmte Internetseiten deaktivieren.

Personalisierung und das freie Selbst

Angesichts der derzeitigen Diskussion um Algorithmen als die Programmdirektoren unseres Lebens[365] gewinnt das folgende Zitat wieder an schmerzvoller Aktualität:

---

365 Vgl. Schirrmacher, Payback, 18.

Theoretisch bildet sich jeder freie Bürger seine eigene Meinung zu Fragen des öffentlichen Lebens wie zu seinem eigenen Verhalten. In der Praxis ist es jedoch kaum möglich, sich mit jedem komplexen ökonomischen, politischen und ethischen Zusammenhang auseinanderzusetzen oder gar eine eigene Position dazu zu beziehen. Vermutlich käme man nicht in einem einzigen Fall zu einem befriedigenden Ergebnis. Weil dem so ist, haben wir uns freiwillig darauf geeinigt, dass unsichtbare Gremien sämtliche Daten filtern, uns nur noch die wesentlichen Themen präsentieren und damit die Wahlmöglichkeiten auf ein verdauliches Maß reduzieren.[366]

Das Filtern von Daten wird in der digitalen Sphäre Personalisierung genannt. So bekommt jeder Google-Nutzer ein anderes Suchergebnis angezeigt, was beim einen Nutzer als erstes Suchergebnis erscheint, bekommt der andere vielleicht gar nicht in seiner Google-Ergebnisliste vorgeschlagen – eine immer manipulativere Form von Public Relation. Es ist die Verhaltensanalyse der vernetzten Menschen aufgrund wirtschaftlicher Interessen.

Dabei sollte jedoch klar sein: Personalisierung ist keine wahre Personalisierung, denn bei der Google-Suche erscheint nicht, was man sich bewusst ausgewählt hat, wie bei einer App, sondern der Google-Personalisierer schickt einem das, wovon *er* glaubt, dass man es bräuchte! Nicht jeder Klick ist ein bewusster. Viele Klicks geschehen schon aufgrund von Manipulation! Wenn man die Suchmaschine ohne dieses Wissen nutzt, kann man Gefahr laufen, sich von seinem wahren Ich zu entfernen. Vor allem der Aspekt der Selbstbestimmung und der Inspiration können hierbei verloren gehen. Das wahre Selbst ist ein freies Selbst, jedoch hat dieses in der digitalen Realität keine Lebensgrundlage und keinen Raum. Bernays schreibt weiter:

Die unsichtbaren Herrscher kennen sich auch untereinander meist nicht mit Namen. Die Mitglieder des Schattenkabinetts

---

366 Bernays, 20.

regieren uns dank ihrer angeborenen Führungsqualitäten, ihrer Fähigkeit, der Gesellschaft dringend benötigte Impulse zu geben, und aufgrund der Schlüsselpositionen, die sie in der Gesellschaft einnehmen. Ob es uns gefällt oder nicht, Tatsache ist, dass wir in fast allen Aspekten des täglichen Lebens, ob in Wirtschaft oder Politik, unserem Sozialverhalten oder unseren ethischen Einstellungen, von einer (angesichts von 120 Millionen US-Bürgern) relativ kleinen Gruppe Menschen abhängig sind, die die mentalen Abläufe und gesellschaftlichen Dynamiken von Massen verstehen. Sie steuern die öffentliche Meinung, stärken alte gesellschaftliche Kräfte und bedenken neue Wege, um die Welt zusammenzuhalten und zu führen. [...] Mithilfe von Druckerpresse, Zeitung, Eisenbahn, Telefon, Telegraf, Radio und Flugzeug können Gedanken rasch, ja sogar zeitgleich im ganzen Land verbreitet werden.[367]

Genauso wie zu Lebzeiten Bernays' Individualität und Subjektivität in von oben eingegebene Transparenz und einheitliche Meinung umdiktiert, transformiert und manipuliert wurden, von einer kleinen Gruppe Menschen mittels der PR und/oder Propaganda, geschieht es auch heute noch. Allein die analoge Maschinerie hat sich in eine digitale verwandelt.

Durch diese immer massivere Form von Public Relation wird das ökonomische Interesse immer unkenntlicher, eingebettet in jeden Klick. Die Chronik, die durch jeden Klick entsteht, erscheint im gesamten Surfverhalten noch abstrakt, wird aber bei Facebook konkret. Die Facebook-Chronik oder Timeline ist eine Art Biografie. Das ökonomische Interesse wird hier in die persönliche Biografie eingebunden, beispielsweise die Plattform Pinterest. Interessen sind hier nicht mehr Interessen, um andere Personen besser kennenzulernen, sondern ökonomischer Faktor. Der Facebook-Nutzer wird ungewollt zu demjenigen, der die virale Werbung verbreitet[368]:

---

367 Ebd., 19-21.
368 Vgl. Eike Kühl: „Der nächste Schritt zum umfassenden Biografie-Portal", in: Die Zeit online, 29.03.2012 (30.11.2013).

Dadurch, dass Nutzer Apps in ihrer Timeline nutzen, verbreiten sie den Dienst oder das Produkt dahinter – virale Werbung, die funktioniert, weil sie mit der Bewertung eines Bekannten verknüpft ist. Je mehr Freunde einen Dienst benutzen, desto größer die Wahrscheinlichkeit, dass man sich selbst anmeldet.[369]

Ist die Tatsache, dass ein Nutzer das ökonomische Interesse nicht erkennt, schon subliminale Werbung?

Subliminale Werbung

Subliminal bedeutet unterschwellig. So gilt, laut Edward Bernays, schon „der amerikanische Film [als] das größte unterschwellige Propagandamedium"[370] im Zeitalter der frühen Massenmedien:

Er eignet sich hervorragend zur Verbreitung von Meinungen und Ideen. Filme können die Gedanken und Gewohnheiten einer ganzen Nation prägen. Es werden Filme produziert, von denen man erwartet, dass die Leute sie sehen wollen – und deshalb werden darin eher selten neue Denkanstöße gegeben, sondern man bedient die Nachfrage, indem populäre Tendenzen aufgegriffen, betont oder gar übertrieben werden. Der Film beschäftigt sich nur mit Themen, die gerade im Trend liegen. So wie die Zeitung Nachrichten liefert, liefert der Film Unterhaltung.[371]

Public Relation oder Propaganda bedeutet, bestimmte Meinungen zu verbreiten. Werbung bedeutet das konkrete ökonomische Interesse unter Kenntlichmachung der Kommunikationsorte. Wenn das unterschwellig geschieht, dann in vielen Fällen, wie beim Nutzerverhalten in der Facebook-Timeline, deshalb, weil der Nutzer nicht reflektiert und das ökonomische Interesse, das hinter der Einbindung von Likes steht, nicht erkennt. Wenn Werbung nicht wahrgenommen werden kann, dann

---

369 Ebd.
370 Bernays, 131.
371 Ebd.

ist das unterschwellige Werbung. Jedoch ist es nicht in jedem Falle beabsichtigte subliminale Werbung; denn bei der Facebook-Timeline sind es wohl nur die nachlässigen Plattform-Nutzer, die das ökonomische Interesse nicht erkennen. Es gehört zum *Bewusstsein 2.0*, ökonomische Interessen zu erkennen, um sich gegen Manipulation schützen zu können. Technische Neuerungen bringen technische Veränderungen mit sich und damit auch eine neue Denkweise. Diese sollte eine bewusste sein, um die Veränderungen wahrzunehmen, um selbstschützend darauf reagieren zu können.

6.4 Kommerzielle Technik als gefälschte Religion

Walter Benjamin spricht in *Das Kunstwerk im Zeitalter seiner technischen Reproduzierbarkeit* von der Säkularisierung des Kunstwerks. Benjamin leitet vom Verfall der Aura des Kunstwerks die Säkularisierung ab. Das heißt, das Kunstwerk verliert seine Transzendenz. Bei Apple hingegen ist eine neuerliche Hinzufügung von Transzendenz zu beobachten. Jedoch ist das nur eine scheinbare Transzendenz, die eine gefälschte Welt[372] ausmacht, denn diese Welt basiert auf Kommerz. In dieser gefälschten Welt werden der Technik religiöse Aspekte zugeschrieben.

In einem ARD-Bericht[373] hat eine Design-Studentin die Präsentation des iPhone in der Verpackung mit der Präsentation auf einem Altar verglichen. Andere Apple-Jünger stehen für das neue iPhone zwölf Stunden in der Schlange.

Die Technik bekommt einen immer höheren Stellenwert, denn die Technik ist es, die quantitativ schon vor längerer Zeit in die Privaträume der Menschen in Form von technischen Massenprodukten Einzug gehalten hat.[374] Dieser Zeitgeist, die Kommerzialisierung, bringt die Basis für eine Verschiebung der Definition eines Kunstwerks mit sich: Tech-

---

372 Manfred Lütz beschreibt diese Art von gefälschten Welten in *Bluff! Die Fälschung der Welt.*
373 „Apple infiziert?", ARD, 04.02.2013.
374 Vgl. auch Benjamin, Das Kunstwerk im Zeitalter seiner technischen Reproduzierbarkeit, 24.

nik ist nicht mehr allein Kunst, sondern Religion. Technik hat derart einen Kultstatus inne:

> Die ursprüngliche Art der Einbettung des Kunstwerks in den Traditionszusammenhang fand ihren Ausdruck im Kult. Die ältesten Kunstwerke sind, wie wir wissen, im Dienst eines Rituals entstanden, zuerst eines magischen, dann eines religiösen.[375]

Den religiösen Kult gibt es in veränderter Form bei Apple. Der religiöse Aspekt rührt zum Beispiel von der Art der Ankündigung der Neuheiten des Konzerns her. Hierbei spielt der Konzern mit den Eigenschaften eines Kunstwerks, wie dem Ritual, auf dem „der einzigartige Wert des […] Kunstwerks"[376] fundiert. Im Ritual hat das Kunstwerk „seinen originären und ersten Gebrauchswert"[377]. Aber nicht nur auf der publizistischen Ebene der Ankündigung, sondern auch auf privater Ebene liefert das Apple-Produkt die Möglichkeit zum Ritual. Nicht nur das iPhone, alle Smartphones können als Wecker benutzt werden und werden damit Teil eines der privatesten Riten. Damit ist das Smartphone dem Menschen sehr nahe, das iPhone im Speziellen entzieht sich jedoch in gewisser Weise der menschlichen Nähe, denn es ist so fest verschalt, dass der Besitzer den Akku, im Falle eines Defekts, nicht selbst austauschen kann. Der Besitzer muss für das Auswechseln des Akkus mindestens eine Serviceleistung in Anspruch nehmen oder aber ein neues Gerät kaufen. Das iPhone spielt also mit der raumzeitlichen Wahrnehmung, mit der Unnahbarkeit, die „eine Hauptqualität des Kultbildes"[378] ist.

Es ist jedoch ein falsches oder unmoralisches Kultbild, das dem iPhone oder anderen Produkten von Apple zugesprochen wird, denn hinter jeglichem Wert steht auch die Unmenschlichkeit in der Herstellung. Leider ist das bei vielen kommerziellen Produkten der Fall, welche die Luxusgesellschaft der westlichen Welt ausmachen. So kann man sich dieser Unmoral in der westlichen Welt, auch mit dem *Bewusstsein 2.0*,

---

375 Ebd., 21.
376 Ebd., 22.
377 Ebd.
378 Ebd.

nur schwer entziehen. Dieses Bewusstsein nimmt aber immer mehr zu, immerhin ist derzeit schon das sogenannte Fairphone[379] auf dem Markt.

Wenn man einmal die Studentin betrachtet, welche die Präsentation des iPhones mit einem Altar vergleicht, und die Apple-Jünger, die zwölf Stunden für das neue iPhone in der Schlange stehen, und gleichzeitig die Unmoral bei der Herstellung der Teile für die Apple-Produkte heranzieht, dann wird eine Diskrepanz zwischen zwei Lebensweisen deutlich. Die manipulierten Apple-Jünger sind, laut Apple-Verkaufszahlen, noch in einer Übermacht. Sie wollen die Herstellungsbedingungen nicht sehen oder kennen. Der oben genannte ARD-Bericht lieferte folgendes Beispiel: Manche Firmen, die für Apple produzieren, zahlen im Schnitt einen Stundenlohn von einem Euro. Acht Stunden pro Tag ist die offizielle Arbeitszeit, wofür 177 Euro im Monat bezahlt werden, was für den Lebensunterhalt der ArbeiterInnen nicht ausreicht, deshalb arbeiten die meisten länger, und zwar zwölf Stunden pro Tag im Stehen! Das sind sechzig Stunden pro Woche und damit mehr, als es das Gesetz erlaubt. Aufgrund des niedrigen Lohnes sind die meisten ArbeiterInnen dazu gezwungen, in firmeneigenen Wohnheimen zu leben, wo zum Beispiel acht Menschen auf einem Zimmer leben, vor dessen Fenster Gitternetze angebracht wurden, um Selbstmorde einzudämmen. Es gibt auch Schlafräume ohne Fenster in dieser Größenordnung. Räume, in denen geschlafen und gleichzeitig die Wäsche getrocknet wird. Moral und Kommerz haben sich immer schon ausgeschlossen, und innerhalb dieser unmoralischen Welt des Kommerzes findet die Manipulation ihren angestammten Platz.

Der Manipulationsort, den das iPhone angreift, ist nicht der präfrontale Kortex, der Vernunftsbereich, wie bei den Samsung-Produkten, sondern das Hirnareal, das Emotionen hervorbringt, hieß es in dem Bericht. Es ist das Areal, das mit dem Bauchgefühl in Zusammenhang steht, das Areal, das Emotionen mit menschlichen Gesichtern in Zusammenhang bringt, wodurch die Apple-Produkte mehr Emotionen dem Gerät gegenüber wecken, als es ohne diese Manipulierung des entsprechenden Hirn-Areals der Fall wäre. Dadurch werden Emotionen

---

379 Vgl. http://www.fairphone.com/.

aus dem analogen Bereich vom Menschen weg und hin zum digitalen Objekt geleitet.

So kann ein digitales Objekt vermenschlicht werden, und es wird ihm ein religiöser Wert zugeschrieben. Das liegt vor allem an der geschickten Manipulation des Konzerns. Apple nutzt die Neugierde der Menschen aus, kündigt nicht nur die Produkte selbst an, sondern auch die Ankündigung an sich, und schürt die Neugierde damit doppelt. Und die Medien spielen dieses Spielchen mit.[380]

Die Manipulation bewirkt, dass die Apple-Jünger den technischen Produkten mehr zuschreiben, als die Produkte zu leisten vermögen. So ist das technische Werkzeug scheinbar autonom geworden, wie Weizenbaum in seiner Publikation *Die Macht der Computer und die Ohnmacht der Vernunft* schreibt.[381] Die Apple-Jünger machen das technische Produkt und den Konzern – unbewusst – zu einem autonomen Instrument, von dem sie sich führen lassen.

Die Manipulation bewirkt weiter, dass einem technischen Produkt überhöhte Kompetenzen und ein überhöhter Wert zugeschrieben werden. Schnell mutet diese Überhöhung religiös an. Darin wird der Außenwelt Transzendenz zugesprochen und damit den Algorithmen die Macht gegeben, den Menschen zu berechnen. Ist das wahre religiöse Transzendenz? Wenn der Mensch an seine Berechenbarkeit glaubt, die ihm durch Algorithmen unterstellt wird, dann erkennt er nicht mehr seine eigene Transzendenz. Er sieht diese nicht mehr in sich selbst, sondern in der Technik und dem dahinter stehenden Konzern. Manfred Lütz bezieht die Berechnung des Menschen im folgenden Zitat auf das Unternehmen Facebook. Die Aspekte Kommerz und Transzendenz sind von diesem speziellen Fall auf den Fall der Apple-Jünger übertragbar:

> Nach christlicher Auffassung ist der Mensch nicht ein berechenbarer Roboter, sondern letztlich ein Geheimnis, und genau das ist es, was ihn zum Abbild Gottes macht, der im Kern ebenso Geheimnis ist. In dieser Geheimnishaftigkeit liegt die

---

380 Vgl. „Apple infiziert?", ARD, 04.02.2013.
381 Vgl. Weizenbaum, Die Macht der Computer und die Ohnmacht der Vernunft, 44f.

Würde des Menschen begründet. Wenn jemand zu seiner Frau sagt: »Ich kenne dich ganz genau, du bist für mich wie ein offenes Buch«, dann ist das vielleicht das Respektloseste, was man zu einem anderen Menschen sagen kann, dann billigt man ihm keine Freiheit, keine Veränderungsmöglichkeit, keine eigene geistige Lebendigkeit zu. Das Ziel von Facebook aber ist offenbar genau das, den Menschen völlig durchsichtig und berechenbar zu machen, und damit […] letztlich völlig belanglos. […] Wenn die Reduktion des Menschen auf das, was man von ihm wissen kann, bei Facebook ungehemmt so weitergeht, werden wir irgendwann von jedem alles wissen, aber niemanden mehr wirklich verstehen. Das wäre [zwar] ein technischer Fortschritt[382]

gleichzeitig aber auch eine anthropologische Ver-rückung. Unsichtbar wird dem Menschen seine Transzendenz durch seine Transparenz, und er sucht die Transzendenz im Äußeren, statt in seinem Inneren. Der Mensch wird aus dem Mittelpunkt seiner eigenen Wahrnehmung gerückt. An dessen Stelle rückt die Technik in den Mittelpunkt seiner Wahrnehmung auf quasi religiöser Ebene.

Wenn der vernetzte Mensch seine Wahrnehmung umwandelt, indem er die Technik als Massenprodukt betrachtet, dessen Herstellung an vielen Stellen mit Unmoral einhergeht, wenn er der Technik den gefälschten religiösen Aspekt abspricht, kann er den Kommerz dahinter sehen und die Manipulationstechniken in den Produktankündigungen – und sich selbst dadurch in neuem Licht betrachten. So kann der Mensch wieder Transzendenz aus sich selbst heraus schöpfen, in einem bewussten Umgang *mit* seinem technischen Produkt, und sich gleichzeitig darüber klar werden, wie viele technische Produkte er wirklich benötigt. Ob nicht vielleicht der Besitz des iPhone 4s genügt, auch wenn das neue 5c schon groß angekündigt und die Neugier des Apple-Nutzers geweckt wurde.

---

382 Lütz, 100f.

7

DIE PLURALITÄT DER WELTEN

Durch die digitalisierte Umgebung, durch die Integration digitaler Geräte in die Umgebung der Pluralität der Individuen, entsteht eine Pluralität der Welten, die es für einen Umgang mit den digitalen Geräten, also für ein Bewusstsein darüber, zu beschreiben gilt. Immer steht das Individuum im Zentrum, das einen inneren Raum und einen äußeren Raum wahrnimmt, gefiltert über die Umgebung und die Art der Medien, die in diese Umwelt integriert sind. Es existieren also nicht nur die analoge und die digitale Welt. Diese sind vielmehr in komplexer Art miteinander vernetzt – aber mit dem Individuum im Zentrum! Durch dessen Wahrnehmung entstehen verschiedene Räume, beeinflusst durch Erinnerung und Gedächtnis, durch Erleben und Lebensziel. Auch das jeweilige Alter der Individuen führt zu unterschiedlichen Wahrnehmungsräumen beziehungsweise zu unterschiedlichen Welten.

Die Pluralität der Welten entsteht also durch die Räume der Wahrnehmung der verschiedenen Individuen. Diese verschiedenen Räume und Welten münden in ein kollektives Bewusstsein, einen weiteren Raum innerhalb der Pluralität der Welten.

War der Computer anfänglich noch als Hilfsmittel gedacht, als reines Werkzeug, ist er nun Teil der menschlichen Umgebung. Der Mensch scheint sich durch die Digitalisierung selbst zu vervielfältigen und wie Spinnen Netze aufzubauen, in denen der Mensch aber gleichzeitig auch die Fliege ist. Wir sind an jener Stelle der Digitalisierung angekommen, an welcher der Mensch sich wieder von der Fliege zur Spinne zurückverwandeln muss. Er muss sich selbst ins Zentrum seines Netzes, sich selbst ins Zentrum seiner Wahrnehmung und Aufmerksamkeit rücken. Gleichzeitig muss er seine Umgebung wieder mit wachen Sinnen wahrnehmen.

7.1 Differenzierung zwischen »analog« und »digital«

Immer öfter wird die Frage gestellt, ob die analoge Welt noch als Realität gelten kann, denn es gibt eindeutig Korrelationen zwischen »analog« und »digital«, welche die bisherige analoge Realität verzerren oder umdefinieren. Es ist nicht das Anliegen dieses Buches, die Realität neu zu definieren, aber es gilt festzuhalten: Unter »Realität« wird die kollektive Vernetzung digitaler Geräte mit der Umgebung und mit jedem Individuum verstanden. Deshalb genügt die Differenzierung zwischen »analog« und »digital« nicht.

Doch um die Kluft zwischen einzelnen Individuen zu erfassen, muss die Differenzierung zwischen »analog« und »digital«, zwischen offline und online, sehr wohl vollzogen werden. Es gibt, von der Entwicklung der Digitalisierung her gesehen, Individuen, die praktisch ständig online leben, und Individuen, die ausschließlich offline leben. Das ist der krasseste Fall mit der größten Kluft. Die erste Gruppe geht in Richtung des digital Sozialisierten. Die junge Generation, diejenige, die mit dem Netz aufwächst, lebt praktisch – was die digitale Vernetzung anbelangt – in einer völlig anderen Welt als ältere Generationen, die analog Sozialisierten. Es scheint sich eine schizophrene Struktur in unserer Gesellschaft zu etablieren.

Was kann sich zwischen diesen beiden Gruppierungen abspielen? Kann ein gesunder, verständnisvoller Kontakt stattfinden? Die aktuellen Diskussionsrunden über den Stand des Digitalisierungsprozesses und der Rolle des Menschen darin beweisen das Gegenteil. Es herrschen einzelne Meinungen vor, die in der jeweiligen Welt eingeschlossen zu sein scheinen. Welten, die, wenn sie aufeinanderprallen, zu zerbersten drohen. Viele Diskussionsrunden enden in kontraproduktiven Streitgesprächen. Es gibt entweder die eine oder die andere Meinung. Es muss in dieser Diskussion etwas Gemeinsames gefunden werden, das die Grenzen der einzelnen Welten durchlässig zu machen vermag.

7.2 Das Fenster zur Fiktion

Das eigentliche Problem zwischen den analog und den digital Sozialisierten ist das Erkennen der fiktiven Ebene, die der virtuellen Welt innewohnt. Die meisten analog Sozialisierten vermögen es, eine fiktive
Ebene zu erkennen, die digital Sozialisierten hingegen vermögen dies
kaum – die Rede ist natürlich ausschließlich von denjenigen analog Sozialisierten, die darüber reflektieren, um eine Erkenntnis zu erlangen. Viele digital Sozialisierte müssen erst noch eine Reflexionsstufe erreichen.

Treten wir noch einmal einen Schritt zurück und schauen auf eine
erfahrungsgemäße Definition von Fiktion. Jeder Blick eines jeden Menschen, ob er nun analog oder digital sozialisiert ist – jeder Blick auf die
Realität ist ein subjektiver Blick, und daher beginnt Fiktion für jeden
Menschen, der sie wahrzunehmen vermag, an einer anderen Stelle. Die
Fiktion ist eng mit Imagination verbunden, und diese wiederum mit der
virtuellen Ebene. Wobei die virtuelle Ebene bei den digital Sozialisierten einen Bezug zur Realität aufweist. Betrachtet man die digital und
die analog Sozialisierten als eine Gruppe, sind die Grenzen zwischen
Realität, Imagination und Virtualität scheinbar fließend. Sie sind, was
das Erkennen von Fiktion angeht, auf einer Skala von Realität zu Fiktion, für jedes Individuum an anderer Stelle zu ziehen.

Trotz dieser Subjektivität des Menschen kann eine konstante Klassifikation vorgenommen werden. Seitens der Medien wird ein zentraler
Unterschied gemacht: Die zweidimensionale Präsentationsfläche ist real,
die dreidimensionale fiktiv.[383] Hierbei sollte das Dreidimensionale der
virtuellen Welt nicht mit der Dreidimensionalität der realen Welt ver-
wechselt werden. Auch verweist das Netz mit seinen Seiten durch diese
Begrifflichkeit nur auf die reale Ebene.[384] Das Netz ist nicht mit der Realität gleichzusetzen. Es kann also ein Effekt der Täuschung entstehen.

Nun ist es so, dass digital Sozialisierte mit der Dreidimensionalität
der virtuellen Realität und dieser Möglichkeit der *Täuschung* aufwachsen:

---

383 Vgl. Kerlen, 15f.
384 Vgl. ebd., 16.

> Wir haben gelernt, Interfaces für bare Münze zu nehmen. Wir
> [leben in einer] [...] *Kultur der Simulation*[385] [...], in der die Men-
> schen immer mehr Gefallen daran finden, das Reale durch Re-
> präsentation der Wirklichkeit zu ersetzen.[386]

Die digital Sozialisierten spüren die Fiktion nicht, die der Virtualität
innewohnt, wenn es ihnen nicht von Anfang an erklärt wird. Sie leben in der Täuschung der virtuellen Dreidimensionalität. Das Treffen
mit Freunden auf Facebook beschreiben sie wie ein Treffen mit realen
Freunden, weil ja eine Interaktion auch auf Facebook existiert. Doch
der zentrale Unterschied ist das Materielle, Leibhaftige, das eng mit
menschlicher Wahrhaftigkeit verbunden ist.

Fiktion entsteigt der Imagination, ist nicht greifbar, nicht materiell. Nun würde ein digital Sozialisierter sagen, der Computer und die
Schrift auf dem Bildschirm oder die Kommunikation auf Facebook
seien doch materiell greifbar. Doch der zentrale Unterschied ist hier
die Unbeständigkeit. Ein Eintrag auf Facebook kann materiell gelöscht
werden, einen Satz, den man einem leibhaftigen Menschen gegenüber
äußert, kann man zwar zurücknehmen, aber trotzdem entsteht hier eine
wahrhafte menschliche Interaktion, die durch das Löschen eines Ein-
trages nicht entsteht. Etwas, das im realen Leben geschieht, wird – ob
man es will oder nicht – Teil des Lebenslaufes. Es prägt sich in den Lauf
des Lebens und ins Gedächtnis der Beteiligten ein. In der virtuellen
Welt hingegen kann ein Teil aus dem Lebenslauf ohne Probleme gelöscht werden, und aufgrund der virtuellen Informationsflut kann man
mehr oder minder sicher sein, dass das Gelöschte rasch vergessen wird.
Es ist etwas, das (fast) ausschließlich fiktiv geschehen ist.

Das Problem ist, dass digital Sozialisierte das nicht begreifen können,
weil sie den Unterschied zwischen menschlich-wahrhaftig und digital-
fiktiv nicht (er-)leben. Deshalb sollten alle Eltern, die ihre Kinder den
Umgang mit digitalen Medien lehren, diesen Unterschied von Anfang
an erklären, damit die Wahrnehmung der digital Sozialisierten sensib-
ler für die Unterscheidung zwischen diesen Ebenen wird. Ein effektives

---

385 Hervorhebung d.Red.
386 Turkle, Leben im Netz, 33.

Bild dafür ist das »Fenster zur Fiktion«.[387] Der Computer sollte mit dem Bewusstsein benutzt werden – das wäre der Idealzustand –, dass er ein Fenster zur Fiktion ist.

Ausgangspunkt der Realität ist immer die wahrhaftige, leibhaftige Interaktion zwischen Menschen. Sobald die imaginative Ebene hinzukommt, ist die Wahrhaftigkeit negiert. Man kann ja nur auf das reagieren, was der andere sagt und wie der andere handelt. Man kann nicht auf das reagieren, was der andere denkt, wenn er seine Gedanken nicht ausspricht. Dann wäre die Interaktion plural – diese Interaktionsstränge würden auf fiktiver Ebene stattfinden, sich jedoch nicht auf wahrhaftiger Ebene treffen können. Medien können die Rolle der imaginativen Stimulanz übernehmen: „Medien können mehr oder weniger die […] Imagination stimulieren."[388] Die Wahrhaftigkeit kann sich damit verschieben. Dadurch rückt die Ebene der Fiktion und der Fremdbestimmtheit ins Leben.

Was die Problematik des Erkennens von Fiktion angeht, so ist die animistische Welt der Steinzeit ein gutes Beispiel dafür. In der Steinzeit malten Jäger und Sammler Bilder an die Wände, welche für sie eine Seele, eine »anima«, hatten. Es handelte sich um eine sogenannte *animistische Welt*! Das Bild war „annähernd gleichbedeutend mit dem abgebildeten Ding".[389] Man kann das Beispiel Avatar nehmen und feststellen, dass das Bild des Avatars im Netz nur vorgibt, eine Seele zu haben und der Mensch dahinter zu sein, weil der Avatar auf den Menschen verweist. Doch der Avatar ist nur eine Abbildung des realen Menschen, genauso ist ein Account auf Facebook nur eine Abbildung des realen Menschen, eine Simulation. Diese hat keine Seele, sie ist nicht gleichbedeutend mit dem abgebildeten Ding. Es ist jeweils ein Fenster zur Fiktion, das durch seine digitale Dreidimensionalität eine Täuschung und damit eine Manipulation der realen Welt verursachen kann.

---

387 Vgl. auch ebd.: Sherry Turkle beschreibt in ihrer Publikation *Das Leben im Netz* die Schnittstelle zwischen Mensch und Technik als plurale virtuelle Fenster und setzt diese in Zusammenhang mit virtuellen Identitäten, die als Spiegel der Neuentdeckung für das eigene Selbst dienen können.
388 Vgl. ebd., 28.
389 Vgl. Harald Haarmann: *Universalgeschichte der Schrift*, Frankfurt am Main/ New York 1991, 23; zitiert aus: Kerlen, 31.

Diese Täuschung verleitet den Menschen zu Dingen, die er in der realen Welt nicht tun würde; denn die digitale Dreidimensionalität ist der realen Welt sehr ähnlich, verleiht dem Menschen aber eine Art Schutz durch die scheinbare Unsichtbarkeit. Diese Unsichtbarkeit nimmt dem Menschen oft den Willen zur wahrhaftigen Handlung, und er lässt sich durch die Scheinbarkeit der virtuellen Welt dazu verleiten, „schlimme Dinge gegenüber anderen"[390] auszusprechen. Wo bleibt an dieser Stelle die Selbstkontrolle?

Dies ist deshalb möglich, weil die „Objekte auf dem Bildschirm [...] [kein] einfaches materielles Bezugsobjekt"[391] haben. Der rein reale und analoge Mensch ist in seiner Natur verankert. Er hat Bezugsobjekte für Menschlichkeit, wie zum Beispiel andere analoge Menschen mit Vorbildfunktion. Er könnte diese, in der Reflexion zu sich selbst, zu seiner Orientierung in der Welt nutzen, wenn er wollte, wenn dieses Individuum es nicht verlernt hat beziehungsweise manipuliert wird. Die simulierte, virtuelle Abbildung des Menschen jedoch hat kein Bezugsobjekt. Er besteht allein aus Zeichen, die das Reale ersetzen:

> In diesem Sinne besitzt das Leben auf dem Bildschirm keinen Ursprung und keine Grundlage. Es ist ein Ort, an dem Zeichen, die die Wirklichkeit repräsentieren, als Ersatz für das Reale dienen können. Seine Ästhetik hat mit Manipulation und Neukombination zu tun.[392]

In anderem Sinne jedoch, nämlich was die Schöpferkraft anbelangt, hat der virtuelle Mensch sehr wohl einen Ursprung – den des Menschen selbst. Doch diesen Ursprung kann manches Individuum durch die Ebene der Technik nicht mehr wahrnehmen.

Der vernetzte Mensch kann sich selbst in zweierlei Weise reproduzieren: analog-physisch und imaginär-virtuell. Beide, die virtuelle und die

---

390 Marina Weisband hat dies in Bezug auf die scheinbare Unsichtbarkeit im Netz in einem Interview geäußert: Amend: „Aufforderung zum Tanz", in: Zeit Magazin (Nr. 11) 07.03.2013, 18.
391 Turkle, Leben im Netz, 70.
392 Ebd., 70f.

imaginäre Reproduktion, sind verbunden durch die fiktive Ebene. Man kann sich in der digitalen Welt so darstellen, wie man es sich wünscht, zu sein.

Mit der virtuellen Reproduktion und der technischen Produktion von Zeichen verändern sich Menschlichkeit und Moral als Bezugsobjekte, es kommen Künstlichkeit und Technik hinzu. Der Mensch vor dem Bildschirm kann sich nicht mehr wie zuvor wahrnehmen – er nimmt sich durch die »digitale Brille« wahr. Die Technik vermag es auch, manches Individuum in Bezug auf seine Selbstkontrolle zu manipulieren.

Wenn Wahrhaftigkeit verloren geht, nimmt Unmoral zu, und der Prozess des Erlernens von menschlichen Regeln, von sozialen Verhaltensweisen, muss erneut von Beginn an durchlaufen werden. Die Bewusstheit von etwas Neuem steht am Ende dieses Prozesses. Deshalb ist es wichtig, dass der Mensch sich im Zentrum seiner digitalen Medien erlebt und an diesem Prozess erlernt, wie Fiktion ihn in seiner realen Wahrnehmung beeinflussen und manipulieren kann.

7.3 Kultur der Simulation

Da ein Avatar oder ein Account auf Facebook zwar keine Seele haben, dem Menschen jedoch in manchen Eigenschaften *in einer gewissen Art und Weise* entsprechen, wird von der *Kultur der Simulation* gesprochen. Der Mensch vermag es, sich digital zu reproduzieren, diese digitale Reproduktion läuft auf der Ebene der *Simulation* ab, mithilfe des Computers als technisches Werkzeug.

In der Moderne des Computers führte der Computer noch logische Berechnungen durch und beeinflusste derart das Denken und Bewusstsein des Menschen. Es ging um eine Beziehung[393] zwischen Mensch und Maschine. In der Postmoderne hingegen ist der Computer ein komplexes Instrument, welches das reale Leben simuliert und durch die vielen verschiedenen Fenster schon einmal Verwirrung[394] stiften kann und

---

393 Vgl. ebd., 9.
394 Vgl. ebd., 75.

Menschen mit Menschen durch das Netz[395] verbindet. Die Ebene des Computers ist dazwischengeschaltet.

Dadurch ändert sich das Bewusstsein[396] des Menschen. In der Moderne des Computers war er ein »analoges« Hilfsmittel, ein lineares, technisch-logisch durchschaubares oder zumindest mechanisch erklärbares[397] Instrument. Turkle leitet davon die »Kultur der Berechnung«[398] ab, die vor allem in den 70er Jahren[399] des letzten Jahrhunderts verortet war. In der Postmoderne, der »Kultur der Simulation«[400], wurde der Computer, vor allem durch den Macintosh, zum abgerundeten[401], verschlossenen, fast schon hermetisch abgeriegelten digitalen Instrument. Der digitale Computer simuliert auf seiner glatten Oberfläche[402] reale Fenster, den realen Papierkorb und Schreibtisch[403], und erschafft so ein „Bewusstseins- und Körperverständnis"[404], das die Simulation nicht mehr als Simulation beschreibt oder erkennt, sondern als Realität. Die Täuschung der Virtualität ist dadurch möglich und wird nicht mehr als Täuschung wahrgenommen. Es ist ein Instrument, das über die Simulation in die Realität integriert ist und dadurch als real beschrieben wird. Ein Instrument, das es dem Menschen zum Beispiel über virtuelle Gemeinschaften ermöglicht,

> Erfahrungen, Beziehungen, Identitäten und Lebensräume zu erzeugen, die ausschließlich aus der Interaktion mit der Computertechnologie hervorgehen. [...] Je enger die Menschen mit der Technologie und über die Technologie miteinander verflochten werden, um so fragwürdiger werden alte Unterscheidungen zwischen dem, was spezifisch menschlich ist, und

---

395 Vgl. ebd., 9.
396 Vgl. ebd.
397 Vgl. ebd., 25.
398 Vgl. ebd., 28.
399 Vgl. ebd., 68.
400 Vgl. ebd.
401 Vgl. ebd., 33.
402 Vgl. ebd., 49.
403 Vgl. ebd., 33.
404 Ebd.

dem, was als spezifisch technisch galt. Spielt sich unser Leben
am oder *im* Bildschirm ab?[405]

Der Mensch kommt dadurch in einen „Widerstreit zwischen der Technologie und [seinem] Gefühl für personale Identität"[406]. Der Computer
rückt in das Zentrum menschlicher Wahrnehmung, wodurch Begriff-
lichkeiten wie »on-screen« und »off-screen«[407] oder AFK, »away from
keyboard«, evoziert werden. Der Mensch bekommt ein neues Gefühl
dafür, wo er steht oder sitzt: Vor dem Bildschirm oder vielleicht schon
im Bildschirm? Der Mensch muss sich immer öfter fragen: Wo bin ich
und wer bin ich? Er schlüpft durch die Mensch-Computerschnittstelle
der Simulation in eine unbeständige Identität.

Die Postmoderne des Computers offenbart durch die Kultur der Simulation eine Unbeständigkeit auch in der Konstruktion und Rekonstruktion[408] von Kommunikation. Das Selbst wird in den rechnervermit-
telten Welten „von der Sprache erzeugt und transformiert"[409] und Worte
sind Taten[410] – dies sollte als Regel in der simulierten Welt gelten. Wenn
der digital Sozialisierte die virtuelle Welt als real empfindet und in die
Realität integriert, sollten dort ebenso oder in noch stärkerem Maße die
Regeln der realen Welt gelten. Das Problem ist die scheinbare Unsichtbarkeit und Anonymität in der simulierten virtuellen Welt. Die scheinbare Unsichtbarkeit wird durch die Möglichkeit von Konstruktion und
Rekonstruktion evoziert und ruft oft Worte hervor, die im Grad der Verletzung, die sie produzieren, eigentlich als Taten gelten sollten – eben
gerade weil die Fiktion nicht mehr wahrgenommen und die simulierte
Welt als Realität angesehen wird.

Diese Verschiebung der Wahrnehmung durch die Simulation ist die
eine Seite. Die andere ist die Verschiebung der Bedeutung von Transparenz.[411] Durch die Simulation auf dem Bildschirm des Macintosh ist

---

405 Ebd., 30.
406 Ebd., 10.
407 Vgl. ebd., 17.
408 Vgl. ebd.
409 Ebd., 20.
410 Vgl. ebd., 19.
411 Vgl. ebd., 62.

Transparenz nicht mehr transparent, sondern es wird Transparenz suggeriert. Der Nutzer muss sich darüber im Klaren sein, dass durch die Simulationssymbole eine Ebene zwischen der analog-technischen Welt und dem Menschen liegt, die nicht unbedingt offenbaren muss, was wirklich dahinter steckt. Wenn auf digitaler Ebene ein Papierkorb simuliert wird, weiß der Nutzer nicht sicher, was mit seinen digitalen Daten geschieht, die er dort hineinlegt. Wenn man seinen Restmüll hierzulande in die Mülltonne wirft, weiß man landläufig, dass dieser in die Verbrennungsanlage kommt. Diese gewisse Art von Sicherheit hat man mit seinem digitalen Müll nicht. Es ist allein die Bedienungsfreundlichkeit[412], die Transparenz suggeriert, wenn man die technischen Befehle zum Löschen nicht kennt. Diese Art von Bedienungsfreundlichkeit durch Simulation eines Papierkorbs geht also einher mit technischer „Komplexität und Undurchsichtigkeit".[413] Wirkliche Transparenz hingegen meint Durchsichtigkeit und setzt natürlich analog-technisches Wissen voraus, wenn es um einen Computer geht. Doch sobald eine digitale Ebene hinzukommt, die Ebene, auf der das reale Leben simuliert werden kann, scheinen sich Bedeutungen zu verschieben. Es entsteht eine neue Art von Wahrnehmung und Bewusstsein und damit eine neue Realität innerhalb der Pluralität der vernetzten Welt.

7.4 »Schöne« vernetzte Welt: Facebook

> Es gibt in diesen wuchernden Systemen so gut wie keine Funktion negativer Rückkoppelung. Man kann Interessantes weiterverbreiten und Beiträge anderer mit einem Klick auf den *Like*-Button adeln.
> Einen *Dislike*-Button hingegen gibt es nicht.
> Kein Benutzer wird darüber informiert, wenn er von anderen geblockt wurde.
> Das System bietet nur Funktionen an, die zur noch intensiveren Nutzung des Systems motivieren. Sie animieren dazu, mehr und mehr Menschen zu involvieren. […]

---

412 Vgl. ebd.
413 Ebd.

> Wenn du ein System allein über positive Rückkoppelung steuern
> willst, schaukelt es sich auf bis zur Katastrophe.[414]

Die Komplexität eines jeden »analogen Lebens« wird durch die digitale Vernetzung noch komplexer, so entsteht auch mit Facebook ein neuer Raum, der das »analoge Leben« mit dem »digitalen Leben« verknüpft. Doch scheinen sich die Facebook-Mitglieder darin einig zu sein, dort nur das »Schöne« zeigen zu wollen, also nur eine Seite des vielseitigen Lebens. Zwar sind die Facebook-Freunde keine wirklichen Freunde, sie sind gewissermaßen Teil der Öffentlichkeit – ob man nun seinen Account allen Facebook-Mitgliedern oder nur den sogenannten Facebook-Freunden öffnet. Deshalb bedient sich jeder – der eine mehr, der andere weniger, aber alle in gewissem Maße – seiner »Maske«, die jeder auch im »analogen« Leben trägt. Nur ist der Unterschied der, dass es sich im Raum von Facebook um eine »digitale« Maske handelt, die dadurch immer einen Anteil an Fiktion hat.

Problematisch ist die Tatsache, dass dieses »maskenhafte Digitale« niemals an das »wahre Leben« heranreicht, weil nicht nur durch die Fiktion etwas hinzu erfunden wird, sondern durch die Maske auch etwas verschwiegen wird. Facebook ist also eine Art Bilderbuch des scheinbar »Schönen«.

Aristoteles befand den Bereich des »Schönen« als unnütz:

> Das heißt in der Gesellschaft von Dingen, die nicht notwendig gebraucht werden, ja nicht einmal zu irgendetwas Bestimmtem nütze sind. Unter diesen zählt Aristoteles auf: Das Leben, das im Genuss und Verzehr des körperlich Schönen dahingeht; das Leben, das innerhalb der Polis schöne Taten erzeugt; und das Leben des Philosophen, der durch Erforschen und Schauen dessen, was nie vergeht, sich in einem Bereich immerwährender Schönheit aufhält, das dem doppelten Eingriff des Menschen, seinem Herstellen neuer Dinge und seinem Verzehren dessen, was ist, entzogen ist.[415]

---

414 Stein, Replay, 72; 156.
415 Aristoteles: Politik 1333a30ff; 1332b32; zitiert aus: Arendt, 23.

Diese Lebensweisen, die alle dem Schönen dienen, können ungefähr auf die modernen Aktivitäten der Facebook-Mitglieder, wie sie diese selbst darstellen, umgelegt werden. Sie erzeugen in ihrer sozialen Vernetzung, die vielleicht auf eine Art und Weise der Polis gleichgesetzt werden kann, scheinbar schöne Taten.

So kann Facebook über Fotografien und Informationen als politisches Mittel dienen, um ein »schönes« Bild von sich selbst zu erzeugen. Über diese Bilder scheinen die Menschen mehr und mehr vernetzt zu sein. Durch diese Bilder entstehen Meinungen der sogenannten Facebook-Freunde. »Likes« werden verteilt, und damit wird der soziale Status festgesetzt. Je mehr »Likes«, desto mehr sozialer Einfluss? Es gibt tatsächlich Ableitungen dieser Art. So wird in manchen Fällen der soziale Status von Bewerbern bei Facebook kontrolliert und spielt bei der Vergabe des Arbeitsplatzes mit eine Rolle. Derart wird der soziale Einfluss für das analoge Leben über Facebook, über das digitale Leben, generiert. Dabei sollte bewusste Reflexion darüber stattfinden, dass Fiktion bei der Abbildung von Wirklichkeit immer eine Rolle spielt. Eine künstliche digitale Abbildung des Ichs, eine Art Avatar, kann wohl kaum als Eins-zu-eins-Abbildung für das analoge Leben herhalten. Durch diese Generierung entfernt sich der Mensch in seiner sozialen digitalen Vernetzung von der analogen menschlichen Wahrheit. Daher könnte Facebook vielleicht als Spielzeug angesehen werden, aber nicht als Mittel, um das analoge Leben ernsthaft zu bewerten. Zudem sollte es nicht in dem Maße beeinflussen, dass es maßgeblich für die Vergabe eines Arbeitsplatzes ist. Genau deshalb sollte das Individuum Facebook nicht allzu viel Macht geben.[416] Es sollte immer das Individuum in seiner freien Selbstbestimmung im Mittelpunkt seines Daseins stehen, nicht als eigene fiktive Abbildung im Netz. Denn während dieses Vorganges des Online-Setzens, des Abbildens, geht ein großer Teil der einzigartigen menschlichen Wirklichkeit verloren. Wenn diese Leerstelle die analoge Welt derart beeinflusst, wird die analoge Welt reduziert auf ein digital geschaffenes fiktives Bild.

---

416 Trotz oder gerade wegen der monatlichen Benutzerzahl von 1,19 Milliarden (Stand: 30. September 2013) sollte immer noch eine Trennung zwischen der Darstellung des Ichs auf Facebook und dem eigentlichen Ich vollzogen werden. Zum aktuellen Stand vgl. http://newsroom.fb.com/Key-Facts.

Um Missverständnisse zu vermeiden: Nicht Facebook an sich ist meiner Meinung nach unnütz. Ich kritisiere die Reduktion der menschlichen Komplexität auf das Schöne und dessen digitale Darstellung. Bewusstsein und Reflexion entstehen immer aus der Gesamtheit. Deshalb handelt derjenige unreflektiert oder sehr einseitig, der ein fiktives digitales Bild als Maß für das analoge Leben heranzieht. Hier ist die Beeinflussung eine Vorstufe von Manipulation. Der Nutzer bietet mit seinem »schönen« digitalen Bild als politisches Instrument die Grundlage für eine Manipulation seines eigenen Lebens. Diesem »Idealbild« sollte in der Imagination des Facebook-Nutzers eine Art Wasserzeichen hinzugefügt werden. Dieses könnte als Mahnmal fungieren. Wie in Benjamin Steins *Replay* könnte das schöne Facebook-Profil imaginär mit einem Paar Hörner oder einer Hufe bestückt werden, so wie Facebook Werbebotschaften den Profilen hinzufügt, Symbole, an denen die Fiktion und die Warnung vor Manipulation jederzeit ablesbar wäre.[417]

7.5 Komplexe vernetzte Welt: Facebook

So wie die »Verschönerung« der Welt an der Originalität und Komplexität des Menschen zerrt, verhält es sich auch mit der folgenden psychologischen Funktion Facebooks. Diese psychologische Funktion offenbart eine weitere, viel tiefer gehende Seite Facebooks. Während das »Schöne« nur eine Seite der menschlichen Komplexität zeigt, offenbart diese psychologische Funktion, dass Facebook durch die Pluralität der Individuen, die es nutzen, vielleicht ähnlich komplex in der Anwendung ist wie die individuellen Nutzer in ihrer Gesamtheit! Die Facebook-Mitglieder, die sich auf die »Verschönerung« der Welt geeinigt zu haben scheinen, bilden eben nur eine Gruppe, die Facebook verwendet. Eine weitere Gruppierung bilden diejenigen, die Facebook als moralische Instanz nutzen, „die uns nicht nur sagt, wer wir sind, sondern auch, wer wir sein sollen".[418] Diese Interpretation geht zurück auf Jean-Paul Sartres philosophisches Konzept der Zeugenschaft. Eine religiöse Entsprechung des Zeugen ist

417 Vgl. Stein, Replay, 142.
418 Miller, 161.

die des allmächtigen Gottes, vor dem der Mensch nichts verbergen kann. Eine säkulare, psychologische Entsprechung ist die des Freudschen Über-Ich[419], „die verinnerlichte Instanz der eigenen Eltern. Auch das Über-Ich sieht naturgemäß alles und bestimmt unser moralisches Urteil."[420] Wenn also Facebook als übergeordnete Instanz betrachtet wird, bekommt es die Macht zur Manipulation des eigenen Selbst. Es ist die Rückbindung an eine Instanz im Äußeren, die diese Manipulation ermöglicht. Allein eine Rückbindung an das eigene Selbst schützt vor jeglicher Manipulation.

7.6 Der Mensch als soziales Wesen bei Facebook

Der Mensch sollte Facebook nicht allzu viel Macht geben – doch das ist einfach gesagt. Daniel Miller stellte während seiner ethnologischen Studien auf Trinidad fest, dass es offenbar unmöglich ist, „die Beziehungen, die wir durch Facebook haben, von unserer Beziehung zu Facebook zu trennen".[421] Wie also soll der Nutzer Facebook nicht allzu viel Macht geben, wenn Facebook Transmitter des sozialen Geflechts ist. Er liefert scheinbar die sozialen Beziehungen und schürt die Hoffnung auf neue.

Im Fallbeispiel Millers geht es um Marvin, der Facebook als berufliche Plattform verwendet. Er ist Projektmanager einer Kakaoplantage, die Facebook als Marketinginstrument nutzt.[422]

> Leuten aus dem Ausland, die durch die »Freundschaft« ihr Interesse an Schokolade bekundeten, schlug Marvin vor, die Plantage zu besuchen, und versorgte sie mit den entsprechenden Tipps zu Reise- und Unterkunftsmöglichkeiten. Dieser touristische Aspekt begann sich gerade zu einem ernsthaften Zusatzgeschäft der Kakaoproduktion zu entwickeln.[423]

---

419 Vgl. auch die Publikation von der Netz-Therapeutin Anitra Eggler: *Facebook macht blöd, blind und erfolglos.* Sie beschreibt das freudsche und triebgesteuerte Es als »Manipulator« des Internet-Ich.
420 Miller, 160.
421 Ebd., 36.
422 Vgl. ebd., 20.
423 Ebd., 21.

Vor diesem Einfluss Facebooks hatte die Plantage eine Internetseite zur öffentlichen digitalen Repräsentation. Da jedoch Facebook vielen Trinidadern das gesamte Netz ersetzt und die digitale Kommunikation fast nur über Facebook stattfindet, verlagerte sich das Marketing von der plantagen-eigenen Internetseite zu Facebook![424]

> Als ich [Daniel Miller] die Insel zehn Jahre zuvor besuchte, hatte mir jedermann versichert, wer in der Lebensmittelbranche Geschäfte machen wolle, müsse eine Website haben, weil ihm ansonsten ein wesentliches Siegel der Modernität fehle. Dieser Tribut an den Fortschritt sei für das Image eines erfolgreichen Unternehmens unverzichtbar. Diesmal war es offenbar Facebook. Man musste dort einfach präsent sein, weil jeder Trinidader dort zuerst nachsah.[425]

Bei dieser Verlagerung des Marketings von der Website der Kakaoplantage zu Facebook beginnt die eigentliche problematische Struktur: Berufliches kann auf Facebook leicht mit Privatem vermischt werden.[426] Zudem hinterlässt diese Kommunikation Spuren.[427] Dies hat letztlich zur Scheidung Marvins von seiner Frau geführt.[428]

Zunächst suggeriert die Zunahme von Freunden bei Facebook, man hätte eine gute und aktive soziale Verknüpfung. Oder man wäre ein interessanter sozialer Knotenpunkt. Doch durch die Tatsache, dass Marvins Kommunikation all seinen Freunden – und damit auch seiner Ehefrau – zugänglich ist, hatte sie die Möglichkeit, seine Kommunikation »auszuspionieren«. Marvin nutzt aufgrund seiner Arbeit Facebook den ganzen Tag über. Es läuft,

> solange er online ist, [...] mindestens im Hintergrund aktiv. Er hat 620 Freunde [...]. Den Kern [davon] bilden Frauen [...].

---

424 Vgl. ebd., 20.
425 Ebd., 22.
426 Vgl. ebd., 20.
427 Vgl. ebd., 33.
428 Vgl. ebd., 19f.

Seiner Ansicht nach ist das darauf zurückzuführen, dass die Frauen auf Trinidad Facebook intensiver nutzen als die Männer [...].[429]

Marvins Ehefrau ist eine seiner Facebook-Freundinnen und verfolgt Marvins Kommunikation bis ins Kleinste:

Sie informiert sich über jede neue »Freundin« und versucht herauszufinden, ob er mit ihr etwas am Laufen hat. Natürlich kommentiert er die Fotos seiner neuen Bekannten, das tut jeder auf Trinidad – sie aber liest jeden seiner Kommentare. Dummerweise nutzt er Facebook jeden Tag sehr ausführlich. Er kommuniziert ständig mit Frauen und hinterlässt dabei fast immer schriftliche Spuren, die sie verfolgen, abfragen und zum Anlass von Verdächtigungen nehmen kann. In seinen Augen lief es inzwischen darauf hinaus, dass seine eigene Frau eine Stalkerin geworden war, gegen deren endlose Vorwürfe er sich jeden Tag aufs neue rechtfertigen musste. Es hatte sich zu einer Obsession entwickelt, die ihn fertigmachte.[430]

Facebook bietet eine »ideale« Oberfläche für digitales Stalking.

Bevor es Facebook gab, existierten potenzielle Seitensprung-kandidaten [...] in aller Regel nur als vage drohende Schatten im eigenen Hinterkopf. [...] Facebook führt einem all diese anderen Frauen (oder Männer) unmittelbar vor Augen. Es erschafft eine Welt, in der man seine Obsession ausleben und jeder eifersüchtigen Regung nachgeben kann, indem man Profile von Nutzern durchforstet und herauszufinden sucht, was sie mit dem eigenen Partner verbindet.[431]

429 Ebd., 23f.
430 Ebd., 24f.
431 Ebd., 26.

Wenn diese Neigung zur Disharmonie bei einem Menschen wie Marvins Frau gegeben ist, ist der Klick natürlich eine verführerisch einfache Handlung. Hat sie einmal den ersten Schritt getan und lässt sich von den »Verlockungen« des Bildschirms einnehmen, schafft jede Spur des Mannes neue Irritationen[432] und lässt die Neigung zur Polarisierung nur noch stärker werden. Sind der Frau die Folgen ihrer Handlung nicht bewusst, ist sie kaum vor dieser Manipulation durch Klicks und Postings gewappnet.

Eine auf Trinidad eigentümliche, problematische Struktur Facebooks ist die Bedeutung des Wortes »friending« oder »to friend«. Im Trinidader Dialekt bedeutet »to friend« „so viel wie Geschlechtsverkehr haben, insbesondere im Rahmen einer unehelichen Beziehung".[433] In ländlichen Gegenden, wie der von Marvin und seiner Frau, ist diese traditionelle Bedeutung immer noch in Gebrauch. Deshalb muss es „in ihren Ohren zweideutig klingen"[434], wenn Marvin sich mit einer Frau auf Facebook »anfreundet«.

Diese Bedeutung des Verbs »to friend« spielt natürlich in Deutschland keine Rolle, offenbart aber doch – in für uns überspitzter Form – sehr deutlich die Struktur der möglichen Manipulation durch Facebook.

Es ist auch bei diesem Fallbeispiel so, dass Manipulation nur stattfinden kann, wenn sie zugelassen wird. Es ist auch nicht die Plattform Facebook selbst, die als »Manipulator« auftritt. Es bietet mit den Kommunikationsmöglichkeiten die Oberfläche zu einer Manipulation. Diese kann dann letztendlich stattfinden, insofern der andere Akteur es zulässt. Der eine Akteur ist also Marvins Frau mit ihrer Neigung zur Polarisierung. Der andere Akteur sind die Kommunikationsstrukturen auf Facebook, die Marvin ausgiebigst nutzt: Die Möglichkeit zur Vermischung von Beruflichem und Privatem, das Hinterlassen von Kommunikations-Spuren, der virtuellen Sichtbarkeit[435] möglicher Seitensprungkandidatinnen (und – eigentümlich nur auf Trinidad – die Bedeutung des Verbums »to friend«).

---

432 Vgl. ebd.
433 Ebd., 28f.
434 Ebd., 30.
435 Vgl. ebd., 33.

7.7 Imaginative, virtuelle und reale Präsenz

Die imaginativen Schatten der potenziellen Seitensprungkandidaten[436], wie Miller sie in seinem Fallbeispiel beschreibt, werden auf Facebook virtuell sichtbar und scheinbar real präsent. Doch gibt es zwischen imaginativer, virtueller und realer Präsenz große Unterschiede, die einem möglichen Opfer von Manipulation bewusst sein sollten, damit das potenzielle Opfer sich zum selbst-bewussten Menschen transformieren kann.

Die Imagination ist eine ausgesprochen subjektive Bilderfahrung im Kopf eines Individuums. Das virtuelle Bild liegt zwischen Imagination und Realität. Es ist eine heikle Sache, das virtuelle Bild von der Realität abzugrenzen, denn im Grunde ist das, was auf dem Bildschirm sichtbar wird, Teil der erfahrenen Realität. Doch handelt es sich trotzdem um zwei verschiedene Ebenen, weshalb das virtuelle Bild nicht der Realität gleichzusetzen ist. Das virtuelle Bild ist ein Einschub in die Realität, wodurch Manipulation möglich wird.

Manipulation ist dann denkbar, wenn das virtuelle Bild eine Übereinstimmung in irgendeiner Art mit der Imagination findet, wie es bei Marvin und seiner Frau der Fall ist:

> Zumindest in manchen Fällen, etwa bei Marvin, machen Sichtbarkeit und Präsenz einen entscheidenden Unterschied aus. Was problematisch, aber erträglich war, wird intolerierbar und unerträglich. Das tägliche Überprüfen jedes neuen Namens, jedes Postings, jeder Doppeldeutigkeit machte sie beide fertig.[437]

Mit Facebook schob sich eine Art Zwischenwelt in die Ehe von Marvin und seiner Frau. Ein Einschub in ihre Realität, ein Einschub, der in der Imagination von Marvins Frau Übereinstimmung brachte. Viel mehr noch fand sie sich in ihrer subjektiven Vorstellung, in ihren Ängsten be-

---

436 Vgl. ebd., 26.
437 Ebd., 33.

stätigt. Potenzielle Seitensprungkandidatinnen wurden für sie Realität. Aber sie waren eben nicht Realität, sondern erst einmal nur in der virtuellen Welt vorhanden. Doch durch die Sprache, durch die Kommunikationsspuren Marvins wird Realität suggeriert. Diese konnte Marvins Frau jederzeit lesen. Die Sprache fließt durch alle drei Ebenen – durch die reale, die virtuelle und die imaginative. Die Sprache verbindet diese drei Ebenen, und durch die Ängste von Marvins Frau war sozusagen das klare Denken blockiert: Sie konnte nicht mehr zwischen imaginativer, virtueller und realer Ebene unterscheiden. Sichtbarkeit und Präsenz machten für sie keinen Unterschied. Ob die potenzielle Seitensprungkandidatin nun virtuell oder real existierte, in ihrem Kopf hatte die virtuelle Sichtbarkeit ihre Imagination bestätigt. Die Umsetzung ihrer Ängste in die Realität hatte sie im Wechselspiel mit der virtuellen Ebene bewirkt. Teil dieses Wechselspiels waren also Facebook, für die Kommunikation zwischen potenziellen Seitensprungkandidatinnen, Marvin und seine Frau sowie die Imaginationen von Marvins Frau.

Bei Marvin und bei seiner Frau sind es auf realer Ebene die »automatischen Finger«, die zu problematischen Strukturen geführt haben. Die Verbindung von Körper und Technik – eine Art automatische Selbstverdinglichung. Ihre Köpfe scheinen den ständigen Freundschaftsanfragen nicht hinterher zu kommen. Weder Marvins Frau noch er selbst scheinen wohl reflektiert der Häufigkeit der Anfragen begegnen zu können:

> Mitten im […] Gespräch fällt ihm auf, dass er gerade Adelaide zu seiner Freundesliste hinzugefügt hat. Er könnte sich selbst in den Hintern treten. Eine Frau namens Adelaide hat ihm eine Freundschaftsanfrage geschickt, und er hat sie akzeptiert.[438]

Auf virtueller Ebene hat die Sichtbarkeit der Kommunikationsspuren zu negativer Beeinflussung geführt, wobei es natürlich an Marvin wäre, Grenzen zu setzen, was den Flirt-Charakter in der Kommunikation angeht. Viel problematischer ist jedoch das, was geschieht, bevor die Kommunikationsspuren virtuell sichtbar werden: Die Freundschaftsan-

---

438 Ebd., 34.

fragen aus aller Welt. Es ist die globale Vernetzung, die das Gehirn des Menschen, was die Häufigkeit der Anfragen angeht, nicht verarbeiten kann. Die Freundschaftsanfragen manipulieren den Facebook-Nutzer auf der Ebene des Sozialen. Der Mensch ist in erster Linie ein soziales Wesen. Er benötigt die Einbindung in soziale Strukturen. Schon vom evolutionären Gesichtspunkt her gesehen, ist die soziale Einbindung in eine Gruppe überlebensnotwendig, und dies scheint bei Marvin unbewusst über der Ehe zu stehen.

Auf realer Ebene haben diese Strukturen, die bei den imaginativen Ängsten von Marvins Frau ihren Anfang genommen hatten, über die beschriebenen Ebenen hinweg, über Facebook als virtueller Einschub in die Ehe Marvins, letztendlich zur Scheidung geführt.

8

KULTUR DES TEILENS – EINE VERSCHIEBUNG ODER ENTFREMDUNG?

8.1 Mit-teil-ung

Am Beginn der digitalen Kultur des Teilens, eigentlich am Beginn jeglicher Kultur, steht ein Gefühl[439], dem die Wahrheit entspricht. Man kann dieses Gefühl eigentlich gar nicht in Worte fassen, sobald man dies unternimmt, wird die Wahrheit schon verschoben oder verliert einen wahren Anteil. Auch wenn man es als Moral bezeichnet, ist schon ein ideologischer Aspekt dabei, welcher der Wahrheit nicht entspricht. Alles, was nicht im Geiste, sondern über Kommunikation mitgeteilt wird, hat einen positiven und negativen An-teil, das kann Inspiration oder Manipulation sein. Es sind Pfade, während „die Wahrheit ein pfadloses Land ist".[440] Dies ist ein Zitat des radikalen spirituellen Lehrers Krishnamurti, der schon als Fünfzehnjähriger notierte: „Wer auf dem Pfad wandeln will, muss lernen, für sich selbst zu denken."[441]

Und doch wird dieses Gefühl, weil der Mensch ein soziales Wesen ist, mitgeteilt. Dafür braucht es die Über-setzung in ein Medium, entweder jenes der Sprache oder der Schrift – oder aber ein tertiäres Medium wie Twitter oder Facebook. Durch die Mit-teil-ung durchläuft das Gefühl im digitalen Zeitalter in unterschiedlich über-setzte technische Formen eine plurale Welt und kann durch die digitale Technik schneller geteilt werden als je zuvor. Eine Folge dieses quantitativen Übersetzens ist *Big*

---

439 Vgl. Rousseau, 113: „Wenn man spricht, äußert man seine Gefühle; wenn man schreibt, äußert man seine Ideen." Die Gefühle werden laut Rousseau beim Sprechen durch die Variation der Betonungen geäußert.
440 Das Krishnamurti-Buch, Frankfurt 1999, 21ff; zitiert aus: Michel, Krishnamurti, 57f.
441 Krishnamurti: *Zu Füßen des Meisters* (Alcyone), Grafing 2004, 40; zitiert aus: Michel, Krishnamurti, 58, Fußnote 83.

Data. Die Datenanhäufung ist sozusagen ein Kind von Gefühlen und deren Übersetzungen. Die Auswirkungen spüren die Menschen durch ihr manipuliertes Denken als Burnout. Deshalb brauchen wir heute das Schweigen, die Ruhe und das Innehalten. Die Einheit als Gegensatz zur Mit-teil-ung, weil wir schon zu viel davon hatten. Der Mensch braucht einen Ausgleich – er sehnt sich zurück zur Natur – einen Gegensatz zur künstlichen Veräußerung des Gefühls.

Digitale Medien mit Sprache und Schrift sind Teil dieser Kultur, Teil einer künstlichen Welt, die ihren Ursprung in menschlichen Emotionen findet: Laut Rousseau in moralischen Bedürfnissen oder Leidenschaften[442], laut Walter Benjamin im menschlichen Geistesleben[443]. Das Geistesleben produziert Gefühle, und die menschlichen Leidenschaften sorgen dafür, dass der Mensch eine Art der Mitteilung sucht. Die Art der Mitteilung hat sich bis heute in pluralen Formen entwickelt, von Mimik und Gestik über Sprache, Bilder und Schrift hin zu E-Mail, Facebook und Twitter.

Gemeinsam ist all diesen Arten der Mitteilung die Äußerlichkeit und die gleichzeitige Einlagerung einer Bedeutung oder Sinnhaftigkeit. Das ist der Ursprung von Kultur und Künstlichkeit. Die Veräußerung eines Gefühls bringt gleichzeitig eine Verschiebung der Wahrheit mit sich,[444] und die Veräußerung bewirkt eine bestimmte Form der Speicherung und somit die Möglichkeit zur äußerlichen Erinnerung. Das heißt, der Mensch benötigt an dieser Stelle nicht mehr sein Gedächtnis zur Erinnerung, sondern hat mit der Mitteilung ein Ding geschaffen, das im Äußeren die Möglichkeit zur Erinnerung birgt und speichert, so lange jedenfalls, bis das Ding seinem materiellen Verfall anheimfällt.

---

442 „Man muss annehmen, dass Bedürfnisse die ersten Gesten diktierten und dass Leidenschaften die ersten Laute hervorriefen." (Rousseau, 104; vgl. auch 105).

443 „[...] denn es ist jedem wesentlich, seinen geistigen Inhalt mitzuteilen." (Benjamin, Über die Sprache überhaupt und über die Sprache des Menschen, 140f.).

444 Wenn ein Inhalt von innen nach außen verlagert wird, das heißt, in eine andere Form gebracht wird, wie zum Beispiel die sprachliche Äußerung eines Gefühls, dann bringt die Veränderung der Form eine Verschiebung der Wahrheit mit sich, genauso wie die Verschriftlichung der Sprache eine Veränderung der Sprache mit sich bringt. Vgl. auch Rousseau, 113: Allein wenn eine Empfindung mit dem Verstand betrachtet wird, bekommt sie schon eine Veränderung in der Form, und damit geht eine Verschiebung der Wahrheit einher.

Die Mitteilung ist auch eine bestimmte künstlerische Form der technischen Manipulation, die der Mensch als Schöpfer selbst vollbringt. Der Handgriff der Manipulierung bringt eine Verschiebung der Wahrheit mit sich. So entwickelt sich die Wahrheit weiter in der schöpferischen, also bewussten Evolution. Der Wahrheitsbegriff ist immer dieser Wandlung unterworfen – je nach Wahrnehmung – und diese kann durch Medien manipuliert werden.

8.2 Mitteilung in der digitalen Kultur

Die Erschaffung einer Mitteilung ergibt in der digitalen Sphäre eine noch komplexere plurale Welt als vor der Digitalisierung. Dies ermöglicht die komplexe Speicherung von Daten: *Big Data*. Die digitale Sphäre speichert und erinnert immer mehr, während das Vergessen in Form der *digitalen Demenz*[445] schon den Weg in den Alltags-Sprachwortschatz gefunden hat. Wie beim Ursprung der Medien, ist auch bei deren Weiterentwicklung, bei den digitalen Medien, eine Verlagerung des Gedächtnisses zu beobachten – vom Menschen auf das digitale Gerät. Mensch und digitales Gerät interagieren in Wechselwirkung miteinander. Darin liegt eine Gefahr, nämlich die, dass dem Menschen durch diese Verbindung einerseits seine Erinnerungen nur in manipulierter, nicht mehr in originärer Form vorliegen könnten, und der Mensch andererseits Gefahr läuft, durch die ständig verfügbare Möglichkeit der Erinnerung über digitale Geräte irgendwann nicht mehr vergessen zu können. Damit vermag er sich nicht mehr weiterzuentwickeln oder droht psychisch krank zu werden.[446]

Ein Beispiel für den Fall, in dem es sich so verhält, dass dem Menschen durch die Mensch-Technik-Verbindung seine Erinnerungen ausschließlich in manipulierter Form vorliegen könnten, ist das Folgende: Eine Firma namens

---

445 Vgl. Spitzers Publikation mit dem Titel *Digitale Demenz*.
446 Unabhängig vom digitalen Gerät existiert ein Krankheitsbild beim Menschen, das in der Unmöglichkeit des Vergessens besteht.

Match2Blue hat eine Handy-Software entwickelt, die die Bedürfnisse ihrer Nutzer möglichst genau vorherzusagen versucht und ihnen unterwegs passende Restaurants empfiehlt
oder interessante Kontakte, die zufällig dieselbe Veranstaltung
besuchen.[447]

Wenn der Nutzer also unterwegs ist zu einem bestimmten Ziel, was ja
meist der Fall ist – man gondelt ja in der Regel nicht einfach ohne Ziel
durch den Alltag – , bekommt man von seinem Handy Vorschläge, was
man noch alles unternehmen könnte. Da hat es der gestresste und manipulierte Mensch eher schwer, sich an sein eigentliches Ziel zu erinnern.
Oder anders gesagt: Das eigentliche Ziel könnte von den Vorschlägen
des Handys immer mehr in einen Nebel des Vergessens gerückt werden.
    Diese smarte Funktion des Vorschlags von einer Maschine funkti-
oniert allein dann, wenn der Mensch dazu bereit ist, alle seine Daten
zu digitalisieren und zentral zu verwalten. Ein davon »ausgelagerter«
analoger Kalender an der Wand hilft nicht, wenn man der Spracher-
kennung namens Siri von Apple oder Google Now von Google sagt, sie
solle das Geschäftsessen absagen. Auch wenn man Siri fragen möchte,
wann die Schwester Geburtstag hat, muss Siri erst einmal wissen, wie
die Schwester heißt. Diese digitalisierten Daten ergeben so eine immer
größere Verknüpfung der Menschen. Die Maschinen lernen dadurch,
wer zu wem gehört. Simple Fragen wie: „Brauche ich heute einen Re-
genschirm?" erfordern, dass der Computer weiß, wo man sich befindet.
Mit all diesem Wissen des Computers über den Menschen kann man
Siri auch fragen, welcher der Facebook-Freunde sich gerade in der Nähe
befindet, um dann durch Siri ein Treffen herstellen zu lassen.
    Die Mitteilung in der digitalen Kultur setzt also voraus, wenn man
nicht manipuliert werden und sein eigenes Gedächtnis behalten will,
dass der Mensch bei sich bleibt und für sich selbst denkt. Das heißt
nicht, dass der Mensch Siri oder Google Now nicht nutzen, sondern
nur, dass er es *bewusst* nutzen sollte, immer mit dem Fokus auf das
Selbstdenken.

---

447 Marcus Pfeil: „Research Gate", in: Die Zeit (Nr. 26) 20.06.2013, 29.

8.3 Das digitale Medium als Gedächtnisort

Als er aber an die Buchstaben gekommen, habe Theuth gesagt: Diese Kunst, o König, wird die Ägypter weiser machen
und gedächtnisreicher, denn als ein Mittel für Erinnerung und
Weisheit ist sie erfunden. Jener aber habe erwidert: O kunst-
reichster Theuth, einer weiß, was zu den Künsten gehört, ans
Licht zu bringen; ein anderer zu beurteilen, wieviel Schaden
und Vorteil sie denen bringen, die sie gebrauchen werden.
So hast auch du jetzt, als Vater der Buchstaben, aus Liebe
das Gegenteil dessen gesagt, was sie bewirken. Denn diese
Erfindung wird den Seelen der Lernenden vielmehr Vergessenheit einflößen aus Vernachlässigung der Erinnerung, weil
sie im Vertrauen auf die Schrift sich nur von außen vermittels
fremder Zeichen, nicht aber innerlich sich selbst und unmittelbar erinnern werden. Nicht also für die Erinnerung, sondern nur für das Erinnern hast du ein Mittel erfunden, und
von der Weisheit bringst du deinen Lehrlingen nur den Schein
bei, nicht die Sache selbst. Denn indem sie nun vieles gehört haben ohne Unterricht, werden sie sich auch vielwissend
zu sein dünken, obwohl sie größtenteils unwissend sind, und
schwer zu behandeln, nachdem sie dünkelweise geworden
statt weise.[448]

Schon durch die Erfindung der Schrift wurde die Diskussion um die
Verlagerung des Gedächtnisses vom Gehirn nach außen hervorgebracht. Laut Platon vermag es der Mensch, durch die Schrift nicht
mehr Er-inner-ung an sein Wissen aus sich selbst heraus zu erlangen,
sondern nur noch ein Erinnern durch das Medium Schrift, das von
der Innerlichkeit weiter entfernt liegt als die Erinnerung. Es ist eine
Verschiebung der Bedeutung von Erinnerung aufgrund der Auslagerung des Wissens durch die Schrift. Je mehr Medien, desto weniger ist

---

448 Platon, Phaidros 274e-275b.

das Auswendiglernen oder Memorieren von Wissen im Inneren eine Notwendigkeit.

Die Schrift als sekundäres Medium bedarf laut Begriffsdefinition eines „technisch hergestellten Trägers"[449], das ist die Grundlage zur Auslagerung aus dem Gehirn. Die Schrift wird dadurch zu einer Art Gedächtnisort, der ein Erinnern an Wissen ermöglicht. Im Buch wird dieser Ort konserviert. Genauso ist auch die Schrift im Digitalen eine Art Gedächtnisort. Nur haben sich die Art von Zugriff und Abruf, also die räumliche und zeitliche Komponente, und damit auch die Art des Mediums, in ein tertiäres geändert. Schirrmacher beschreibt diese Verlagerung des Gedächtnisses nach außen wie folgt: „Wir füttern mit unseren Gedanken, Worten und E-Mails das Wachstum eines gewaltigen synthetischen Hirns."[450] Daraus wird, betrachten wir einmal die Fähigkeit des Gehirns, Erlebnisse zu speichern und als Erinnerungen wieder aufleben zu lassen, eine Art synthetische Bibliothek der Erinnerung.

Diese Auslagerung auf ein synthetisches Medium ist auf materieller Ebene notwendig, sobald die Menge der Informationen die Kapazität des Gehirns übersteigt, und damit wird die Art des Denkens eine andere. Zwar korrespondiert

> dem Rückgang des Auswendiglernens [...] die sprunghaft angestiegene Kapazität der elektronisch hochgerüsteten externen Wissensspeicher. Doch lange bevor die Computer dem Gedächtnis seine Arbeit abnahmen, war der Wert des Auswendiglernens bereits in Frage gestellt.[451]

Der Unterschied zwischen Auswendiglernen und Verstehen, also Intelligenz im Gegensatz zu »Dummheit«, ist groß. Auch wenn die externen Wissensspeicher dem Menschen Wissen abnehmen, heißt das nicht, dass der Mensch zunehmend dumm wird, wie man es an manchen Stellen der Internetkritik – meist aus Gründen der Provokation – vermit-

---

449 Kerlen, 13.
450 Schirrmacher, Payback, 15.
451 Assmann, 11.

telt bekommt. Viel eher wird das Gedächtnis des vernetzten Menschen schwächer. Trotzdem kann er über einen starken Verstand verfügen. Der Verstand des heutigen vernetzten Menschen funktioniert natürlich anders als der des analogen platonischen Menschen. Der platonische Mensch erinnerte sich aus sich selbst heraus, aus dem Wissen heraus, das seine Persönlichkeit ausmachte, und war etwas mehr oder weniger Festes. Heute ist das Wissen einer Person durch dessen Auslagerung auf ein digitales Medium transformierbarer und damit entwickelbarer. Zudem gibt das äußerliche Wissen dem heutigen Menschen eine starke Entfaltungsmöglichkeit. Der vernetzte Mensch vermag es entweder, sich das Wissen zu verinnerlichen, das ihn dann als Persönlichkeit formt; oder er vermag es nicht und lässt sich davon fremdbestimmen, ohne seine individuelle Persönlichkeit auszuformen.

Der Unterschied zum analogen platonischen Menschen ist der, dass der vernetzte Mensch eine äußerliche Fülle vorfindet, aus der er im besten Falle das Wissen wählen kann, das ihm am besten entspricht, um eine wahrhaftige Entwicklung zu gewährleisten. Das geht jedoch nur mit einem guten psychischen Immunsystem. Die Gefahr, dass ihn Wissen prägt, das ihm nicht entspricht, ist in der Vernetzung noch mehr gegeben als im rein Analogen. Die Generation, die zwischen den analog und den digital Sozialisierten steht, sieht die Unterschiede noch und weiß, dass der digital Sozialisierte mit mehr *digitalen Informationen* umgehen kann als der analog Sozialisierte. *Wie* damit umgegangen wird, ist ein großer Unterschied, denn je mehr digitale Informationen man verarbeiten muss, desto eher läuft man Gefahr, sie nur oberflächlich zu streifen und psychische Probleme mit der Wahrnehmung seiner Umwelt zu bekommen. In keiner der beiden Gruppen bedeutet aber die Art der Informationsverarbeitung eine Dummheit.

Die Möglichkeit der Manipulation ist beim Wissen, das der digital Sozialisierte aufnimmt, natürlich größer aufgrund der größeren Oberfläche der Mediums, von dem das Wissen kommt. Dazu kommt die Möglichkeit des Zugriffs auf das digitale Medium von außen.

Wir haben eine Phase erlebt, in der

das lebendige Gedächtnis [...] einem mediengestützten Gedächtnis [weicht], das sich auf materielle Träger wie Denkmä-
ler, Gedenkstätten, Museen und Archive stützt.[452]

Materielle Träger werden nun digitalisiert. Auf kollektiver und insti-
tutioneller Ebene werden dabei die Erinnerungsprozesse „durch eine
gezielte Erinnerungs- beziehungsweise Vergessenspolitik gesteuert".[453]
    Durch die Auslagerung des Wissens auf Medien bemerken immer
mehr Menschen ihr nachlassendes Gedächtnis, was in dem Maße beim
Medium Schrift vergleichsweise wohl kaum erwähnenswert war. Mit
einem nachlassenden Gedächtnis entfernt sich der Mensch immer mehr
vom Ursprung, vom Gefühl, das vor der Über-setzung in eine Mitteilung steht; denn das Gefühl ist genau das, was semantisch in einem Text
eingeschrieben steht. Und diese Bedeutung muss das Gedächtnis speichern. Ist das Gedächtnis jedoch zu voll, aufgrund des Copy & Paste-
Mülls aus dem Netz, schaltet es ab. Damit ist der Mensch entfernt von
seiner Natur, vom Ursprung. Das ist der innerliche Grund – im Gegensatz zum oben genannten materiellen –, warum ein Gedächtnis überhaupt von der menschlichen Natur auf ein Ding verlagert werden muss.
    Auch das wurde in Bezug auf das Medium Schrift diskutiert: Die
Entfernung von der Wahrheit oder vom Ursprung. Mit der Digitalisierung geht die Entfernung vom Ursprung noch einen Schritt weiter. Der
Ursprung, das Gefühl, wird durch Sprache und Schrift sozusagen um-
berechnet oder umcodiert und aus dem Kopf ausgelagert. Durch die
Digitalisierung ist der Mensch noch einen Schritt weiter vom Ursprung
entfernt. Damit ist die Möglichkeit zur Manipulation größer, sie potenziert sich durch die räumliche und zeitliche Komponente in der digitalen Welt. Sie potenziert sich durch die Vernetzung, durch die Pluralität
der Welten.

---

452 Ebd, 15.
453 Ebd.

8.4 Vervielfältigung/Kopiertechniken

Wenn ich weiter gesehen habe, so deshalb,
weil ich auf den Schultern von Riesen stehe.[454]

Die technische Basis für die Vervielfältigung wurde mit dem Holz-
schnitt gelegt:

> Mit dem Holzschnitt wurde zum ersten Male die Graphik tech-
> nisch reproduzierbar; sie war es lange, ehe durch den Druck
> auch die Schrift es wurde. [...] Zum Holzschnitt treten im Laufe
> des Mittelalters Kupferstich und Radierung, sowie im Anfang
> des neunzehnten Jahrhunderts die Lithographie. [...] Mit der
> Photographie war die Hand im Prozess bildlicher Reproduktion
> zum ersten Mal von den wichtigsten künstlerischen Obliegen-
> heiten entlastet, welche nunmehr dem ins Objektiv blickenden
> Auge allein zufielen. Da das Auge schneller erfasst, als die
> Hand zeichnet, so wurde der Prozess bildlicher Reproduktion
> so ungeheuer beschleunigt, dass er mit dem Sprechen Schritt
> halten konnte. [...] *Um neunzehnhundert hatte die technische*
> *Reproduktion einen Standard erreicht, auf dem sie nicht nur*
> *die Gesamtheit der überkommen Kunstwerke zu ihrem Ob-*
> *jekt zu machen und deren Wirkung den tiefsten Veränderungen*
> *zu unterwerfen begann, sondern sich einen eigenen Platz unter*
> *den künstlerischen Verfahrungsweisen eroberte.*[455]

---

454 Vgl. von Gehlen, 34f.; Von Gehlen verweist auf Matthias Spielkamp: http://
      irights.info/abschreiben-verboten. Laut Spielkamp wird dieses Zitat landläufig
      Isaac Newton zugeschrieben, doch dieser ist nicht der Urheber. Dieses Zitat ge-
      hört ursprünglich zum Kedalion-Mythos. Kedalion sitzt in dieser Erzählung auf
      den Schultern des blinden Riesen Orion, um ihn zu führen. Die beiden arbeiten
      zusammen, beeinflussen sich gegenseitig, wie es auch bei Kopiertechniken der
      Fall ist.
455 Walter Benjamin, Das Kunstwerk im Zeitalter seiner technischen Reproduzier-
      barkeit, 9-11.

Die Handlungen, ausgeführt von Auge und Hand, die Wahrnehmung allgemein, wurden durch die technischen Veränderungen innerhalb der Vervielfältigung immer rasanter. Neben der Veränderung des zeitlichen Aspektes, der zeitlichen Raffung während des Vervielfältigungsprozesses, ist auch eine Veränderung in der Absicht zu beobachten. Die technische Reproduktion „erweist sich [...] dem Original gegenüber selbstständiger als die manuelle".[456] Mit den digitalen Medien ist das Teilen grundlegend zu einer fast gänzlich automatischen Handlung geworden. Basis ist die technische Möglichkeit des raschen Kopierens.

Es gehören hierzu Begriffe wie Imitieren, Zitieren, Paraphrasieren, Übersetzen, Copy & Paste, Digitalisieren, Analogisieren und Mashup.[457]

Es muss bei all diesen Begriffen, die bedeuten, dass ein Original geteilt wird, differenziert werden, ob es sich um eine »böswillige« Kopie handelt, wie bei einem Plagiat, bei dem der Schöpfer des Originals nicht genannt wird, oder ob es sich um eine Kopie handelt, die zur „kreativen Referenzkultur"[458] zählbar ist. Von Gehlen beschreibt diese Referenzkultur in *Mashup* als

> eine Technik der Bezugnahme, des Zitats und der Adaption, die schon immer Grundlage unseres Kulturverständnisses war, die jedoch – ebenso wie die Vervielfältigung – durch die Digitalisierung einem Veränderungsprozess unterworfen ist.[459]

Innerhalb der kreativen Referenzkultur ist das Kopieren eine Kunstform, eine Form

---

456 Ebd., 14.
457 Vgl. von Gehlen, 206. In seinem Glossar heißt es zum Begriff »Mashup«: „Bezeichnung für die Verbindung zweier Produkte zu einem neuen. Besonders bekannt sind die musikalischen Remixes aus unterschiedlichen Songs [...]. Im Bereich der Netz-Entwicklung wird der Begriff »Mashup« (vom englischen *to mash*, vermischen) auch für die Neukombination von Inhalten und Techniken unterschiedlicher Anbieter benutzt. Technisch funktioniert dies über API genannte Programmierschnittstellen, die es beispielsweise erlauben, Bilder der Foto-Community Flickr auf anderen Seiten einzubinden oder ein Mashup aus textlichen Inhalten und Kartenmaterial des Dienstes GoogleMaps zu erstellen."
458 Von Gehlen, 19.
459 Ebd.

des »höheren Abschreibens«,[460] wie Thomas Mann es genannt hat: Wenn *erstens* die Quellen und Bezüge offengelegt und nicht verschleiert werden, wenn *zweitens* das Zitat in einen neuen Kontext gestellt oder in seiner Form verändert wird und wenn *drittens* – das ist das wichtigste Kriterium – durch die Kopie ein neues Werk geschaffen wird.[461]

Ein Plagiat unterscheidet sich also von der kreativen Referenzkultur durch die Qualität.

Vervielfältigung ist nicht gleich Vervielfältigung – und doch ist all diesen Techniken eines gemein, nämlich dass sie einen Inhalt mal mehr mal weniger, aber doch immer weiter vom Original entfernen. Andererseits verweisen sie implizit auf das Original, tragen es als eine Art inkludierte Möglichkeit zur Erinnerung mit sich. Dieser implizite Verweis auf das Original ist aber nur gegeben, wenn dieser vom Nutzer kommt, wenn dieser also weiß, woher das, was er benutzt, stammt – und das ist in Zeiten des Copy & Paste für viele Nutzer immer mehr der Fall, siehe die Plagiatsaffäre um zu Guttenberg. Es ist in diesen Zeiten für viele Nutzer immer einfacher zu überprüfen, ob ein Plagiat vorliegt. Die Vorlage muss bekannt sein, um ein Plagiat als Plagiat zu verstehen. Genauso ist bei einer Parodie die Kopie nur dann als Parodie zu verstehen, wenn die Vorlage bekannt ist.

> Wäre die Vorlage unbekannt, würde die Parodie nicht gelingen, die Referenz scheitert und wird dann zu Recht als Plagiat gelesen.[462]

Eine offensichtliches Plagiat wie zu Guttenbergs Doktorarbeit[463] und eine künstlerische Parodie sind natürlich klar voneinander zu unterscheiden, bei beiden muss die Referenz jedoch vom Nutzer verstanden

---

460 Von Gehlen zitiert hier Jonathan Lethem: „Autoren aller Länder, plagiiert euch!", in: Literaturen 6/2007, 59-63, 59.

461 Von Gehlen, 22f.

462 Ebd., 20.

463 Vgl. ebd., 21.

werden, um die Art der Kopie bestimmen zu können; es ist letztlich eine Interpretation des Nutzers.

Ein Beispiel für Vervielfältigung ist ein *Wiki*. Es ist viel Wissen schnell zugänglich und doch liefert es keine konkrete Antworten. Außerdem kann es durch Kollaboration[464] vieler Menschen, die sich gar nicht kennen, das Leben anderer Menschen beeinflussen oder manipulieren – je nach Absicht – wie im Falle des GuttenPlag-Wiki.

Ein vielleicht noch besseres Beispiel für die Vervielfältigung ist Twitter. Hier werden Informationen in Echtzeit verbreitet, sie formieren sich zu einer wahren Informationsflut. Diese kann den Nutzer schon einmal erschlagen, und damit ist die Kopie kein Teil der kreativen Referenzkultur, sondern für den Nutzer ist es Datenmüll, der bei der Vervielfältigung in Massen anfällt. Für einen Informationsdienst wie Twitter jedoch sind diese Daten wertvoll, sie sind seine Finanzierungsgrundlage. Aus diesen Daten erzeugt Twitter ein Bild der Nutzer, durch das wiederum der Nutzer manipuliert werden kann.

8.5 Copy & Paste-Müll

Um welche Art von Kopie es sich auch handelt, Daten werden in der Kultur des Teilens weitergereicht und weiterverwendet – oder eben nicht. Das sich daraus ergebende Prinzip lautet: Je öfter kopiert, desto unvergänglicher und desto gefährlicher für das psychische Immunsystem.

Als Internet-Nutzer wird man mithilfe des Werkzeuges Copy & Paste »zugemüllt«. Wie soll da noch Platz für eigene Ideen und Kreativität bleiben? Die eigene Kreativität wird sozusagen durch Copy & Paste-Müll manipuliert. Sie wird erstickt, wenn der Nutzer es zulässt, wenn das psychische Immunsystem den Copy & Paste-Müll nicht abzuleiten vermag.

Das ist eben ein negativer Aspekt der Möglichkeit des raschen Kopierens. Es mag, wie von Gehlen schreibt, eine »kreative Referenzkultur«

---

464 Vgl. ebd., 31. Hier wird aus einem Interview zwischen von Gehlen und Debora Weber-Wulff über Plagiate und produktives Kopieren zitiert, im Konkreten Debora Weber-Wulff.

geben, dahin kommt aber nur der Internet-Nutzer, der es geschafft hat, sein psychisches Immunsystem zu stärken und den Müll abzuleiten, es gilt, den Müll der Kultur des Teilens gar nicht erst zu beachten oder aber ihn zu filtern.

Zum Müll des Copy & Paste-Vorgangs noch ein Zitat-Zitat über Walter Benjamin von Aldous Huxley:

> Die technischen Fortschritte haben [...] zur Vulgarität geführt [...], die technische Reproduzierbarkeit und die Rotationspresse haben eine unabsehbare Vervielfältigung von Schriften und Bildern ermöglicht. Die allgemeine Schulbildung und die verhältnismäßig hohen Gehälter haben ein sehr großes Publikum geschaffen, das lesen kann und Lesestoff und Bildmaterial sich zu verschaffen vermag. Um diese bereitzustellen, hat sich eine bedeutende Industrie etabliert.[465]

Mit den heutigen technischen Möglichkeiten sollte sich jeder Nutzer von digitalen Produkten immer öfter fragen, wie es Christopher Lauer einmal formuliert hat: „Muss ich das jetzt wirklich veröffentlichen?" Immer sollte der vernetzte Mensch Sinn und Nutzen seiner digitalen Mitteilungen abwägen.

Einst hatte Kunst die Funktion, dem Betrachter *sinnvolle* Zerstreuung durch deren Rezeption zu bieten. Die Kunst ist aber längst mit der Copy & Paste-Möglichkeit – so würde Benjamin das vielleicht formulieren – entleert worden. Die Kopie steht im Falle des Copy & Paste-Mülls als leere Hülle da, die dem Menschen in der Rezeption Schaden zufügen kann.

465 Aldous Huxley: *Croisière d'hiver. Voyage en Amérique Centrale* (1933), übers. v. Jules Castier, Paris 1935, 273-275; zitiert aus: Benjamin, Das Kunstwerk im Zeitalter seiner technischen Reproduzierbarkeit, 48f.

8.6 Existenzielle Erfahrungen
in Zeiten des Copy & Paste

Dieser Copy & Paste-Müll, als das negativste Produkt der Kultur des Teilens, erlaubt es dem Menschen kaum, existenzielle Erfahrungen zu machen oder sich an existenzielle Erfahrungen zu erinnern. Der Mensch kann durch die Kultur des Teilens immer mehr mit dem Nebel des Vergessens umhüllt, immer weiter vom wirklichen Ich weggetragen werden. Wie schon über Rousseau und Benjamin dargelegt, ist der Ursprung der Medien das menschliche moralische Bedürfnis. Medien verändern oder verschieben diese Moral in jedem Falle. In manchen Fällen können sie sie verfremden oder verfälschen, teils mithilfe von Manipulation, und zwar dann, wenn es um egoistische, also polare Ziele geht, wie den Kommerz.

Es sind existenzielle Erfahrungen wie Liebe und Hass, Sehnsucht und Erfüllung, die wertvoll oder wertvoller werden, wenn sie mit Moralität erfahren und gelebt werden.[466] Um nicht Opfer von Manipulation zu werden, „ist ein waches moralisches Bewusstsein erforderlich"[467]. Doch wie geht das, wenn die Erinnerung daran getilgt ist?

Die Medien sind Vermittler zwischen dem Menschen und dessen Umgebung. Dieses Medium, ob nun in Form von Mimik und Gestik, Sprache, Schrift oder digitalem Ausdruck, ist erst einmal eine Über-setzung eines ursprünglichen Gefühls oder Bildes im Kopf. Aber das Medium kann auch zur Erinnerung verhelfen, oder eben die Erinnerung an den Ursprung tilgen. Wenn letzteres der Fall ist, kann es sich um Manipulation handeln, wodurch der Mensch automatisch mit einer verfälschten Welt verbunden wird, verfälscht in Bezug auf den Ursprung der Medien. Verfälscht auch in Bezug auf die Gesamtheit, in Bezug auf die Pluralität der Welten, denn die Gesamtheit ist nicht polar, sondern eine Einheit. Diese Verfälschung bedeutet Ablenkung vom eigentlichen Ziel des Menschen, nämlich dem Ausleben seiner Moralität. Dazu gehört es, existenzielle Erfahrungen zu machen, und zwar alle, also auch die-

466 Vgl. Lütz, 172f.
467 Ebd., 173.

jenigen, die scheinbar negative Gefühle verursachen (der Mensch kann ja immer etwas Positives daraus ziehen, aber erst, wenn das Negative durchlebt wurde). So gehören auch Gewissensbisse zu diesen negativen Gefühlen, die der Mensch in etwas Positives transformieren kann. Doch das ist anstrengender, als sich einfach durch digitale Medien davon ablenken zu lassen:

> Gewissensbisse sind [...] nicht gerade vergnügliche Erlebnisse. Und so ist es kein Wunder, dass Menschen sich liebend gerne ablenken lassen von solchen existenziellen Themen.[468]

Es kommt immer ein Moment des Erwachens. Man hat eine verfälschte Welt durchlebt und kommt irgendwann zu Bewusstsein darüber, dass diese Welt nicht dem eigenen Ziel entspricht. Es ist Teil der menschlichen Entwicklung; und die Entwicklung ist das Wertvollste am Leben. Sie basiert auf den existenziellen menschlichen Erfahrungen. Teil davon sind die verfälschten Welten:

> Wenn man nicht mehr die Freiheit hat, in die existenzielle Welt vorzudringen, dann wird man zur Marionette in einem Theater, in dem andere die Regie führen.[469]

8.7 Die verfälschten Welten

Der Psychiater und Psychotherapeut Manfred Lütz beschreibt in seinem Buch *Bluff! Die Fälschung der Welt* genau solche verfälschte Welten:

> Was wäre, wenn [...] diese Welt nur eine konstruierte Wirklichkeit wäre, wenn unser ganzes Leben ein Auftritt auf einer gigantischen Bühne wäre und wir, wie der griechische Philosoph Platon annahm, um uns herum nur ganz unvollkommene

468 Ebd., 16f.
469 Ebd., 186.

Abbilder sähen, hinter denen eine geheimnisvolle eigentliche
Wirklichkeit für immer verborgen wäre?[470]

Platons berühmtes Höhlengleichnis symbolisiert diese einseitige Perspektive, die durch Wechsel mit einer anderen Perspektive die Entwicklung des menschlichen Bewusstseins ausmacht:

> Sieh nämlich Menschen in einer unterirdischen, höhlenartigen
> Wohnung, die einen gegen das Licht geöffneten Zugang längs
> der ganzen Höhle hat. In dieser seien sie von Kindheit an gefes-
> selt an Hals und Schenkeln, so dass sie auf demselben Fleck
> bleiben und auch nur nach vorne hin sehen, den Kopf aber he-
> rumdrehen der Fessel wegen nicht vermögend sind. Licht aber
> haben sie von einem Feuer, welches von oben und von ferne
> her hinter ihnen brennt. […] Nun betrachte auch […] die Lösung
> und Heilung von ihren Banden und ihrem Unverstande, wie es
> damit natürlich stehen würde, wenn ihnen folgendes begegne-
> te. Wenn einer entfesselt wäre und gezwungen würde, sogleich
> aufzustehen, den Hals herumzudrehen, zu gehen und gegen
> das Licht zu sehn, und, indem er das täte, immer Schmerzen
> hätte und wegen des flimmernden Glanzes nicht recht ver-
> möchte, jene Dinge zu erkennen, wovon er vorher die Schatten
> sah: Was, meinst du wohl, würde er sagen, wenn ihm einer ver-
> sicherte, damals habe er lauter Nichtiges gesehen, jetzt aber,
> dem Seienden näher und zu dem mehr Seienden gewendet,
> sähe er richtiger, und, ihm jedes Vorübergehende zeigend, ihn
> fragte und zu antworten zwänge, was es sei? Meinst du nicht, er
> werde ganz verwirrt sein und glauben, was er damals gesehen,
> sei doch wirklicher als was ihm jetzt gezeigt werde?[471]

Auch für die heutige digitale Kultur des Teilens gilt dieses Gleichnis.
Denn

---

470 Ebd., 11.
471 Platon, Politeia 514a-515d.

> wir alle leben unvermeidlich in dieser gefälschten Welt mit all
> ihren Vor- und Nachteilen, und das ist auch ganz gut so. Wir
> bauen ja sogar selbst mit daran. Diese Welt ist bunt und schön
> und abwechslungsreich, und manchmal ist sie sogar köstlich
> wie ein guter Wein. Aber man muss aussteigen können.[472]

Aber das ist nicht so einfach, da Moral mühsam ist. „Und so ist der
Mensch stets in Gefahr, an diesem moralischen Anspruch an sich selbst
zu scheitern."[473] Mit Manipulation, die an diesem schwachen Punkt an-
setzt, kann der Mensch umgelenkt werden, um sein moralisches Ziel aus
den Augen zu verlieren. Dadurch verliert er seine Freiheit, „in die existenzielle Welt vorzudringen" und wird „zur Marionette in einem The-
ater, in dem andere die Regie führen".[474] Hier gibt es allein suggerierte
Sicherheiten: Keine existenziellen Beunruhigungen, keine Unklarhei-
ten, keine Geheimnisse. Es gibt „dank Google keine unbeantworteten
Fragen", und es geschieht nichts Unerwartetes, weil die künstlichen und
transparenten vernetzten Menschen in ihr alle berechenbar sind.[475] Alle
technischen Neuerungen, die diese Welt steuern, werden vor der Markt-
einführung, einhergehend mit einem großen Spektakel, lautstark angekündigt. Die vernetzten und manipulierten Menschen klatschen alle
andächtig und schauen wie Gläubige in der Kirche zu dem neuen technischen Produkt auf. Diese Menschen werden zu künstlichen oder ver-
dinglichten Menschen und sind an die verfälschten Welten gebunden,

> wenn diese […] übermächtig werden, wenn sie sich als die ein-
> zig wahre Welt aufdrängen, wenn sie keinen Platz mehr lassen
> für das eigentliche Leben des Menschen. Erst dann entfrem-
> den sie den Menschen von sich selbst. Besonders gefährlich
> werden solche Welten dann, wenn sie sich zu Glaubenssyste-
> men aufblasen.[476]

---

472 Lütz, 185.
473 Ebd., 173.
474 Ebd., 186.
475 Vgl. ebd., 16; 22.
476 Ebd.,163.

Ist es das, was wir wirklich wollen, was unser Leben lebenswert macht? Diese Frage sollten sich die Menschen in der verfälschten Welt stellen, um aus ihr herauszukommen, denn grundsätzlich steht allen Menschen die Türe zur eigentlichen, wahren Welt, zu unserem Ursprung offen.[477] Doch was ist, wenn die Erinnerung an Ursprung und Ziel des menschlichen Lebens getilgt sind? Der Mensch erschafft sich ja seine eigene persönliche Umgebung, sein eigenes sogenanntes Sinusmilieu, wie die Soziologen es nennen, allein schon durch Meinungsbildung.[478] Dazu hat jedes Milieu

> seine bevorzugten Zeitungen, Zeitschriften und Fernsehsendungen oder Blogs, die dazu beitragen, die eigene Meinung, je länger, je mehr, als die einzig wahre zu empfinden. […] Das Problem ist […], dass uns mit der Zeit die Üblichkeiten unseres Milieus wie die eigentliche Welt vorkommen, dass sie uns also mehr und mehr gefangen nehmen. Wir werden berechenbar. […] Wir werden zum Produkt unseres Milieus.[479]

Der vernetzte Mensch wird zum Produkt seiner Umgebung, weil alles, was er in digitale Suchmaschinen eingibt, ihn in gewisser Weise, zumindest fragmentarisch, zu beschreiben scheint. Google und Co. zeigen dem Nutzer dann Informationen, die den Eingaben entsprechen. Der Nutzer

> bekommt durch diese Firmen immer wieder Informationen nur oder vor allem zu diesem Bereich, und so ist er mit der Zeit, ohne es recht zu merken, gefangen in seiner eigenen kleinen Welt, aus der er dann irgendwann gar nicht mehr herauskommt oder herauswill, weil er ganz vergessen hat, dass es außerhalb seiner Präferenzen noch eine andere Welt gibt.[480]

---

477 Vgl. auch ebd.,18; 162.
478 Vg. ebd., 21.
479 Ebd., 22.
480 Ebd., 97.

Somit werden die eigenen Präferenzen irgendwann zu einem fremdbe-
stimmten Sinusmilieu, „durch geschickte Manipulationen"[481] mithilfe digitaler Medien. Zwar müssen diese Manipulationen nicht immer
gleich mit *bösen* Absichten geschehen, meistens sind es ökonomische
Absichten, „aber sie können immerhin ähnlich freiheitsberaubende Folgen haben".[482]

Scheinbar paradox, sind es genau diese Medien, die eine Möglichkeit
bieten, über den Tellerrand hinauszublicken; denn wie sie die eigene
Erinnerung trüben können, können sie auch die eigene Erinnerung an-
stoßen. Es ist der Perspektivwechsel, der jedem Menschen möglich ist,
der alles ändern kann. Allein wenn der Mensch aus Lastern wie der
Faulheit in seiner verfälschten Welt bleibt – weil es einfacher ist, zu
bleiben, wo man ist – kann ein Perspektivwechsel nicht erreicht werden.
Der Mensch muss es schon wollen. Es ist der gute Wille, den Immanuel
Kant als die einzig wahre Tugend ansieht, der jedem Menschen eingeschrieben ist. Er ist ihm durch seinen Ursprung geschenkt. Er vermag
es dadurch, den Menschen wieder an sein Ziel zu erinnern, und so kann
der Mensch eine verfälschte Welt erkennen und aus ihr heraustreten,
um den moralischen Impuls, der in jedem Menschen in dessen Kern
liegt[483], anzugehen.

8.8 Existenzielle Erfahrung und Unmoral: Egoismus

Eine verfälschte Welt, in der alle Menschen – der eine mehr, der andere
weniger – leben, ist diejenige, die aufgebläht ist durch den menschlichen
Egoismus. Es ist so: „Der Erfolgreiche, Starke, Gesunde, Begüterte hat
recht."[484] Das ist ein logisches evolutionäres Verhalten, aber eben auch
ein egoistisches. Jeder ist sich selbst der Nächste, das ist das Prinzip des
reinen Überlebens – eigentlich. Denn wir leben heute in einer Luxusgesellschaft, in der es schon lange nicht mehr ums nackte Überleben geht.

---

481 Ebd.
482 Ebd., 99.
483 Zum moralischen Impuls, vgl. Steiner, Ahriman kommt, 9.
484 Friedrich Schorlemmer: „Das Prinzip Gier", in: Die Zeit (Nr. 29) 11.07.2013, 52.

Egoismus ist heute nicht mehr Motor für das nackte Überleben, sondern „für Konkurrenz und unablässiges Schöpfertum"[485]. Längst lebt der Mensch in einer Maßlosigkeit, bei der es nicht mehr um den reinen Hunger geht, dessen Stillen den Menschen physisch überleben ließe – wie Friedrich Schorlemmer in einem Artikel in der ZEIT schreibt:

> Ich habe Hunger. Landhunger. Profithunger. Lebenshunger.
> Liebeshunger. Machthunger. Ich kriege nie genug. Geld- und
> Geltungssucht sind heute innigst verbunden. Ihr Ursprung ist
> die Gier. Wo Gier zum Lebensprinzip avanciert, wird alles maß-
> los – ehe es kaputtgeht.[486]

Der Mensch will alles und nichts – die Gier treibt ihn dazu. Die personalisierte Werbung im Internet stachelt die Gier nur noch mehr an. Es sind personalisierte Oberflächen, die den Menschen umgeben und seine absolute Aufmerksamkeit fordern. Sie fordern sogar mehr Aufmerksamkeit, als der Mensch aufbringen kann. Es ist eine Situation, die der Mensch nicht mehr lange wird aushalten können: „Wo der Mensch mehr aushalten soll, als ihm guttut, dort entsteht eine Hochkultur der durchtrainierten Egoisten."[487] Das ist nicht das wahre Ich, sondern ein künstliches Produkt der Gesellschaft. Doch „der Mensch ist mehr als ein Produkt der gesellschaftlichen Verhältnisse, er ist ein Individuum"[488], das sollte dabei nicht vergessen werden. Die personalisierte Werbung berücksichtigt nur scheinbar Person und Individuum. In Wirklichkeit kann sie allein auf die Klicks reagieren, die nicht der wahrhaftigen Persönlichkeit entsprechen, sondern Teil der Interaktion zwischen Mensch und Medium sind. Die Klicks sind Teil einer Manipulation, und diese entspricht nicht der wahren Persönlichkeit.

Es ist eine egoistische Gier, die durch Medien-Manipulation immer stärker wird und ihn besetzt hält, ihn fernhält von seiner Individualität. Eine Erinnerung an das wahre Ich wird dadurch mehr und mehr

---

485 Ebd.
486 Ebd.
487 Ebd.
488 Ebd.

unmöglich. Erst durch einen Perspektivwechsel kann der Mensch aus dieser Welt heraustreten.

8.9 Existenz und Bewusstsein: Der Zauber der Liebe

Der Zauber der Liebe ist wohl eine der wundervollsten Erfahrungen, die der Mensch kennt:

> Warum [also] haben die Menschen die Fähigkeit verloren, sich von diesem Zauber berühren, sich von ihm verwandeln zu lassen? Vielleicht weil sie vergessen haben, dass es den »Zauber« des Du, des Anderen gibt?[489]

Mancher Mensch hat diesen Zauber der Begegnung sicherlich vergessen durch den übermäßigen Gebrauch digitaler Medien, die es nicht erlauben, einem Menschen inniger zu begegnen als nur an der Oberfläche des Bildschirms – Menschlichkeit in der Begegnung wird durch Technik verwehrt:

> »Jeder Mensch, dem wir näher begegnen, wird für uns zum Schicksal – und wir werden für ihn zum Schicksal.«, erkannte Bert Hellinger, der tief schauende Begründer des »Familien-Stellens«. Wenn wir einmal das Schick-sal wirklich als zum »Heil« (salus) gesandt deuten wollen, dann liegt im Geheimnis der Begegnung der Schlüssel zum Heil, zum geistigen und körperlichen Gesunden.[490]

Diese menschliche Begegnung findet rein online nicht statt, und das Geheimnis der Begegnung existiert in der Welt des transparenten Menschen nicht. Menschen können sich online zwar vernetzen und sich so in einer gewissen Weise begegnen, aber eben nur bis zur Oberfläche des jeweiligen Bildschirms. Erst wenn sich zwei Menschen, die sich

---

489 Michel/Wagner, Die Wiederverzauberung der Liebe, 47.
490 Ebd.

vielleicht über ein Datingportal kennengelernt haben, face to face begegnen, kann ein Zauber der Liebe stattfinden und damit Heilung von
einem Zuviel der Technik. Es kann zu einem Hervorblitzen der heilsa-
men Transzendenz hinter den technischen Oberflächen kommen:

> Was ist das Heilende in einer Begegnung? Ist es nicht die Er-
> fahrung einer Offenbarung des Göttlichen, die das eigene Ich
> transzendiert und in dieser Transzendierung erweitert? Ist die
> »Wiederverzauberung der Liebe« nicht in Wirklichkeit die Er-
> fahrung des »Zaubers des Göttlichen«, des Göttlichen im Du,
> des Göttlichen im Anderen?[491]

Um Transzendenz in einer Begegnung zu erfahren, muss das Verhältnis
zum Anderen ethisch sein[492], und damit sind wir wieder beim Ursprung
der Medien, bei der Moral, die jeder Mensch in sich trägt, die durch
Medien in jedem Falle verschoben wird, in manchen Fällen verfremdet
oder gar manipuliert werden kann. Nur, wenn die Moral nicht durch
ein Medium verschoben wird, sondern wenn der Mensch in der Lage
ist, sich an sie als ursprüngliches Gefühl zu erinnern, kann der Mensch
auch die Wiederverzauberung der Liebe empfinden. *Wieder*verzaube-
rung deshalb, weil der Mensch es erst einmal schaffen muss, sich von
der verzerrten, verschobenen Moral, wie sie durch Medien transportiert
wird, zu lösen,

> er muss die Liebe von der Sünde und der gesellschaftlichen
> Moral erlösen. Nur eine erlöste, befreite Liebe ist in der Lage,
> sich erneut verzaubern zu lassen.[493]

---

491 Ebd.
492 Zitat von Emmanuel Levinas; zitiert aus: Michel/Wagner, Die Wiederverzaube-
     rung der Liebe, 57.
493 Ebd., 47.

8.10 Der fragmentarische Mensch

Aus den verschiedenen Welten, die der Mensch in seiner Entwicklung des Bewusstseins erlebt, offenbart sich ein fragmentarischer Mensch, der sich durch seine Bewusstwerdung zu einer Einheit zusammenfügt. Diese Zusammenfügung geschieht durch die Wiederverzauberung der Liebe, durch die Erinnerung an die ursprüngliche Moral, die als Gefühl in jedem Menschen vorhanden ist.

Wie der Mensch in seine Umgebung mit den digitalen Medien eingebettet ist, nimmt er diese auch wahr. Es ist ihm in jedem Moment „gegeben, einen [nur] winzigen Ausschnitt aus der riesigen, uns umgebenden Welt wahrzunehmen"[494]. Somit ist der Mensch ein fragmentarischer Mensch in diesem jeweiligen Augenblick. Sobald er reflektiert, wird er zu einem Menschen, der der Einheit entgegenstrebt, und kann damit das Fragmentarische überwinden. Reflexion ist die Basis dafür, für sich einen Mehrwert aus einer Situation zu ziehen. Damit vermag es der Mensch, Gutes aus den digitalen Medien zu schöpfen. Für jeden Menschen ist die Wirklichkeit subjektiv, bestehend aus eigenen Konstruktionen, die sich mit der menschlichen Entwicklung ändern. Aus dieser Veränderung der Wahrnehmung kann der Mensch für sich einen Mehrwert gewinnen und damit das Fragmentarische überwinden.

Ein Fragment der Einheit ist es zum Beispiel, die digitalen Medien zu verdammen und als etwas Schlechtes anzusehen. Doch sie sind längst Teil des Menschen, das sollte jeder Mensch wahrnehmen und aus der Veränderung des Analogen hin zum Digitalen für sich selbst etwas gewinnen. Dabei hilft nicht die Personalisierung durch Algorithmen, sondern allein die »Personalisierung« aus dem eigenen Inneren, die selbstbestimmte Formung der eigenen Subjektivität.

---

494 Lütz, 12.

8.11 Die Wahrhaftigkeit

Ein Mehrwert für das Selbst ist immer das, was der Wahrheit möglichst nahe kommt. Doch was ist die Wahrheit?

> Gilt hier auch einfach das demokratische Mehrheitsprinzip, dass Wahrheit ist, was die Mehrheit denkt, oder hält man es mit dem Autoritätsprinzip: Was die wahre Welt ist, bestimmt der Chefarzt?[495]

Das Wahre ist nichts Fragmentarisches, sondern das Individuellste und Persönlichste, was als einheitliches moralisches Gefühl am Ursprung der Medien steht. Da wurde noch nichts verschoben oder verfremdet. Es ist die Wahrhaftigkeit im Ursprung. Zu dieser gehört Reflexion, es ist nicht das unbewusste und fremdgesteuerte Handeln. Es ist nicht das blinde Handeln, das einige Internet-Nutzer an den Tag legen, wenn sie sich aufgrund der vermeintlichen Unsichtbarkeit im Netz verantwortungslos, ja kindisch verhalten. In dieser noch sehr kindhaften Phase der Erfahrung und Entwicklung der Digitalisierung zwischen Mensch und Maschine befindet sich der Mensch zurzeit. Es werden aber immer mehr daraus er-wachsene Stimmen laut, die von Unmündigkeit im Netz sprechen, die Verantwortung im Netz fordern. Dem Menschen muss bewusst werden, dass er im Netz nicht unsichtbar ist. Einen großen Teil zu dieser Bewusstwerdung trägt derzeit[496] wohl der Whistleblower Edward Snowden bei. Der Mensch muss am eigenen Leib erfahren, was die Gegensätze der Sichtbarkeit und Unsichtbarkeit im Netz bedeuten, zu denen die Unmoral staatlicher Behörden wie die NSA zählt, welche die Menschenrechte im Digitalen negieren. Der Mensch muss diese Unmoral produzierende, sich widersprechende Struktur, die aus der derzeitigen Unvereinbarkeit analoger und digitaler Erfahrungen entsteht, am eigenen Leib erfahren, um sich an seine eigentlichen moralischen Bedürfnisse zu erinnern, die der Wahrhaftigkeit entsprechen.

---

495 Ebd., 7.
496 Stand: Januar 2014.

Je mehr sich der Mensch also über Medien und schließlich dinglich durch digitale Medien nach außen verlagert, desto eher besteht die Möglichkeit, die eigene Wahrhaftigkeit zu vergessen – wenn der Mensch sich dabei selbst nicht im Fokus behält. Medien sind Vermittler, von ihnen kommt immer auch Einfluss von außen ins Innere des Menschen. Der Mensch muss sich mit seinem Bewusstsein schützen, wenn er nur produktiven Mehrwert in sein Inneres lassen will.

Dabei sollte sich der Mensch bewusst darüber sein, *welche* digitale Medien er *wie* ge-braucht, um seiner Wahrhaftigkeit Ausdruck zu verleihen, und welche Rolle seine Anonymität dabei spielt. Im Digitalen ist die Anonymität eine Suggestion. Sie ist Teil der Manipulation durch Medien: Medien suggerieren Anonymität, die der analogen Identität nicht entspricht. Trotzdem produzieren auch Medien eine Identität, eine im Vergleich zur analogen allerdings verschobene, medien-manipulierte. Diese neue Identität führt den Menschen nicht nur weg von der analogen Identität, sondern auch weg von seinen subjektiven, persönlichen moralischen Gefühlen. Eine Verknüpfung zwischen der analogen und der digitalen Identität findet durch Fingerabdrücke statt, die im Analogen und Digitalen identisch sind. Diese Verknüpfung beider Welten ist eine Manifestation der Identitätsmanipulation, der Medien-Manipulation des eigenen Ichs. In dieser Manipulationsschlaufe benötigt der Mensch mehr denn je Wahrhaftigkeit, um der Manipulation von außen entgegenzuwirken. Er benötigt den Zugang zu seinem wahrhaftigen Inneren.

Zugang zur Wahrhaftigkeit bedeutet, im Gleichgewicht zu sein. Inneres und Äußeres müssen im Gleichgewicht stehen, zu viel der Manipulation von außen lässt den Menschen irgendwann erkranken. Wenn die analoge und die digitale Welt ins Gleichgewicht kommen sollen, müssen die Erfahrungen aus der analogen Welt, die Rechte und die Moral, in die digitale Welt über-setzt werden. Dann handelt es sich nicht mehr um Manipulation mit negativen Auswirkungen auf die subjektive Wahrhaftigkeit, sondern um inspirativen Einfluss, durch die Verbindung der analogen und digitalen Welt.

8.12 Stalking im Netz

Stalking bedeutet, sich in starkem Maße nach außen zu lehnen, weg von den eigenen wahrhaften moralischen Gefühlen. Die Rechtsgrenzen scheinen durch das Netz verschoben zu sein. Stalking ist durch das Netz leichter zu verfolgen als im analogen Leben – jedenfalls ohne dass der Verfolgte etwas davon mitbekommt. Ist es nicht längst schon so, dass die großen Internet-Firmen ihre Nutzer stalken? „...will mit Dir auf Facebook befreundet sein" – Menschen, die man gar nicht kennt, wollen mit einem befreundet sein, weil ein Algorithmus eine mögliche Übereinstimmung berechnet hat. Das kann ja auch ein Glücksfall sein, aber hier geht es erst einmal um die Häufigkeit der Benachrichtigungen, wie etwa die Folgende: „Hallo ..., hier sind einige Aktivitäten, die Du vielleicht auf Facebook verpasst hast", oder „Kennst Du...?" – Diese Frage wird gestellt, auch wenn man nur einen gemeinsamen Freund hat. Reagiert man nicht darauf, folgt ungefähr eine Woche später die gleiche Frage. Nach zwei Wochen wird einem mitgeteilt, der Bruder und 59 weitere Personen folgen bestimmten Seiten auf Facebook. Einen Tag später wird von einem Facebook-Freund ein Foto in dem und dem Ordner hinzugefügt, es wird per E-Mail durch Facebook mitgeteilt, inklusive Abbildung des gemeinten Fotos. Ein paar Tage später fügt er ein weiteres Foto hinzu, und man bekommt es wieder auf dieselbe Weise mitgeteilt. Was will Facebook andauernd von einem? Hier sollte der Nutzer das Stalking durch dieses digitale Produkt stoppen und seine Einstellungen bei Facebook entsprechend verändern. Es ist eine krankhafte Belästigung, und dieses Maß an Informationen sollte kein Mensch in sein Inneres lassen. Es sind Quantität und Qualität der Informationen, die auf und durch Facebook mitgeteilt werden, die den Menschen von seiner Wahrhaftigkeit entfernen. Der Facebook-Nutzer, der sich nicht schützt, ist äußerst privaten Informationen der sogenannten Facebook-Freunde unterworfen. Innerhalb dieses digitalen Freundeskreises ist die Diskrepanz zwischen wahrem Freund und Facebook-Freund, bei diesen sehr privaten Informationen, eine nicht unerhebliche Schwierigkeit. Wenn man nicht zum wahren Freundeskreis gehört, aber es folgen Hinweise durch die Facebook-E-Mail auf jegliche privaten Äußerungen der anderen, ver-äußert dieses Stalking den Menschen von sich selbst, bringt ihn weg von seiner Wahrhaftigkeit. Facebook hat längst das gesunde Maß an Oberflächennutzung überschritten. Deshalb kann der Nutzer nur eines tun: Filtern durch die eigenen Einstellungen und vergessen.

Vergessen ist in der Kultur des Teilens und der Speicherung allein vom Individuum aus möglich. Allein darauf kann Bewusstheit bauen sowie eine neue Perspektive. Wenn das in manchen Fällen nicht möglich ist, kann der Internet-Nutzer manipuliert werden. Eine neue Perspektive kann in dieser Phase gar nicht erst entstehen. Weil zu viel Input gegeben ist und der Internet-Nutzer immer so weiterleben wird, bis zum Burnout womöglich. Letztlich wehrt sich der Körper und zwingt den Internet-Nutzer zum Vergessen. So hat das Netz den Menschen doch nicht gänzlich im Griff! Der Mensch muss bemerken, dass er durch zu viel digitale Vernetzung vielleicht in einen Zustand des Überdrusses gelangen könnte. Diese Erinnerungen zu tilgen – das Vergessen – ist notwendig für die Entwicklung des Menschen, denn es werden immer mehr Nutzer bemerken, dass das Netz den Menschen auch krank machen kann. Dies ist Teil der Entwicklung zwischen Mensch und digitalem Medium. Der Mensch muss aber auch wieder zur Gesundung gelangen und einen Ausgleich zu den Veräußerungen schaffen. Es geht um Weiterentwicklung. Hier könnte ein Perspektivwechsel stattfinden, so dass der Mensch das Netz nur noch bewusst einsetzt, seine Daten nur noch bewusst preisgeben und seine privaten Einstellungen selbst so manipulieren wird, dass in Zukunft Stalking dieser Art, wie von Facebook ausgehend, nicht mehr möglich ist und zu jedem Individuum nur noch das durchsickert, was ihm einen persönlichen Mehrwert bietet.

8.13 Gedenken in der Kultur des Teilens

Diese Kultur des Teilens, mit all ihren schönen, gefälschten, verfremdeten, verschobenen und wahrhaftigen Welten in all ihren Schattierungen, ist – materiell gesehen – eine Möglichkeit zur Speicherung und damit auch zur Erinnerung. Die Kultur des Teilens bietet auch eine Möglich-

keit zum Gedenken. Was passiert zum Beispiel mit dem Account von
verstorbenen Facebook-Mitgliedern? Dient dieser zu deren Gedenken?
Kann ein digitales Profil eine Möglichkeit sein für eine Form der Trau-
erkultur? Eine Firmensprecherin von Facebook beschreibt es wie folgt:

> Die Facebook-Seite eines Verstorbenen könne [...] in einen
> Gedenkzustand versetzt werden, [...] dabei bleibe die Seite le-
> diglich für Freunde des Verstorbenen sichtbar, ansonsten aber
> unauffindbar.[497]

Hier bietet Facebook wieder die Oberfläche zur Manipulation ihrer Nutzer, denn normalerweise bedeutet das Gedenken an einen Verstorbenen,
sich persönlich an ihn zu erinnern. Diese Erinnerung geschieht imaginär
oder analog, unter anderem auch mit Hilfe von Fotos und persönlichen
Erinnerungsstücken. Es liegt allein in der Macht der Hinterbliebenen,
was sie mit den persönlichen Erinnerungsstücken und mit den imaginären Erinnerungen an den Verstorbenen machen. Doch Facebook, als
Teil des Gedenkens, nimmt einen Platz ein, der die Erinnerung an den
Verstorbenen verändern kann. Wenn ein Account eines Verstorbenen
wie zu dessen Lebzeiten aussieht, sieht die Erinnerung an ihn anders
aus als ohne diesen Account. Mit Account hat der Hinterbliebene nicht
allein die Macht über das Gedenken. Facebook speichert alles – auch
jeden digitalen Fehltritt, und das eben über den Tod hinaus. Dabei sollte
es doch Teil des Gedenkens sein, dem Verstorbenen Fehltritte zu ver-
zeihen. So schreibt auch Viktor Mayer-Schönberger, Professor an der
Oxford University, in *Delete*:

> Internet und digitale Speicher haben die Gesellschaft ihrer Fä-
> higkeit zu vergessen beraubt und ihr stattdessen ein umfas-
> sendes Gedächtnis verliehen [...] Wollen wir eine Zukunft, die
> nicht mehr vergeben kann, weil sie nichts mehr vergisst? [...]
> Wenn wir damit rechnen müssten, dass jede Information über
> uns noch über unseren Tod hinaus im digitalen Gedächtnis

---

497 Marcus Rohwetter: „Digital enterbt", in: Die Zeit online, 08.06.2013
    (10.06.2013).

bleibt, würden wir dann noch unbefangen persönliche Erfahrungen mitteilen und uns zu gesellschaftlichen und politischen
Fragen äußern – oder würden wir uns selbst zensieren? So verändert das digitale Gedächtnis unser Verhalten.[498]

Es ist nicht nur das Verhalten des Internet-Nutzers, das sich in Bezug
darauf verändert, was er digital preisgibt, sondern auch der Bezug der
Menschen zueinander. Durch das digitale Erinnern an jeden Fehltritt
des Verstorbenen muss der Hinterbliebene lernen, anders zu trauern.
Das bedeutet, mehr Informationen zu verarbeiten. Das wiederum kann
bedeuten: Der Hinterbliebene vermag sich schneller zu entwickeln,
wenn er die Informationen verarbeiten und damit vergessen kann. Dadurch könnte er im Analogen ein Gefühl von Liebe entwickeln; oder
aber das Gegenteil ist der Fall: Der Hinterbliebene blockiert durch zu
viele Informationen und kann dadurch ausschließlich negativ-polare
Gefühle dem Hinterbliebenen gegenüber hegen. Beim Gedenken geht
es in erster Linie darum, eine harmonische Beziehung zum Verstorbenen herzustellen, nur mit diesem Ziel kann der Hinterbliebene gesund
weiterleben. Es ist eine wahrhaftige Liebe, die zwischen diesen beiden
Personen am Ende stehen sollte. Da diese Liebe aber erst in der rein
analogen Sphäre zu ihrer vollen Entfaltung kommt, ist Facebook als
Möglichkeit zum Gedenken wohl nur dann akzeptabel, wenn der Hinterbliebene in der Lage ist, das dort Geschriebene zu verarbeiten und
zu vergessen.

Wenn Facebook in Zukunft zu einer dem Menschlichen adäquaten
Form des Gedenkens finden sollte, dann ändert sich die Kultur des
Trauerns von Grund auf. Bisher benötigt das Gedenken einen würde-
vollen Rahmen – und das ist eine mit beweglicher Werbung gespickte
digitale Plattform aus derzeitiger Sicht wohl kaum.

---

498 Mayer-Schönberger, 13f.

8.14 Original und Kopie

„Wenn ich sagen könnte, was ich alles großen Vorgängern und Mit-
lebenden schuldig geworden bin, so bliebe nicht viel übrig."[499] Dieses
Zitat von Goethe zeigt, wie schwer ein Original wiegt, wenn es, wie
im Idealfall, Wissen und Inspiration vermittelt. In den Kopien lebt es
immer fort, und trotzdem wird die Kopie

> als billig und minderwertig eingeschätzt. Schöpferische Kraft,
> so will man glauben, steckt einzig im Original. Sie gehe allein
> von jenen Menschen aus, die von sich behaupten, ganz ohne
> fremde Hilfe zu einer Idee, einem Einfall oder einem (Kunst-)
> Werk gelangt zu sein.[500]

Kann das Original also gelobt werden oder steckt auch in der Kopie ein
Mehrwert für die Inspiration des Menschen?

8.15 Neues Schöpfertum durch Manipulation

Im Jahre 1936 erschien *Das Kunstwerk im Zeitalter seiner technischen
Reproduzierbarkeit*. Der Philosoph Walter Benjamin spricht darin von
der Einmaligkeit der Aura, welche das Original umgibt. Hillel Schwartz
zeigt mit seinem Titel *Déjà vu. Die Welt im Zeitalter seiner tatsächli-
chen Reproduzierbarkeit* die fortgeschrittene Reproduktion. Wenn hier
Benjamin zitiert wird, muss gleichzeitig die fortgeschrittene Digitalisierung und die Rolle der Kopie darin hochgehalten werden. Es gibt
ja nicht nur zu Guttenbergs, sondern auch – und das wiegt viel mehr –

---

499 Johann Wolfgang von Goethe: *Johann Peter Eckermann – Gespräche mit Goe-
     the in den letzten Jahren seines Lebens*, Sämtliche Werke, Band 12 (39), hrsg. v.
     Hans Grüters; Christoph Michel, Frankfurt am Main 1999, 158; zitiert aus: von
     Gehlen, 24.
500 Von Gehlen, 37.

Künstler, die das Original fortleben lassen und mit der Digitalisierung eine neue Kultur des Teilens geschaffen haben.

> Aber eben weil das so ist, muss das Original, um seine Bedeutsamkeit oder Aura zu erhalten, seine eigene Wertigkeit immer wieder betonen.[501]

Was ist überhaupt eine Aura? Dieses Wort wurde im 16. Jahrhundert aus dem Lateinischen entlehnt, das lateinische *aura* trägt die Bedeutungen Lufthauch, Lichtglanz und Dunst. Auch im Griechischen gibt es ein sehr ähnliches Nomen, *aúra* trägt ebenfalls die Bedeutungen Luft und Hauch. In der antiken Medizin bezeichnete dieses Nomen „die Vorahnung für einen epileptischen Anfall [...], dann wurde es von verschiedenen esoterischen Gruppierungen übernommen. In der Kabbala wird damit ein Dunstkreis bezeichnet, der den Menschen bis zum Jüngsten Gericht umgibt".[502] Eine weitere Bezeichnung der Aura ist die wahrnehmbare Ausstrahlung eines Menschen; und seit dem 19. Jahrhundert wurde die Aura in philosophische und psychologische Konzepte einbezogen[503], so auch durch Walter Benjamin. Sein philosophischer Begriff der Aura meint die

> einmalige Erscheinung einer Ferne, so nah sie sein mag. An einem Sommernachmittag ruhend einem Gebirgszug am Horizont oder einem Zweig folgen, der seinen Schatten auf den Ruhenden wirft – das heißt die Aura dieser Berge, dieses Zweiges atmen.[504]

Folglich kann eine bestimmte Konstellation von Mensch und Ding nach Benjamin eine Aura hervorbringen. So ist die Aura an ein

---

501 Ebd., 36.
502 Kluge: *Etymologisches Wörterbuch der deutschen Sprache*, Berlin/Boston [25]2011, Begriff: Aura.
503 Vgl. ebd.
504 Benjamin, Das Kunstwerk im Zeitalter seiner technischen Reproduzierbarkeit, 19.

Hier und Jetzt gebunden. Es gibt kein Abbild von ihr. Die Aura, die auf der Bühne um Macbeth ist, kann von der nicht abgelöst werden, die für das lebendige Publikum um den Schauspieler ist, welcher ihn spielt.[505]

Auf einer bestimmten Konstellation von Mensch und Ding basierend, ist die Aura die subjektive Wahrnehmung einer Atmosphäre, „die Echtheit einer Sache"[506]. Gerade diese Echtheit ist in der digitalen Welt nicht gegeben, denn die digitale Welt ist erst einmal Simulation. Erst durch die Verknüpfung, durch das Einbeziehen des Simulierten in das Analoge, wird die Simulation zu etwas Echtem. Hierbei kann Manipulation oder Inspiration stattfinden. Die Echtzeit wiederum ist ein Verknüpfungspunkt zwischen analoger und digitaler Welt, der in beiden identisch zu sein scheint. Die digitale Echtzeit hat nach Benjamin keine Aura, aufgrund der Ebene der Apparatur, die analoge Echtzeit dagegen hat eine Aura. Benjamin setzt dem Theaterspiel, also dem real in Echtzeit erlebten, eine Filmaufnahme entgegen:

> Das Eigentümliche der Aufnahme im Filmatelier aber besteht darin, dass sie an die Stelle des Publikums die Apparatur setzt. So muss die Aura, die um den Darstellenden ist, fortfallen – und damit zugleich die um den Dargestellten.[507]

Die Wahrnehmung des Dargestellten verschiebt sich ja schon allein durch das Hinzukommen der Apparatur und eben auch durch den Wegfall der Aura. Ein Live-Auftritt von Darstellenden wird deshalb immer intensiver wahrgenommen als eine Aufnahme davon. Trotzdem bekommt die Reproduktion einen derart hohen Stellenwert im Laufe des 20. und 21. Jahrhunderts, dass sich die Wahrnehmung unvermeidlich ändert: Es entsteht eine

> Wahrnehmung, deren »Sinn für das Gleichartige in der Welt« so

---

505 Ebd., 40.
506 Ebd., 16.
507 Ebd., 40.

gewachsen ist, dass sie es mittels der Reproduktion auch dem Einmaligen abgewinnt. So bekundet sich im anschaulichen Bereich was sich im Bereich der Theorie als die zunehmende Bedeutung der Statistik bemerkbar macht. Die Ausrichtung der Realität auf die Massen und der Massen auf sie ist ein Vorgang von unbegrenzter Tragweite sowohl für das Denken wie für die Anschauung.[508]

Es kommt heute nicht mehr darauf an, die Aura des Originals anzustreben, sondern Authentizität zu erleben. Das findet der kreative Mensch an vielen Stellen der vielen Kopien. Dazu gehört die Überwindung der Wahrnehmung der Apparatur und der Ausgleich durch analoge Erfahrungen und Erlebnisse. Was die Aura im Analogen und die Authentizität im Analog-Digitalen bedeutet, ist nun klar.

Erst wenn ein Original am Computer hergestellt wurde, muss die Frage nach Authentizität neu überdacht werden. Aber auch in diesem Falle bleibt das digitale Original ein flüchtiges und täuschendes. Diese Flüchtigkeit beeinflusst den Menschen derart, dass eine gesellschaftliche Sehnsucht nach Authentizität zu beobachten ist. Es sind authentische, originäre, auratische, analoge Momente, wie Benjamin sie beschreibt, nach denen sich der Mensch unter seinen Lärmmützen in vielen Fällen sehnt. Von Gehlen beschreibt diese Sehnsucht als aus der Referenz der Kopie resultierend:

> Goethes nachgebautes Geburtshaus oder die imitierten Terrakotta-Krieger sind nur zwei Beispiele für eine alltägliche gesellschaftliche Entwicklung, die sich auf unterschiedlichen Gebieten zeigt.[509]

Digitale Gebiete, auf denen sich die Sehnsucht als aus der Referenz der Kopie resultierend ergibt, sind digitale Musikdateien und Fotografien sowie soziale Netzwerke; denn immer öfter wird die Fragen nach der Authentizität im Netz gestellt:

---

508 Ebd., 20.
509 Von Gehlen, 45.

> Wie echt sind virtuelle Freundschaften in sozialen Netzwerken
> im Internet? Wie unverwechselbar sind die besonderen Mo-
> mente, wenn immer und überall fotografiert wird? Oder: Wie
> greifbar sind digitale Musikdateien, die nicht verschwinden,
> wenn man sie wegnimmt, also kopiert?[510]

Das Bewusstsein für Authentizität wächst also auch durch deren Negati-
on im Netz. Es ist, nach James H. Gilmore und Joseph Pine, das Unver-
stellte, nach dem sich der vernetzte Mensch, „umgeben von inszenierten,
technisch vermittelten Erfahrungen", mehr und mehr sehnt[511], weil er
(unbewusst) den Verlust der Aura an anderer Stelle erschaffen will.

Die Rolle des Nutzers wird durch die Kultur des Teilens und die
technischen Reproduktionen immer stärker. Eine Rolle, die in der lite-
rarischen Postmoderne unter anderem mit der Fragmenthaftigkeit von
Texten und Werken immer mehr Gewicht bekam. Auf literaturwissen-
schaftlichem Gebiet wurde 1968 der »Tod des Autors« festgestellt, und
ein Jahr später wurde die Frage danach gestellt, was ein Autor überhaupt sei, denn die Leser wirkten mit ihren immer freieren Interpreta-
tionen mehr und mehr mit und kreierten etwas Neues[512], wodurch der
Autor oder Künstler Inhalt, Form und Kontext nicht mehr unter Kontrolle hatte. Diese Struktur ist beim heutigen Nutzer digitaler Kopien in
zugespitzter Form zu beobachten, avanciert bis zu einem beabsichtig-
ten Schöpfer-Nutzer-Projekt wie in der Fernsehserie *About:Kate*[513]. Der
Schöpfer bietet hier mit seiner originären Idee dem Nutzer die Möglichkeit, dessen Ideen mit einzubringen und auch Künstler zu sein. Diese schöpferische Seite der Kultur des Teilens ist erst durch die digitale
Kopie technisch möglich geworden und *bietet* eine große Oberfläche
für Inspiration.

Auch die Möglichkeit zur Erinnerung bietet die Kultur des Teilens,
und zwar die Erinnerung an das Original. Obwohl sich die Kultur des

---

510 Ebd., 46.
511 Interview mit James H. Gilmore und B. Joseph Pine, in: Page Magazin 5/2008,
     226; zitiert aus: von Gehlen, 46f.
512 Ebd., 37f.
513 http://kate.arte.tv/de/channel (Stand: 23.07.2013).

Teilens durch die Hervorbringung von neuen und immer neuen Kopien
stets mehr vom Original entfernt, schließt diese Kulturform das Original mit ein, und zwar durch die Erinnerung an das Original. Beim Original selbst gibt es diese Art von Erinnerung nicht. Da das Original am
Anfang einer potenziellen Copy & Paste-Reihe steht, gibt es hier keinen
impliziten Verweis, vom Nutzer ausgehend auf das Original, wie bei
einer Kopie, sondern eine Immanenz vom »Schöpfer« ausgehend: Dem
Original wohnt eine Immanenz inne. Das Original entspringt der Inspiration seines »Schöpfers«. Die Inspiration ist in gewissem Sinne auch
Erinnerung, und zwar auf einer transzendentalen Ebene. Sie entspringt
dem auratischen Augenblick. Mit Ciceros Worten: „Groß ist die Kraft
der Erinnerung, die Orten innewohnt."[514] Einem solchen aufgeladenen
Ort kann das Original gleichgesetzt werden, denn das Original ist ein
Ort, von dem aus die Copy & Paste-Reihe ihren Weg geht. Je weiter
das Original fortgereicht wird, desto mehr wird es zu einem in der Horizontalen entdeckten Raum, desto weniger ist es in der symbolischen
vertikalen Tiefe ein Ort, wie es in Goethes Symboltheorie heißt:

Nachdem die Räume in der Horizontalen entdeckt und er-
schlossen sind, gilt es, ihre symbolische Tiefe in der Vertikalen
noch zu entdecken. *Räume* im Sinne von «bekannten Ländern
und Gegenden» sind erforscht, durchmessen, kolonisiert, an-
nektiert, vernetzt; *Orte* dagegen, wo man «auf jedem Platz, in
jedem Moment» in die Tiefe gehen kann, bewahren noch ein
Geheimnis. Während <Raum> zu einer neutralisierten, entse-
miotisierten Kategorie der Fungibilität und Disponibilität geworden ist, richtet sich die Aufmerksamkeit auf den <Ort> mit
seiner geheimnisvollen, unspezifischen Bedeutsamkeit. Dieses
Geheimnis, das bestimmten Orten innewohnt, will er entbergen
und, wie Silber aus den Bergwerken, als Beute davontragen.[515]

514 Cicero: *De finibus bonorum et malorum. Über das höchste Gut und das größte
Übel*, übers. u. hrsg. v. Harald Merklin, Stuttgart 1989, Bd. 1-2, S. 394-396;
zitiert aus: Assmann, 298.
515 Briefwechsel zwischen Schiller und Goethe, Bd. 1, Jena 1905, 415-418; zitiert
aus: Assmann, 300.

Mit der Überwindung der Ebene der Apparatur und der Erschaffung neuer digitaler Räume kann der vernetzte bewusste Mensch in die Tiefe gehen und neue Geheimnisse entdecken. Auch wenn diese in der analogen Welt schon einmal vorhanden gewesen sind, oder gerade weil sie schon einmal da waren, kann das digitale Geheimnis noch tiefer sein als das analoge. Die Medien-Manipulation erschafft damit die Möglichkeit für ein neues Schöpfertum. Die digitalen Medien werden so ein wertvoller Teil der menschlichen Entwicklung.

8.16 Rückwärts-Geborenwerden

Die Bedeutung des Originals hat sich durch die Möglichkeiten der Technik verändert, damit einhergehend in einem gewissen Sinne auch die Bedeutung der Manipulation. Diese Verschiebung geht von der Überlegung aus, dass jeder Mensch – schon rein biologisch gesehen – auf der Kopie basiert. Rein biologisch gesehen, entsteht der Mensch aus einer Zellteilung, die eine Kopie nach sich zieht.[516] Wie beim Ursprung des biologischen Lebens, ist auch beim Ursprung von Sprache und Schrift die Kopie grundlegend. Wie die Sprache die Kopie eines Gefühls, ist die Schrift die Kopie einer Idee.[517] Technisch gesehen, ist die Zwischenablage, die per Copy & Paste erreicht wird, ebenso ein Kopiervorgang:

> Wenn Sie einen Computer einschalten oder eine Mail schreiben, startet bereits ein Kopiervorgang. Rein technisch basiert der Prozess, eine Datei anzuzeigen oder einen Film abzuspielen, auf dem Prinzip der Kopie. Und wer eine Mail schreibt, hat sich selbstverständlich daran gewöhnt, dass der Antwort die ursprüngliche Nachricht angehängt wird. Doch die Alltäglichkeit der Kopie am Computer geht über das rein technische Prinzip hinaus. Sie ist zu einer selbstverständlichen Hilfe ge-

---

516 Vgl. Lennart Nilsson; Lars Hamberger: *Ein Kind entsteht. Bilddokumentation über die Entwicklung des Lebens im Mutterleib*, Berlin/München 1996, 66; zitiert aus: von Gehlen, 63.
517 Vgl. Rousseau, 113.

worden, die mittels des Prinzips »Zwischenablage« zum Beispiel das Schreiben von Texten enorm vereinfacht hat.[518]

Es ist scheinbar „der Wert des Immateriellen"[519], der durch das Prinzip Copy & Paste angehoben wird, gerade aufgrund dessen, weil Copy
& Paste unser Leben auf den ersten Blick einfacher macht, wenn wir
zum Beispiel einen Text schreiben. Tatsächlich aber werden dem Leben
neue Ebenen hinzugefügt, das Leben wird durch Copy & Paste nicht
einfacher, sondern noch komplexer. Es ist das Be-greifen, das nicht
einfacher, sondern schwieriger wird, da Copy & Paste dem Menschen
bisherige Denkvorgänge nimmt und ihm gleichzeitig neue ermöglicht.

In der Kultur des Copy & Paste verkörpert das Original ausschließlich das Anfängliche und Unvollkommene, das durch den Vorgang
des Kopierens eine Weiterentwicklung erfährt[520]: Wenn sich durch den
Vorgang des Kopierens das Original ständig verschiebt, „kann das Kopieren also paradoxerweise Originalität generieren"[521]. Dem entspricht
eine neue Definition von inspirierter Schöpfung. Der digitale Mensch
schöpft anders als der analoge Mensch. Der Zugang zum Ich hat sich
verlagert, identitätsstiftend sind digitale Kopien und Medien.

Diese Verlagerung zeigt sich auch durch die Bedeutung der Manipulation in der Welt des Computers. Manipulation ist in dieser Welt nicht
automatisch etwas Negatives, sondern ein rein technischer Vorgang, der
auf dem Prinzip des Kopierens basiert.[522] Auf diese technische Basis der
Manipulation gründet sich in der heutigen digitalen Welt die Inspiration.

Wichtig hierbei ist, dass der heutige Mensch, der auf Kopien basiert,
das eigene Ich nicht aus den Augen verliert,[523] denn die Verlagerung
bringt auch eine neue Identitätsstiftung[524] mit sich als Orientierung[525]

---

518 Von Gehlen, 61f.
519 Ebd., 62.
520 Vgl. Wolfgang Ullrich: *Raffinierte Kunst: Übung vor Reproduktionen*, Berlin
2009, 143; zitiert aus: von Gehlen, 16.
521 Thomas Khurana: „Immer nur das eine, immer nur das andere", in: Texte zur
Kunst 56/2004, 164-167, 164f.; zitiert aus: von Gehlen, 68.
522 Vgl. ebd., 61ff.
523 Vgl. ebd., 70.
524 Vgl. ebd., 72.
525 Vgl. ebd., 73.

für den sich kopierenden Menschen. Er wird sozusagen rückwärts[526] geboren. Das bedeutet, der digital Sozialisierte wächst mit einer Kopie auf, die auf das Original verweist. Der bewusste Mensch schaut nach, wo die Kopie herkommt, wodurch er sich weiterentwickelt, weil er durch diese Referenz eine neue Perspektive erlangen kann:

> Die Welt ist eine Wohnung, übersät mit Produkten der Pop-Kultur und deren Emblemen. Beim Aufwachsen wurde ich [Jonathan Lethem] überschwemmt mit den Parodien auf Originale, die mir unbekannt und geheimnisvoll waren – ich kannte die Monkees früher als die Beatles und Belmondo früher als Bogart. Ich stehe nicht allein damit, dass ich rückwärts geboren bin, hinein in ein chaotisches Reich der Texte, Produkte und Bilder – in eine Kommerz- und Kultur-Umwelt, die unsere natürliche Umwelt zugleich ergänzt und auslöscht. Sie gehören mir genauso wenig wie die Gehsteige oder die Wälder der Welt, dennoch wohne ich darin.[527]

Diese Struktur des Rückwärts-Geborenwerdens zeigt, dass heute die Kopie für die digital Sozialisierten zuerst kommt. Mit Kopie und Original, Künstler und Rezipienten entsteht eine Referenzkultur, in welche die digitalen Medien zwischengeschaltet sind. Die Interaktion all dieser Beteiligten – ob nun Mensch oder Objekt – ergibt eine neue Definition von Manipulation. Bisher war immer Einfluss die Grundlage für Inspiration, jetzt ist es die Manipulation, und daher wird sie nicht mehr länger als etwas ausschließlich Negatives betrachtet.

Jedoch muss der digital Sozialisierte, wenn er Teil der menschlichen Entwicklung sein will, auch die analoge Seite der Pluralität der Welten begreifen lernen, um auch die negativen Seiten der Manipulation erfassen zu können.

Eine negative Seite der Manipulation ist zum Beispiel die „repressi-

---

526 Vgl. Jonathan Lethem: „Autoren aller Länder, plagiiert euch!", in: Literaturen 6/2007, 59-63, 60; zitiert aus: von Gehlen, 73.

527 Jonathan Lethem: „Autoren aller Länder, plagiiert euch!", in: Literaturen 6/2007, 59-63, 60; zitiert aus: von Gehlen, 73.

ve Praxis […] einer massiven Marketing- und Lobbymacht", was das Wort »Raubkopie« angeht. Lobbyisten haben dafür gesorgt, „dass das Wort sich im Alltag verbreitet hat, um gegen die digitale Kopie und ihre Folgen vorzugehen".[528] Doch die digitale Kopie ist Teil unserer Kultur. Neue Generationen wachsen schon längst damit auf, das sollte man nicht mehr rückgängig machen wollen. Stattdessen sollte innerhalb der Generationen, in denen die Kinder rückwärts geboren werden, Aufklärung über die analoge Welt stattfinden.

8.17 Zerstreuung oder Einsicht

Mit der digitalen Vernetzung entsteht eine neue Bibliothek des Wissens und der Wahrnehmung. Diese Bibliothek wird größere Ausmaße annehmen als – metaphorisch gesprochen – der Turm von Babel. Nicht nur die technischen Datenmengen sind so unvorstellbar groß, aufgrund der Vernetzung von Mensch und Technik, auch die Wahrnehmung wird sich immer stärker verändern. Die ständige Verfügbarkeit des Wissens über das Smartphone verführt den Menschen dazu, sich immer mehr in diesem digitalen Wissen zu zerstreuen. Mit den digitalen Brillen wird sich die menschliche Wahrnehmung noch mehr in diese Richtung zerstreuen. Sie wird abgelenkt vom Selbst, hin zu Informationen, die zu Objekten am Wegesrand, im Sichtfeld des Brillenträgers, eingeblendet werden.

Mensch und Technik sind somit durch Kommunikation und Information miteinander vernetzt:

> [Die Maus] hat die Verständigung zwischen Menschen und Computern revolutioniert, und die Geschichte der Technik kennt keinen zweiten Fall, wo der Gebrauch einer neuen Technologie auf das Zeigen zurückgeführt werden konnte – einer menschlichen Urgeste, die vor aller Sprache existierte.[529]

---

528 Von Gehlen, 16.
529 Schirrmacher, Payback, 27.

Durch den Computer können die Menschen wieder in einer Art Ursprache, die es schon vor dem Turmbau zu Babel gegeben haben soll, kommunizieren, eine Art Ursprache, die in unserem Fall auf dem Zeigen auf etwas beruht. Die Handlung des Zeigens und Klickens durch die Maus führt zur universellen Grammatik digitaler Kommunikation. Wir stehen damit aber noch lange nicht am Übergang von der Materiegesellschaft zur Informationsgesellschaft[530], in der die Grammatik mehr denn je Grundlage für einen Kommunikationserfolg sein wird. Es ist aber jetzt schon, in der bestehenden Kommunikation zwischen Mensch und Maschine, ein Regelwerk, das zu einer manipulierenden oder inspirierenden Verständigung führen kann. Wenn die digitale Urgeste den Menschen manipuliert und ihn zerstreut, bedeutet das, er hat irgendwann keine Einsicht mehr in sich selbst. Der manipulierte Träger einer digitalen Brille kann die gezeigten Informationen nicht mit seiner eigenen Person in Verbindung bringen, wenn er keine Einsicht hat. Diese wird ihm durch zu viele Informationen aus der Außenwelt verwehrt.

Mit diesem technischen digitalen Regelwerk wurde – symbolisch gesehen – die historische analoge Sprachverwirrung, die Sprachzerstreuung, umgekehrt. Wir befinden uns in einem Prozess, der hinführt zu einer universellen Sprache, derer die meisten Menschen bald mächtig sein werden. Diese Sprache beinhaltet die Urgeste des Zeigens, die universelle Grammatik digitaler Kommunikation. Sie wird den Menschen wegführen vom Benennen und hinführen zum Verweis. Damit ist zwar Vielfalt gegeben, aber keine, die dem Menschen nützt.

Das sollte der eigentliche Kern einer wahren Bibliothek des Wissens sein: Die Einsicht in das Selbst mit der Zerstreuung in Einklang zu bringen. Jeder Mensch kann sich so einen individuellen Mehrwert aus den gezeigten Informationen ziehen. Wodurch das Individuum in seiner Pluralität fortbestehen kann, mit seinem jeweils eigenen Gedächtnis, das die Erinnerung an die ureigenen subjektiven moralischen Gefühle ermöglicht, welche die Grundlage jeglicher Mitteilung bilden.

---

530 Vgl. Kruse, 269.

8.18 Universales Gedächtnis

Doch was ist, wenn dieses ureigene individuelle Gedächtnis gänzlich digital zerstreut, ausgelagert wird[531], und dabei durch den Einfluss der Monopolisierung sowie der digitalen Medien und deren umfassenden Funktionen zu einem universalen Gedächtnis gemacht wird?

Die Basis für das universale Gedächtnis ist die Transparenz des Menschen. Digitale Medien helfen bei der Durchleuchtung des Menschen und der Bildung des universalen Gedächtnisses. Und die Features der digitalen Medien, die den Menschen transparent machen, werden immer umfangreicher. Es geht längst nicht mehr nur um Digitalkameras in Smartphones, sondern um Funktionen wie das Smartphone als Fernbedienung nutzbar zu machen. Das funktioniert über eine Applikation, welche im Haus alle Elektrogeräte lenken kann. Einen großen Teil des universalen Gedächtnisses liefern also Applikationen: Insbesondere Googles Betriebssystem *Android* teilt dem Benutzer mit, welche Applikation worauf zugreifen will. Die Applikation *Foursquare* beispielsweise sagt: „Benutzerkonten abrufen", „Kontaktdaten und sensible Logdaten auslesen", „Inhalt des USB-Speichers ändern oder löschen", „vollständiger Internetzugriff" und „*Schlafmodus ändern*"![532]

Aktuell[533] lautet eine Artikel-Überschrift auf *Die Zeit online*:

> Beim Shoppen auf Schritt und Tritt verfolgt. Was Amazon im Internet tut, versuchen Einzelhändler zunehmend auch in ihren Geschäften: Sie sammeln Daten ihrer Kunden und erstellen Bewegungsprofile.[534]

Doch Bewegungsprofile sind nicht alles, es wird auch Ernährungsprofile geben und zwar mithilfe der sogenannten intelligenten Kühlschränke,

---

531 Vgl. Schirrmacher, Payback, 73.
532 Vgl. Thiemo Heeg; Roland Lindner: „Minispione in der Hosentasche", in: FAZ online, 23.02.2012 (02.12.2012).
533 Stand: 13.08.2013.
534 Marin Majica: „Beim Shoppen auf Schritt und Tritt verfolgt", in: Die Zeit online, 13.08.2013 (13.08.2013).

die das Ernährungsverhalten der Menschen notieren. Sie wissen, wann der Mensch was frühstückt, ob er zu Hause zu mittag isst oder nicht – entsprechend kauft der Computer des Kühlschranks online Nachschub ein.[535] Spielkonsolen in den Kinderzimmern, wie die *XboxOne*, lesen das Spielverhalten der Kinder. Die Vervollständigung dieses Internets der Dinge, wie es im allgemeinen Sprachgebrauch heißt, Dinge, die das Verhalten der Menschen notieren, ist durch die Vernetzung der Häuser gegeben. Nicht nur Kühlschränke formen das universale Gedächtnis mit, sondern auch die Häuser, in denen die Kühlschränke stehen:

> Moderne Häuser werden kaum noch ohne sogenannte Smart-Home-Funktionen gebaut. Das sind Rechner und Netzwerke, die automatisch Jalousien verdunkeln, Einbrüche verhüten, die Pflanzen berieseln und den Verbrauch der Elektrogeräte überwachen. Und jeder Baumarkt verkauft Steckerleisten, die man per Internet oder Handy bedienen kann.[536]

Alle diese Daten speisen das digitale Gedächtnis.[537] Diese Beispiele, die bei der Bildung des universalen Gedächtnisses helfen, erinnern an das Implantat namens *UniCom*, aus Benjamin Steins Roman *Replay*. Das Implantat verleiht den Figuren ein absolutes Gedächtnis, über welches die Romanfiguren ihr *Erinnern* steuern können. Das Implantat steuert wiederum die Figuren, indem das einzige Ziel die Optimierung des Glücksempfindens ist. Das Implantat durchleuchtet die Figuren. Es durchleuchtet ihren *Schlaf*, es sieht und hört, was die Figuren sehen und hören, und bewahrt es für sie auf:

> Es weiß, wann ich aufstehen müsste, und rückt die Weckzeit heran, aktiviert in einer Traumphase, in der unser Schlaf am leichtesten ist, einen der von mir dafür vorgesehenen Clips.

---

535 Vgl. Dagny Lüdemann: „Wenn Kühlschränke Gedanken lesen", in: Die Zeit online, 13.12.2012 (13.12.2012).
536 Thomas Fischermann; Götz Hamann: „Der Kontrollverlust", in: Die Zeit online, 07.08.2011 (30.07.2013).
537 Vgl. Mayer-Schönberger, 19.

Was auch immer ich gerade geträumt haben mag, ich gleite sanft aus dem Traum hinüber ins Licht, in eine Erinnerung, die mir lieb ist, eine Erinnerung an einen Glücksmoment.[538]

Mensch und Implantat manipulieren sich hier gegenseitig. Das funktioniert deshalb, weil der Mensch gläsern ist. Durch den gläsernen Menschen ist die Gesellschaftsschicht gleichgeschaltet, deren Mitglieder ein Implantat tragen, und genau das ist eine Gefahr des universalen Gedächtnisses.

Es ist die Gesellschaftsschicht, die eine Symbiose mit einem digitalen Medium eingeht – deren Gedächtnis wird manipuliert, damit am Ende ein universales Gedächtnis kreiert werden kann. Und je mehr Menschen diese Symbiose eingehen, desto universaler wird dieses Gedächtnis.

Wo bleibt hierbei die Individualität? Scheinbar wird sie in jeder personalisierten Werbung berücksichtigt, und doch geht diese Art von Personalisierung nicht vom Individuum aus, sondern von den Algorithmen. Sie zeigen dem Computer, was dieser wiederum dem Individuum zeigen soll.

Ein Gefühl steht am Anfang der Medien. Je mehr Medien, desto mehr ist das Gefühl verschoben im Ausdruck. Die derzeit größte Verschiebung geht wohl von der affektiven Informatik aus, die das universale Gedächtnis genauso prägt wie das Internet der Dinge. Affektive Informatik bedeutet die Messung der menschlichen Emotionen. So können Smartphones an der Stimme erkennen, „ob wir müde sind und ein wenig Werbung von Starbucks vielleicht angebracht wäre, Schaufensterpuppen sehen, wie wir auf die neue Modelinie im Schaufenster reagieren".[539] Die menschliche Geistesabwesenheit beim Schaufensterbummel würde also eine absolute Verschiebung des Ichs bedeuten und könnte den Menschen so manipulieren. Da ist es ganz richtig, wenn menschlichere Schnittstellen gefordert werden.[540] Das bedeutet aber nicht, dass die Computer

---

538 Stein, Replay, 49.
539 Guiseppe Paletta: „Affektive Informatik will unsere Emotionen deuten", in: Die Zeit online, 14.12.2012 (21.12.2012).
540 Vgl. auch Thomas Fischermann: „Tschüs, Handy! Hallo, Lampe!", in: Die Zeit (Nr. 35) 11.10.2012, 35.

menschlicher werden sollen, sondern dass das menschliche Bewusstsein in den Mittelpunkt im Umgang mit dem Computer rücken sollte. Deshalb sollte das Bewusstsein nicht von den Algorithmen ersetzt werden, sondern, vom Menschen ausgehend, ein menschliches Attribut sein, das die digitalen Geräte in den Alltag integriert.

Die genannten Beispiele zeigen eine Gesellschaft, die erst durch das transparente Individuum ein universales ausgelagertes Gedächtnis aufbauen kann. Dabei wirkt jeder Mensch selbst mit. Mal absichtlich, mal unabsichtlich.

Die Zeit, die der Mensch noch hat, bevor solche Beispiele wie das Implantat Realität werden, sollte er nutzen, um sich darüber bewusst zu werden, was er will und was nicht. Dabei könnte er folgendes Zitat als Grundlage nehmen:

> »Sei sehr, sehr vorsichtig, was du in deinen Kopf hinein lässt, denn du wirst es nie und nimmer wieder heraus bekommen.«[541]

Über eine datensammelnde Brille, wie die von Google, rückt der Computer dem Kopf und damit dem Auge immer näher, und die in die Erinnerung eingepflanzten Bilder durch ein *UniCom* werden immer realer.

Wie wird dieses Gedächtnis, das, was dem gläsernen Menschen zu sehen eingegeben wird, das menschliche Verhalten beeinflussen oder gar manipulieren?

Dieses Gedächtnis wird in jedem Fall die »schwarzen Schafe« ausklammern. Menschen, deren individuelle Aspekte nicht in das Kommerz-Schema passen, werden manipuliert und umgemodelt. Auf anderer Ebene, auf Ebene der Erinnerung an peinliche Momente – in *Replay* werden diese Momente als schwarze Schafe innerhalb der menschlichen Erinnerung bezeichnet[542] – können eben genau diese schwarzen Schafe den Menschen daran erinnern, dass er ein Individuum ist, mit eigenen Erinnerungen, die er zwar nicht alle gern hat, die ihn jedoch ausmachen und die ihm bei seiner persönlichen Entwicklung helfen, wie es weder ein digitales Produkt noch eine künstliche Erinnerung vermag:

---

541 Zitat von Thomas Kardinal Wolsey; zitiert aus: Stein, Replay, 16.
542 Ebd., 58.

> Im Erinnerungsgarten eines jeden gibt es wohl das eine oder
> andere schwarze Schaf, das dort vermeintlich friedlich und
> unbeobachtet grast. Es wächst nicht, aber es wird auch nicht
> kleiner, und vor allem stirbt es nie. Es grast, und gelegentlich
> blökt es laut und vernehmlich, damit man es ja nicht vergisst.[543]

Das universale Gedächtnis kann natürlich auch positive Aspekte mit
sich bringen:

> In Zukunft wird dank einfacher Sensoren in der Kleidung viel-
> leicht kein Herzinfarkt mehr unerkannt bleiben, Geschwindig-
> keitsmesser könnten schwere Autounfälle verhindern, intelli-
> gente Haushaltsgeräte Energie sparen und Müll vermeiden. All
> das sind wünschenswerte Fortschritte.[544]

Genauso wie Werkzeuge dem Menschen das Leben immer schon leichter machen konnten, können digitale Werkzeuge wie das von Neil Harbisson die Sinne schärfen und den Menschen optimieren. Sie können
ihm eine bessere Sicht verschaffen. Das wäre eine ausgewogene Vorstellung der Zukunft. Doch dazu ist ein *Bewusstsein 2.0* erforderlich,
ein gutes psychisches Immunsystem, das den Menschen davor schützt,
durch zu viel Erinnerung aus dem universalen Gedächtnis und durch
zu wenig individuelle Erinnerung zu kollabieren. Das den Menschen
Mensch sein lässt, mit all seinen guten und seinen schlechten Erinnerungen. Das den Menschen aus sich heraus vergessen lässt und nicht
von außen bestimmt, an was er sich erinnert und an was nicht.

Klar ist durch die genannten Beispiele, dass das universale Gedächtnis dem Menschen eine veränderte Wahrnehmung implantiert. Es ist
die Frage, ob sich das wahre Ich an diese veränderte Wahrnehmung
anpassen kann; oder ob das wahre Ich durch die Manipulation auf der
Strecke bleibt.

Es gibt im universalen Gedächtnis keine natürliche Auslese mehr,

---

543 Stein, Replay, 57.
544 Dagny Lüdemann: „Wenn Kühlschränke Gedanken lesen", in: Die Zeit online,
    13.12.2012 (13.12.2012).

stattdessen werden alle Erlebnisse als mögliche Erinnerungen gespeichert. Der transzendente Plan scheint ausgegrenzt, genauso wie die Wichtigkeit des originären wahrhaftigen Erlebnisses. Das Erinnern an alles und an immer das Gleiche erlaubt keine natürliche Evolution. Der Bewusstseinsstand bleibt damit unverändert. Man erinnert sich an das, an was man sich erinnern will. Das universale Gedächtnis bedient also das menschliche Ego. Was ist das Ende der Formung des universalen Gedächtnisses? Die Möglichkeit, mit den Augen eines anderen zu sehen?[545]

Ein ausgelagertes universales Gedächtnis ist so lange nicht schädlich, solange der Mensch die Vollkommenheit dieses Gedächtnisses nicht kopiert; denn durch „ein vollkommenes Gedächtnis könnten wir die grundlegende menschliche Fähigkeit einbüßen, in der Gegenwart zu leben und zu handeln".[546]

---

545 Vgl. auch den Roman *Replay* von Benjamin Stein.
546 Mayer-Schönberger, 22.

9

MANIPULATION UND FREIHEIT

Die Erfahrung der eigenen Autonomie,
Freiheit und Wehrhaftigkeit lässt sich im Netz simulieren,
ja gleichsam anprobieren,
ohne dass man sie tatsächlich gemacht hätte.[547]

Freiheit bedeutet, das zu leben, was einen ausmacht, nach seinen eigenen Moralvorstellungen zu handeln – natürlich immer in einem gesunden gesellschaftlichen Rahmen. Freiheit ist die Autonomie eines Subjekts. Wie geht das mit der Medien-Manipulation zusammen?

Freiheit und analog-digitale Wirklichkeit nähern sich idealerweise in der Überwindung von persönlichen Grenzen an. Jeder kann die Grenzen, welche die Umgebung ihm aufzuerlegen scheint, überwinden, mit dem, was in ihm selbst liegt. Das ist wirkliche Freiheit, jedoch (noch) nicht die reale.

In der realen Wirklichkeit existiert eine Reduktion der Freiheit, trotz oder gerade aufgrund der Pluralität der Welten, denn der Mensch kann nicht alles erfassen, was ist. Das wird ihm aber durch die Medien-Manipulation auferlegt, wie durch die digitalen Brillen: Alle Dinge am Wegesrand werden mit Wissen versehen – die ständige Verfügbarkeit des Wissens bedeutet aber nicht gleichzeitig eine sinnvolle Verbindung zur eigenen Subjektivität und zum eigenen Leben. In der digitalen Welt wird die Freiheit reduziert, weil hier (durch die Medien-Manipulation) Handlung auf Dinggebrauch angewiesen ist. Die Verdinglichung des Menschen bedeutet eine Einschränkung seiner Freiheit.

So wird die Welt keine verbesserte Welt, wie die Begründer von

---

547 Peter Kümmel: „Nehmt es als Erfrischung!", in: Die Zeit online, 31.03.2013
     (09.12.2013).

Google das immer proklamieren. Stattdessen wird die Welt eine digitale, transparente Welt ohne menschlichen Inhalt. Die Welt kann nicht durch Verdinglichung, durch Datenbrille und Suchmaschine von Google verbessert werden, wenn der Mensch dabei eine Nullstelle ist. Der Mensch kann die Welt – wenn er denn anstrebt, sie zu verändern – allein aus seiner freiheitlichen Subjektivität heraus verändern, oder vielleicht auch – etwas naiv gedacht – verbessern.

9.1 Freiheit als kulturelle Grundlage

Der vernetzte und manipulierte Mensch kann keine Freiheit leben. Auch wenn ein Mensch bewusst und damit nicht-manipuliert durch das Netz surft, ist seine Freiheit eingeschränkt, da jeder seiner Schritte registriert und gespeichert wird.

Freiheit jedoch ist die Grundlage von Kultur, die Grundlage von Inspiration und die Grundlage der Ausbildung des eigenen Selbst und der eigenen Subjektivität. Freiheit ist die Grundlage von Reflexion. Wer nicht frei, wer manipuliert ist, reflektiert nicht. Wer nicht frei und wessen Denken getrübt ist, kann sein Leben nicht selbstbestimmt gestalten.

Das digitale Netz ist Teil unserer Kultur, beides basiert auf Fiktion und ist damit künstlich. Künstlichkeit jedoch bedeutet Manipulierbarkeit. Diese ist im virtuellen Netz mehr gegeben als im Analogen, durch die künstlichen Oberflächen, die auf automatisierten mathematischen Hypothesen basieren. Das bedeutet Simulation. Was simuliert ist, ist nicht echt. Der Mensch kann Simulation zu etwas Wahrem machen, doch dies funktioniert allein über die Ausformung von Bewusstheit, damit nicht diese Transformation ihn manipuliert, sondern damit er diese Transformation inspirativ für die Gestaltung des eigenen Lebens einsetzen kann.

Der Mensch ist im Analogen (im Idealfall) ein ausgefüllter Mensch, mit Geheimnissen und Privatleben. Im Netz dagegen ist er ein transparenter und ausgehöhlter, ohne Geheimnisse und Privatleben, ohne subjektive Meinung und Stimme. Diese grundlegenden Rechte aus dem Analogen sollten in das Digitale übertragen werden – der Mensch kann aus der Geschichte lernen, indem er Bewusstheit über Geschehnisse entwickelt. Es gab in der analogen Vergangenheit etliche historische Zustände, in denen der Mensch in seinen freiheitlichen Rechten ausgehöhlt wurde. Doch wurde diese Aushöhlung immer wieder befüllt, beispielsweise durch die Erklärung der Menschenrechte der Vereinten Nationen am 10. Dezember 1948 in Paris oder durch den Fall der Mauer. Dogmatische und ideologische Zustände in der Gesellschaft bieten nicht die Basis für freiheitliche Bewusstseinsentwicklung und auch nicht die Basis für die freiheitliche Gestaltung einer Kultur. Gerade weil die Digitalisierung auch eine Kultur ist, aus welcher der Mensch sollte freiheitlich schöpfen können, für die Gestaltung seines subjektiven Ichs, muss auch für die digitale Kultur das Recht auf Freiheit gelten. Gerade weil die digitale Kultur schon tief im Analogen verankert ist und der Mensch nur dann Mensch sein kann, wenn er Freiheit erlebt.

Weil wir nur aus der analogen Vergangenheit lernen können und weil die analog erfahrenen Rechte in das Digitale übertragen werden müssen, sollte das Analoge als wertvolle Kultur bewahrt werden; denn es ist eine Kultur, die dem Menschen bekannt ist und die ihm nicht so viel Angst einflößt wie etwas Neues.[548] Das Bedürfnis nach Sicherheit ist in der analogen Kultur noch ausgewogen. Erst im Digitalen wird das Bedürfnis nach Sicherheit durch die Möglichkeit der ständigen Überwachung zu einem Wahnzustand, zu einer Neurose, die im Digitalen jedoch durch die Medien-Manipulation, durch die digitale Brille als Normalzustand wahrgenommen wird. Die Neurose ist zwar ein Zustand, aus der ein bewusster Mensch Inspiration schöpfen kann – dazu muss er aber die Neurose auch als solche erkennen! Dieser Bewusstseinszustand, der sich aus der Reflexion der Schnittstellen von analoger und digitaler Welt ergibt, ist Grundlage künstlerischen Schaffens und damit der Kultur an sich. Dieses Bewusstsein sollte auch in die digitale Kultur Einzug finden, damit das Analoge mit dem Digitalen zu einer *Kultur 2.0* verbunden werden kann.

---

548 Vgl. auch Kurz, 9.

9.2 Freiheit oder Freigiebigkeit?

Wenn der vernetzte Mensch den Wirkungsorten der Manipulation folgt, geht er dem Freiheitsbegriff der Internetkonzerne auf den Leim; denn in diesem Fall kümmert er sich allein um das digitale Ich und um dessen »Freiheit« durch Daten*frei*giebigkeit. Dieser Freiheitsbegriff entspricht aber in keiner Weise dem analogen. Wer annimmt, der analoge Freiheitsbegriff sei mit dem digitalen gleichzusetzen und versucht, dies im Denken und Handeln umzusetzen, wird früher oder später im wahrsten Sinne zu einer gespaltenen Persönlichkeit werden: Das digitale Ich und das analoge Ich sind (sich) darüber (noch) nicht einig. Doch sie werden sich in der darauf folgenden Evolutionsphase einig werden, wenn der Mensch seine wahre Freiheit aufgibt und sich nur noch um das digitale Ich kümmert. Das bedeutet, alle seine Daten »freizugeben«, zu digitalisieren. Dadurch wird der einst gespaltene Mensch zu einem transparenten Menschen. Das analoge Ich wird transparent und damit zur Nullstelle. Damit wird auch die Freiheit zur Nullstelle. Alles, was an der Schnittstelle zu den digitalen Medien noch existiert, ist Datenfreigiebigkeit, wenn der Mensch ein manipulierter ist. So lässt sich der vernetzte Mensch leichter durch Algorithmen bedienen. Das folgende Zitat bezieht Sherry Turkle auf den Computer, doch wenn das analoge Ich zur Nullstelle wird, gilt folgende Struktur auch für den Maschinen-Menschen:

> Wenn jemand in der Kultur der Simulation sagt, etwas sei transparent, dann meint er damit, es lasse sich leicht bedienen.[549]

Während zum analogen Freiheitsbegriff noch menschliche Werte wie Achtung der Privatsphäre oder Diskretion gehören, bedeutet der digitale Freiheitsbegriff reine Datenfreigiebigkeit.[550] Es geht noch weiter: Die Möglichkeit, Geheimnisse zu haben, wird durch die Datenfreigiebigkeit, durch die Transparenz des Menschen, unterlaufen. Das Problem

---

549 Turkle, Leben im Netz, 62.
550 Vgl. Kurz, 9.

hierbei ist, dass gerade aus der Möglichkeit, etwas vor anderen zu verbergen, Wahrhaftigkeit und Integrität erwachsen kann, die beide Basis für die Entwicklung von Subjektivität sind. Das funktioniert nur auf der Grundlage der Freiheit. Ein Beispiel für die Freiheit, ein Geheimnis haben zu können, ist das Briefgeheimnis. Durch dieses gehen die Menschen in ihrem sozialen Leben respektvoll miteinander um. So ermöglicht das analoge Briefgeheimnis freie Korrespondenz und die Entwicklung eigener Gedanken, die man *nicht* entwickelt, wenn man seine Gedanken *nicht* aufschreiben kann. In der digitalen Korrespondenz hingegen ist man in seiner Freiheit eingeschränkt, weil es sich die Geheimdienste erlauben, alle Daten zu durchleuchten, mit dem Argument, dass der E-Mail-Versender seine Daten wissentlich in die Hände Dritter gibt. Das ist ein grundlegendes Problem im Prozess der Digitalisierung, welches das Recht der Menschen auf Freiheit noch nicht integriert hat.

Die Transparenz in der digitalen Sphäre macht aus dem Menschen also einen in seinen Handlungsmöglichkeiten eingeschränkten Menschen. Der Mensch ist dadurch kein freier mehr, sondern ein vernetzter und fremdbestimmter Mensch. Sein Denken wird manipuliert: Seine Wahrnehmung von Freiheit wird zu einer Datenfreigiebigkeit umgepolt, durch die Suggestion von Sicherheit im Netz.[551] Sein Handlungsspielraum wird begrenzt zugunsten von Big Data.

9.3 Freiheit und Sicherheit

Wir alle wissen nun, dank des Whistleblowers Edward Snowden, dass der Überwachungsstaat à la Orwell längst Realität ist. Kann sich der Mensch im Netz dadurch noch frei bewegen? Diese Frage wurde eigentlich schon beantwortet, das konnte der vernetzte Mensch nie – die Freiheit im Netz ist eine Utopie aus dessen Anfängen. Vielmehr muss der Mensch nun erkennen, dass im Netz ganz andere Rechte gelten – suggeriert wird dabei immer Sicherheit. Die neuen Rechte und Moralvorstellungen liegen an den Stellen verborgen, an denen Kommerz mehr

---

551 Vgl. ebd.

oder weniger offenbar ist. Allein an den Stellen, an denen es noch keine kommerzielle Vernetzung durch Werbepartner gibt, wie bei Wikipedia – scheint unkontrollierte Bewegung noch möglich. An den Stellen, an denen es (scheinbar) kostenlose Plattformen gibt, in denen aber Werbebanner die Aufmerksamkeit des Menschen erheischen, ist nur kontrolliertes Bewegen möglich. Kontrolle aus Gründen der Sicherheit?

Was bedeutet denn (vermeintliche) Sicherheit, wenn sich der vernetzte Mensch dafür komplett nackt machen muss? Komplett nackt im Denken und Handeln – und dabei wird noch seine Wahrnehmung manipuliert: Angepriesen werden der Handlungsspielraum und die weiten Möglichkeiten im Netz, die ständige Verfügbarkeit, doch dass wir für das Surfen im Netz sehr wohl – einen sehr hohen Preis – bezahlen, ist vielen vernetzten Menschen nicht bewusst. Es ist nicht allein die Aufmerksamkeit für uns selbst, die wir verlieren, es ist das Grundrecht auf Freiheit, mit dem der vernetzte Mensch bezahlt, wenn er sich von den Suggestionen und Simulationen täuschen lässt. Diese Manipulierung, Umpolung oder Umdefinierung der analogen Freiheit in digitale Sicherheit rüttelt an den Grundfesten des Menschseins. Ist doch das Menschenrecht definiert als das „angeborene, unveräußerliche und unverletzliche Recht des Menschen auf *freie Bewegung* und Betätigung gegenüber dem Staat".[552] In der Allgemeinen Erklärung der Menschenrechte vom 10. Dezember 1948 steht im ersten Artikel: „Alle Menschen sind frei und gleich an Würde und Rechten geboren. Sie sind mit Vernunft und Gewissen begabt und sollen einander im Geiste der Brüderlichkeit begegnen." Der dritte Artikel lautet wie folgt: „Jeder hat das Recht auf Leben, Freiheit und Sicherheit der Person."[553]

Diese Menschenrechte sollten nicht mit der »digitalen Brille« gelesen werden, denn in diesem Falle wird der Mensch zu einem transparenten Menschen. Völlige Durchleuchtung bringt keine Sicherheit. Auch die Begegnung im Geiste der Brüderlichkeit wird dadurch nicht erlangt, im Gegenteil. Vielmehr wird der Mensch durch die Transparenz irgendwann misstrauisch werden und unter Verfolgungswahn leiden.

---

552 Gerhard Wahrig: *Deutsches Wörterbuch*, München 1989, Begriff: Menschenrecht.
553 http://www.un.org/depts/german/grunddok/ar217a3.html, 10.12.2013.

Die Medien-Manipulation wird den Menschen in einen pathologischen Zustand versetzen. Paranoia und Verfolgungswahn, Misstrauen und Feindschaft werden in der Zukunft ein genauso normaler Zustand sein, wie es derzeit »normal« ist, dass man bei jedem tonalen Rufen seines Smartphones seinen Arm danach ausstreckt – der ständige »Gang zum Briefkasten« galt einmal als Neurose, als Pathologie. Wo wird diese Verschiebung noch hinführen?

Was wird aus dem menschlichen Miteinander und den menschlichen Werten, wenn jeder den anderen als Feind ansieht? Diese Struktur befindet sich nicht erst seit dem 11. September[554] in ihrer Entwicklung, sondern schon seit den militärischen Ursprüngen des Internet, und sie dehnt sich durch die digitale Sphäre immer weiter aus. Derzeit hat sie ihren Höhepunkt in der kommerziellen Verbreitung von Fingerabdrucksensoren an digitalen Auto-Türschlössern, die mit dem menschlichen Fingerabdruck zu öffnen sind. Auch das iPhone 5 ist durch den persönlichen Fingerabdruck zu entriegeln. Die Vernetzung von Kommerz, staatlichen Behörden und Geheimdiensten macht den Menschen zu einem transparenten! Wenn der vernetzte Mensch seine Fingerabdrücke öffentlich machen soll, auch wenn er noch keine Straftat begangen hat, bringt das Sicherheit mit sich oder die Einschränkung der Freiheit? Jeder vernetzte Mensch wird dadurch zu einem potenziellen Straftäter.

Wenn der vernetzte Mensch die analoge von der digitalen Sphäre nicht zu differenzieren vermag, und annimmt, im Netz würden dieselben Werte wie im analogen Leben gelten, findet eine Manipulierung an den gesellschaftlichen Rechten und Werten[555] statt und letztendlich auch an den Moralvorstellungen. Es gilt nach dieser manipulierten Moralvorstellung, dass man sich verdächtig macht, wenn man nicht alle seine Daten und Geheimnisse offen legt.[556]

Die gesellschaftlichen Rechte und Werte werden umgepolt, durch die Rechtfertigung der flächendeckenden Kontrolle im Netz, aus Gründen der Sicherheit für den vernetzten Menschen! Privatsphäre und Diskretion dienen im Analogen dem Schutz der Freiheit, im Digitalen wird

---

554 Vgl. Trojanow, 13.
555 Vgl. ebd., 11.
556 Vgl. ebd., 10.

Freiheit umdefiniert, hier dient Transparenz dem »Schutz« des Menschen, seiner vermeintlichen Sicherheit. Ist das nicht paradox? Wird das vielleicht schon in Kürze in das Aufbrechen des Schutzes vor willkürlicher Verhaftung[557] und in das Verbot auf freie Meinungsäußerung münden? All das in einer Demokratie? Es sollte sich nicht wiederholen, dass Menschen als Nummern behandelt und ihre Rechte und Würde ausgehebelt werden.[558]

Die Entwicklung des scheinbar sicheren, transparenten Menschen beginnt bei der digitalen Simulation. Weil durch das Netz Simulation möglich ist, ist der Mensch täuschbar und manipulierbar. Von diesem Punkt der Simulation aus ist es entscheidend, wie der Mensch die Realität wahrnimmt, ob durch die »digitale Brille« oder mit analogem, »reinem« Herzen und Verstand. Der bewusste Mensch sieht die Freiheit im Analogen und Digitalen, in der Reflexion zu sich selbst. Er sucht im Idealfall den Weg der analogen *und* digitalen Freiheit, wie die Autoren-Gruppe um Juli Zeh und Ilija Trojanow, welche die Petition *Writers against mass surveillance* gestartet haben.[559] Der unbewusste Mensch hingegen sieht allein seine Sicherheit am Ende des virtuellen Tunnels. Dass die digitale Sicherheit keine wirkliche Sicherheit, sondern nur eine simulierte Sicherheit darstellt, nimmt der manipulierte Mensch nicht wahr. Die Suggestion dieser Sicherheit bewirkt, dass der gutgläubige Mensch alle seine Daten digitalisiert. Dadurch kann beispielsweise die NSA alles von jedem Bürger erfahren, nicht nur über Handys als Ortungswanzen. Der ZEIT-Redakteur Patrick Beuth nennt nicht nur die Handys, sondern vor allem die Cookies als beunruhigendstes Ausspäh-Werkzeug, wie aus einem neu veröffentlichten NSA-Dokument von Edward Snowden hervorgeht. Die NSA nutzt beispielsweise Cookies von Google, um das Surfverhalten der Nutzer auszuspähen. Die sogenannten PREF-Cookies von Google „speichern die persönlichen Einstellungen von Google-Nutzern, wie zum Beispiel die bevorzugte Sprache. Solche Cookies enthalten keine Namen oder E-Mail-Adressen, aber eine

---

557 Vgl. ebd., 21.
558 Vgl. ebd., 11.
559 Die Petition ist auf der folgenden Internetseite zu finden: change.org/
     ueberwachung.

eindeutige Nummer, anhand derer ein Nutzer auf vielen verschiedenen Websites – nicht nur denen von Google selbst – wiedererkannt werden kann."[560] Wenn der vernetzte Mensch seine Cookies deaktiviert, um eine gewisse Freiheit wiederzuerlangen, kann er sich nicht mehr frei im Netz bewegen. Dann ist er nicht mehr vernetzt, denn viele Internetseiten funktionieren nur, wenn man es ihnen erlaubt, Cookies auf dem Computer zu speichern. Neben Handys und Cookies können aber auch Apps als »Wanze« dienen. Auch bei diesen kleinen Programmen verhält es sich wie bei den Cookies: Wenn man sie nicht nutzt, ist man nicht mehr frei in der Vernetzung, denn der Nutzer stimmt durch den Kauf einer App den Nutzungsbedingungen zu und damit auch der Übertragung von Standortdaten.[561] Auf dieser Grundlage ist eine wirkliche Sicherheit des Menschen nur Suggestion. Sicherheit wird zur Kontrolle, wodurch wir wieder in historische Strukturen aus der Vergangenheit gelangen, in eine emotionale Pathologie, die eine Umdefinierung zu rechtfertigen scheint. Aber allein, weil dadurch die Simulation nicht sichtbar ist, sondern als Realität gilt. Der vernetzte Mensch sollte in seiner Vernetzung frei sein und nicht dadurch in Fesseln gelegt werden, um wie eine Nummer oder gar als Feind behandelt zu werden.[562] Die Manipulation durch digitale Medien scheint jedoch zu solchen Zuständen zu führen, in denen nur noch die Angst wahrgenommen wird sowie das digitale Ich, und nicht mehr der wahre Mensch mit seinen Rechten und Werten.

---

560 Patrick Beuth: „NSA nutzt Googles Cookies zur Überwachung", in: Die Zeit online, 11.12.2013 (13.12.2013).
561 Vgl. ebd.
562 Vgl. auch Trojanow, 11.

9.4 Investigativer Journalismus

In freien Gesellschaften geht es darum,
die Köpfe zu reglementieren.[563]

An allen Stellen, an denen sich Menschen mit Medien vernetzen, ist mindestens Beeinflussung gegeben, wenn nicht sogar Manipulation. Wenn der Mensch Zeitung liest, wird er beeinflusst, indem er sich über das Tagesgeschehen informiert. *Wie* das geschieht, ist grundlegend dafür, ob der Leser Inspiration durch den Zeitungsartikel erfahren kann oder ob er sich dadurch in seiner Wahrnehmung, im Denken und im Handeln manipulieren lässt. Grundlegend für Inspiration ist die Erkenntnis des Lesers aus sich selbst heraus, angestoßen durch den Zeitungsartikel, der die Welt in ihrer Ganzheit zu erfassen versucht. Dadurch kann der Leser eine freiheitliche Sicht auf die Welt entwickeln.

Eine einseitig dargestellte Weltsicht kann manipulative Auswirkungen auf den Leser haben. Eine einseitig dargestellte Weltsicht klammert wichtige Aspekte aus, wie es in den Medien der Fall ist, wenn diese rein kommerzielle und ökonomische Interessen verfolgen. Ein extremes Beispiel dafür ist der gesundheitliche Wert des Menschen, der in der PR Bernays' beispielsweise ausgeklammert war (ob nun unwissentlich oder nicht). Wenn der gesundheitliche Wert der Menschen außer Acht gelassen wird, dann spielt die fiktive Ebene der PR, die Werbebotschaft, eine perfide Rolle in der Manipulation von Konsumenten. Im Juli 2004 schrieb Mark Crispin Miller, Professor für Medienökologie an der New York University, im Nachwort zu Bernays' Propaganda:

Nicht anders als mit den Risiken des Rauchens war es bis vor wenigen Jahren noch mit der globalen Erwärmung. So ist es heute mit der krebserregenden Wirkung von Mobiltelefonen oder den giftigen Nebenwirkungen von Fluor, um nur ein paar

---

563 Zitat des Sprachwissenschaftlers Noam Chomsky in einem Interview, geführt von Thomas Assheuer: „Stoppen Sie das, Mister Obama!", in: Die Zeit (Nr. 26) 20.06.2013, 43f.

Gesundheitsgefahren zu benennen, über die wenig berichtet wird. In all diesen Fällen ist der investigative Journalist der natürliche Feind des Propagandisten, weil jener im Interesse der Öffentlichkeit agiert und dieser dagegen.[564]

Der investigative Journalist bemüht sich also um die Wahrheit im Interesse der Öffentlichkeit. Er manipuliert nicht den Leser, indem er ihn mit Lesestoff füttert, von dem er denkt, der Leser bräuchte ihn. Der investigative Journalist hat zum Beispiel Quellen wie Edward Snowden. Es werden auch unbequeme Tatsachen veröffentlicht, die der Öffentlichkeit in manchen Fällen zunächst Bauchschmerzen bereiten. Die unbequemen Tatsachen (und vielleicht auch die Bauchschmerzen) dienen als Erkenntnisinstrument. So kann der Leser einen neuen Blick auf die Realität werfen und umdenken, sich vielleicht wehren gegen leere Versprechungen oder gefährliche Konzern-Propaganda.

Benjamin Stein agiert genau im Sinne des investigativen Journalismus, wenn er in einem ZEIT-Artikel das neue Buch *Die Vernetzung der Welt* bespricht. Die Autoren dieser Publikation sind Eric Schmidt, Executive Chairman und ehemaliger CEO (2001-2011) von Google, und Jared Cohen, Gründer und Direktor von Google Ideas. Stein sagt über diese Publikation: „Lesen Sie […] unbedingt dieses Buch, aber lesen Sie es mit wachem Verstand und Blick für die Auslassungen!"[565]

In diesem Buch sickern dogmatische oder ideologische Denkstrukturen durch, aus denen sich, wenn man nicht wach ist, keine eigene Ansicht und kein Bewusstsein erschließen lassen. Das *Bewusstsein 2.0* besteht vielmehr in der investigativen Sichtweise. Es ist eine Ansicht *für* die Kultur der Digitalisierung und einen bewussten Umgang damit.

---

564 Mark Crispin Miller, Nachwort, in: Bernays, 151.
565 Benjamin Stein: „Brainwashing mit Niveau", in: Die Zeit online, 10.05.2013 (10.05.2013).

10

DIGITALE MEDIEN UND SPIRITUALITÄT

Wenn der Mensch einmal seine komplexe, vernetzte Welt annähernd begreift, kann er damit beginnen, sich seines eigenen Standpunktes bewusst zu werden und die analogen und digitalen Verknüpfungen zwischen sich und anderen Individuen so zu konstruieren, dass es dabei allen – und vor allem ihm selbst – gut geht. Die Spiegelerfahrung ist ein Hilfsmittel zur Bewusstwerdung über sich selbst innerhalb einer sozialen Verknüpfung, dabei steht das Selbst im Zentrum! Das Bewusstsein bekommt eine neue Qualität[566] durch die Wahrnehmung des Selbst und durch die soziale Begegnung.

10.1 Spiegelerfahrung und Subjektivität

Das Spiegelbild ist eine

> virtuelle Verdoppelung der Reize (die manchmal so funktioniert, als wäre sie eine Verdoppelung sowohl meines Körpers-als-Objekt als auch meines Körpers-als-Subjekt, der sich selbst gegenüberzutreten scheint), diese Enteignung des Bildes, diese permanente Versuchung, mich selbst für einen anderen zu halten, all dies macht die Spiegelerfahrung zu einer absolut singulären Erfahrung auf der Schwelle zwischen Wahrnehmung und Bedeutung.[567]

---

566 Vgl. Michel, Die Wiederverzauberung der Liebe, 27.
567 Eco, 38.

Gerade die Verdoppelung der Reize bewirkt eine gesteigerte Wahrneh-mung und ermöglicht damit Bewusstheit. In der sozialen analogen face to face-Begegnung bewirkt diese Verdoppelung der Reize eine gestei-gerte Wahrnehmung und ermöglicht damit eine Bewusstseinsentwick-lung. Diese Verstärkung der Reize durch ein Gegenüber hebt die analo-ge Begegnung in eine exponierte Lage. Die analoge Begegnung ist eine singuläre Erfahrung, die erst durch das face-to-face-Element eine be-sondere Bedeutung in der Wahrnehmung erhält. Dadurch entsteht, er-fahrungsgemäß, eine bessere Memorierbarkeit, wodurch wiederum das Bewusstsein eine stärkere Entwicklung erfährt. Wo die Evolution des Menschen hinführt, wenn digitale Werkzeuge ihn zu einem besseren Menschen machen sollen, wie die Begründer von Google und Facebook es sich vorstellen, ist kaum auszumachen.[568] Wie auch immer diese Entwicklung aussehen wird, der Mensch sollte die face-to-face-Begeg-nungen nicht allzu oft im Alltag durch digitale Begegnungen ersetzen. Nicht mehr aus dem Haus gehen zu müssen[569], weil alle Kommunikati-on digital über den Bildschirm ablaufen kann, ist bestimmt keine Hilfe-stellung zur Bewusstseinsentwicklung und zum wahrhaftigen Begreifen der Welt.

Wie das Kind, das sich das erste Mal im Spiegel erblickt, sollten auch alle anderen Altersgruppen diese Entzückung empfinden dürfen, wenn sie durch einen neuen Blick auf die Umgebung ihre Wahrnehmung er-weitern konnten. Es ist kaum vorstellbar, dass dies beim vereinsamen-den Menschen vor dem Bildschirm digital möglich sein soll.

Erst durch die analoge Entwicklung von Selbst-Bewusstsein, die schon beim Kleinkind im ersten oder zweiten Lebensjahr beginnt, kann sich Subjektivität bilden.[570] Das ist die Grundlage zum Schutz vor Ma-nipulation. Wer ein starkes Selbstbewusstsein ausgebildet hat, ist we-niger manipulierbar als jemand, der keines hat. Wenn nun Rassel und Töpfchen des Kleinkindes schon mit digitalen Geräten bestückt sind,

---

568 Vgl. zu der Weltverbesserungs-Vision die Publikation des Medienkritikers Ev-geny Morozov mit dem Titel *Smarte neue Welt*.

569 Vgl. ebd., 12.

570 Der Psychiater und Psychoanalytiker Jacques Lacan beschrieb die Spiegeler-fahrung im Jahre 1949 als Teil einer Entwicklungsphase des Kindes. (Vgl. Eco, 27f.)

dürfte dieses wohl eine enorme Ablenkung von der Entwicklung der eigenen Subjektivität erfahren, denn das Kind produziert selbst noch keine semiotischen Zeichen, noch keinen Sinn als Zeichenprozess, es nimmt sich folglich noch nicht als Subjekt wahr, wie es ein Erwachsener vermag.[571] Daher greift Medien-Manipulation beim Kleinkind sehr tief in die Entwicklung der Selbst-Wahrnehmung ein.

10.2 Spiegelerfahrung als Denkfigur

> Es ereignet sich in der wahren Begegnung etwas,
> was kein Ich jemals für sich allein verwirklichen könnte!
> Denkt man diesen Gedanken für das Ich konsequent fort,
> so wird die Begegnung mit einem Du
> zur Erfahrung einer neuen Qualität des Göttlichen
> im eigenen Bewusstsein.[572]

Alle Individuen sind miteinander verknüpft, denn der Mensch ist ein soziales Wesen. Der Mensch verkümmert, wenn er kein Gegenüber und kein Echo wahrnimmt. Das zeigt die Geschichte des Narziss aus der griechischen Mythologie. Nur auf sich selbst bezogen zu sein, das reine Ego zu leben, bedeutet, Bewusstseinserfahrungen über ein Du zu meiden. Der Mensch verkümmert in seinem Bewusstsein, wenn er nicht die Möglichkeiten des Lebens wahrnimmt – die Mitmenschen als Spiegelerfahrung. In sich selbst kann der Mensch diese Erfahrungen nicht machen, weil sie erst aus der Bewegung von Individuum zu Individuum heraus entstehen, also durch die soziale Begegnung. Heute bedeutet soziales Leben, die Verknüpfung von »Analogem« und »Digitalem« integriert zu wissen.

Damit das soziale Leben über das »Analoge« und »Digitale« hinweg funktionieren kann, müssen beide ausgewogen nebeneinander existieren können.

Die Spiegelerfahrung in der analogen Welt ist weitgehend vom Men-

571 Vgl. Eco, 29.
572 Michel, Die Wiederverzauberung der Liebe, 27.

schen erfahren worden. Doch die Spiegelerfahrung in der digitalen Welt
ist bisher fast unerfahren.

In der Spiegelerfahrung finden wir unser eigenes Ich, unsere eigene Meinung, was wir beides kennen müssen, um in unserer komplexen
Welt seelisch bestehen und überleben zu können. Anhand des Spiegels
als Denkfigur können wir reflektieren: Stimmt mein Denken mit meinem Handeln überein? Gibt es eine paradoxe oder schizophrene Struktur, die mich etwa darauf hinweist, dass ich nicht nach meinem eigenen
Denken handele, sondern nach einem von außen eingegebenen Denken?

10.3 Digitale Medien als Spiegel: Ab-Bild im Internet

Der Begriff »Spiegel« impliziert die Unterscheidung zwischen »physisch« und »virtuell«, was der Differenzierung »analog« und »digital«
in gewisser Weise entspricht. Kann also auch das digitale Medium als
eine Art Spiegel auf psychologischer Ebene fungieren?

Die Soziologin Sherry Turkle bejaht diese Frage:

> Computer eignen sich hervorragend als Hilfsmittel, mit denen
> wir über das Selbst nachdenken können, sei es als Modelle für
> den Geist oder als Metaphern, als Denkfiguren [...]. Computer
> besaßen über viele Jahrzehnte hinweg eine eindeutige kultu-
> relle Identität als lineare, logische und mechanistische Maschi-
> nen.[573]

Doch die kulturelle Identität des Computers hat sich verändert und damit auch das Spiegelbild, „das Computer für das Denken über das Selbst
darstellen. [...] Die Erfahrung mit gegenwärtigen Computerobjekten
ermöglicht es, Identität neu als multipel und flexibel zu denken."[574]

Diese neue Art von Identität resultiert unter anderem aus der Abbildung einer Person im Internet. Die Abbildung einer Person im Netz ist,
in Bezug auf eine Spiegelerfahrung, auf ganz anderer Ebene anzusie-

---

573 Turkle, in: Braun, Multiple Persönlichkeit, 86.
574 Ebd.

deln als eine Person, die sich im Spiegel »erfährt«: Die Oberfläche des Spiegels ist eine eingerahmte, „regelmäßige Fläche mit der Fähigkeit, die eintreffende Lichtstrahlung zu reflektieren".[575] Der Computerbildschirm ist eine eingerahmte Fläche, die elektrisches Licht verinnerlicht, die einen ersten analogen und mit Facebook einen zweiten virtuellen Rahmen hat. Die Blickrichtungen, das heißt die Reflexionen, funktionieren völlig verschieden, und die beiden Rahmen liegen auf unterschiedlichen Ebenen.

Ein Spiegel bildet sozusagen eins zu eins in einem Duplikationsprozess ab[576], ein digitales Medium, wie eine digitale Fotografie auf Facebook, ist zwar auch eine Art Duplikat, vermag aber keine Eins-zu-eins-Abbildung zu vermitteln. Ein digitales Medium bedeutet immer eine Verschiebung oder gar einen Verlust in der Abbildung. Schon die analoge Fotografie liefert „eine Illusion von der Realität".[577] Steht die Fotografie der eigenen Person online, kommt eine weitere virtuelle Ebene hinzu. Das Virtuelle ist immer mit Imagination verbunden: Ein Wirkungsort für Täuschung und Manipulation.

Was bei der digitalen Abbildung im Unterschied zur Abbildung im Spiegel noch hinzukommt, ist eine andere Art von Abhängigkeitsverhältnis[578] zum Objekt. Beim Spiegel ist das Bild abhängig von der Bewegung des Reflektierten, bei der digitalen Fotografie auf Facebook ist das Bild scheinbar fest, tatsächlich aber abhängig von den möglichen »Manipulatoren«.

Die Art und Weise, wie der Mensch sich also selbst durch die verschiedenen Medien wahrnimmt, ob nun durch einen Spiegel oder durch ein digitales »Ab-Bild«, beeinflusst seinen Geist.[579] Betrachten wir einmal die Reflexionsrichtungen: Der Mensch setzt sich vor seinen Computer, nimmt sich sitzend vor dem Gerät in seiner analogen Erscheinung wahr, schaltet den Computer ein, nimmt also das digitale Innere des Computers wahr, öffnet den Internet-Browser, öffnet das soziale

---

575 Eco, 29.
576 Ebd., 34.
577 Ebd.
578 Vgl. ebd., 38.
579 Vgl. Turkle, in: Braun, Multiple Persönlichkeit, 93.

Netzwerk, öffnet seinen Account dieses sozialen Netzwerkes, sieht seine sich online entwickelnde virtuelle Persönlichkeit und darin ein Foto von sich selbst. Der Nutzer als Person steht hinter diesen vielen Fenstern im Hintergrund. Kann der Nutzer sich so überhaupt noch wahrnehmen oder steht nicht vielmehr die technische Abhängigkeit im Vordergrund der Reflexionsrichtungen?

Teil dieser Reflexionsrichtung ist zudem die soziale Vernetzung, denn bevor der Nutzer sich selbst durch den Computer und das soziale Netzwerk wahrnimmt, nimmt er sich als Teil einer sozialen Verknüpfung wahr. Bevor der Blick auf das eigene Foto fällt, wird er womöglich von neuen Freundschaftsanfragen abgelenkt. Freunde, welche die Möglichkeit haben, das eigene Foto durch Kopieren, Markieren und »Teilen« zu manipulieren und die virtuelle Persönlichkeit durch Pinnwandeinträge, Kommentare und »Likes« zu prägen – wenn man es ihnen gestattet.

Diese vielen Fenster haben neben der technischen Abhängigkeit noch einen weiteren Effekt. Betrachten wir einmal eine Person, die nicht nur *einen* Online-Account hat, sondern *mehrere*. Die verschiedenen Fenster bilden den Zugang zu diesen Accounts. Die Reflexionsrichtung von Fenster zu Fenster offenbart eine Wahrnehmung eines multiplen Selbst.[580] Das Selbst ist also durch die technische Abhängigkeit nicht nur in den Hintergrund geraten, sondern multipel und damit auch multipel manipulierbar geworden. Durch die Addition der digitalen Welt wird das Ich also noch komplexer und schwerer begreifbar, damit leichter angreifbar als in der analogen Welt. Trotzdem kann jedes Medium in der verknüpften digital-analogen Welt in seiner Art als Instrument zur Bewusstwerdung des Selbst dienen. Der Weg zur Bewusstheit des Selbst in seiner verknüpften Umgebung ist aufgrund der zunehmenden Komplexität des Ichs durch die digitale Komponente länger. Langfristig jedoch tragen „die vielen Manifestationen von Multiplizität in unserer Kultur, inklusive der Annahme multipler Online-Persönlichkeiten, zu einem allgemeinen Überdenken traditioneller, einheitlicher Vorstellungen von Identität"[581] bei.

Damit ist das Ab-Bild im Netz digitales Medium im Sinne eines Mitt-

---

580 Vgl. ebd., 95.
581 Ebd., 97.

lers, das eine produktive Hilfestellung sein kann, wenn der Mensch sich selbst aus seiner eigenen Mitte heraus und in bewusster Reflexion zu seiner Umgebung entwickelt.

10.4 Der Mensch im Mittelpunkt seiner Wahrnehmung

Joseph Weizenbaum, einer der Pioniere der Informatik, hat mit seinem gesellschaftskritischen Standardwerk *Die Macht der Computer und die Ohnmacht der Vernunft* schon in den 70er Jahren des letzten Jahrhunderts einen Bogen geschlagen zwischen der Informatik und den Geisteswissenschaften.[582]

Es ist bekannt, dass beispielsweise „in der ersten Hälfte des 15. Jahrhunderts die einzelnen Wissenschaften viel mehr Berührungspunkte miteinander hatten, als das später oder gar in unserer Zeit der Fall war und ist".[583] Heute ist es mehr denn je notwendig, dass sich Informatik und Geisteswissenschaften wieder näher kommen. Die beiden Sichtweisen, die eines Informatikers und die eines Geisteswissenschaftlers, können zusammen ein neues Licht auf die Realität werfen und die Gesamtheit betrachten. Die eines Informatikers ist eher rein mechanisch, mathematisch geprägt, während die eines Geisteswissenschaftlers die menschliche Dimension einbringt.

Weizenbaum hat schon früh davor gewarnt, was 2010 mit der personalisierten Suchmaschine Realität geworden ist. Die personalisierte Suchmaschine unterstellt dem Menschen, als eine Art informationsverarbeitende Maschine gelesen werden zu können. Damit müsste der Mensch vorhersehbar denken und Entscheidungen treffen wie eine Maschine. Das menschliche Bewusstsein wird damit völlig unter den Tisch gekehrt. Die menschliche Reflexion ist in Wirklichkeit eine ganz andere als diejenige, die ein Computer dem Menschen unterstellt.[584] Es ist in Wirklichkeit eine, die der Mensch noch gar nicht begriffen hat, und die

---

582 Vgl. Weizenbaum, Die Macht der Computer und die Ohnmacht der Vernunft, 10.
583 Steiner, Der Entstehungsmoment der Naturwissenschaft in der Weltgeschichte, 13.
584 Vgl. Weizenbaum, Die Macht der Computer und die Ohnmacht der Vernunft, 26-28.

deshalb auch nicht imitiert, simuliert oder gelesen werden kann. Es ist in Wirklichkeit eine, die mit Empathie einhergeht, die jedoch durch die Medien-Manipulation mehr und mehr verloren geht.

Anhand von Weizenbaums ELIZA wird die Differenz zwischen Informatik, zu der hier auch die KI-Forschung gezählt werden soll, und den Geisteswissenschaften deutlich. ELIZA ist ein Computerprogramm, das es ermöglicht, ein Gespräch mit einem Computer zu führen. Ein Experiment – das von Weizenbaum als *Parodie* gedacht war – sollte ein psychotherapeutisches Gespräch simulieren.[585] Der Computer nahm darin die Rolle des Therapeuten ein:

> Ein solcher Therapeut ist verhältnismäßig leicht zu imitieren, da ein Großteil seiner Technik darin besteht, den Patienten dadurch zum Sprechen zu bringen, dass diesem seine eigenen Äußerungen wie bei einem Echo zurückgegeben werden.[586]

Basierend auf der Fähigkeit ELIZAs zur Informationsverarbeitung, gab es tatsächlich ernst gemeinte Reaktionen aus Psychiater-Reihen, die besagten, eine Weiterentwicklung könne irgendwann den menschlichen Psychotherapeuten ersetzen.[587] Die Schwierigkeit hierbei ist jedoch, dass allein die zwischenmenschliche Begegnung in einem solchen Gespräch Basis für eine psychische Heilung beim Patienten sein kann. Der Psychiater kann seinem Patienten nur aus menschlichen Erfahrungen heraus begegnen. Entweder wird dies dem Computer-Psychiater zugeschrieben oder der Fokus liegt bei den Psychiatern, die diese Meinung vertreten haben, allein auf der Informationsverarbeitung.[588] Doch müsste der Fokus – wenn es um psychische Heilung geht – auf der menschlichen empathischen Reflexion liegen, welche die Informatik und Geisteswissenschaften, die analoge und digitale Welt miteinander verbindet. Alles, was begriffen werden kann, geht vom menschlichen Denken, nicht vom Computer aus.

---

585 Vgl. ebd., 15.
586 Ebd.
587 Vgl. ebd., 17.
588 Vgl. ebd., 17f.

Wenn ein Mensch nicht als menschliches Wesen begriffen wird, sondern als »Maschine«, die nach bestimmten Regeln Informationen verarbeitet[589] – dieses Denken resultiert natürlich aus der Industrialisierung – dann wird dem Menschen seine Menschlichkeit und vor allem seine wertvollen menschlichen Erfahrungen, aus denen heraus Bewusstsein entsteht, abgesprochen. Hier hat Manipulation stattgefunden, was den gegenteiligen Effekt als den der psychischen Heilung auslöst. Den Menschen als eine Art Maschine zu sehen, ist das Resultat der Industrialisierung. Das Produkt ist die mechanische Sicht als Teil der Informatik.

Auch in der Naturwissenschaft herrscht diese Sicht vor, wobei das Bewusstsein derzeit mehr denn je erforscht wird. Trotzdem vertritt der große Teil der naturwissenschaftlichen Weltanschauung das mechanische Bild vom Menschen[590], sie ist fixiert auf das physische und Äußere. Darauf, wie der Körper funktioniert. Die Geisteswissenschaft ist im engeren Sinne auf den Geist fixiert und auf das Handeln des Menschen. Doch im Grunde steht hinter jeder Wissenschaftsdisziplin das menschliche Denken! Das Wissen und vor allem die Bewusstheit!

In diese Bewusstheit, die alle Disziplinen überbrücken kann, muss nun endlich die Erkenntnis gelangen, dass die Informatik den Menschen zu manipulieren vermag: Technik „konstituiert unser Welt- und Selbstsein, sie verändert die Bedingungen unseres Handelns".[591] Der Mensch erst macht die Technik zu dem, was sie ist. In dieser Interaktion von Beeinflussung ist Manipulation möglich. Es ist der Mensch, der sie zulässt, denn letztendlich steht der Mensch mit seinem Denken hinter all den wissenschaftlichen Disziplinen. Er steht sowohl hinter Informatik und Technik als auch hinter seinem Geist. Er ist also im ersten Schritt der alleinige Akteur, dem eben dies bewusst werden muss. Es liegt an ihm, die einzelnen Disziplinen durch sein Bewusstsein zusammenzubringen.

---

589 Vgl. ebd., 19.

590 Dies waren Worte des Naturwissenschaftlers Michael Polanyi, in den Jahren um 1935 am Lehrstuhl für physikalische Chemie an der Victoria-Universität Manchester in England tätig. Michael Polanyi: *The Tacit Dimension*, New York 1967, 3-4; zitiert aus: Weizenbaum, Die Macht der Computer und die Ohnmacht der Vernunft, 13.

591 Müller, 9.

Es liegt an ihm, diesen Disziplinen und deren Produkten keine Macht über sich selbst einzuräumen.

10.5 Die bewusste Verbindung zwischen analoger und digitaler Welt

Die analoge und die digitale Welt zu verbinden, schließt notwendigerweise mit ein, keine Bewusstseinslücke zwischen diesen beiden Welten zu haben, sondern beide bewusst in den Alltag zu integrieren. Es stellt sich hierbei die Frage, wie lange der Gebrauch der digitalen Medien im Alltag einer Bewusstseinsentwicklung zuträglich ist. Abträglich ist einer Bewusstseinsentwicklung sicherlich der ausschließliche Gebrauch der digitalen Medien, wenn der Mensch sich dadurch gänzlich von seiner Natur als analoger Mensch, von seinem realen und reflektierten Selbst entfernt. Natürlichkeit und Künstlichkeit sind hierbei zu vereinen, die Fiktionalisierung des Alltags durch digitale Medien ist selbsttätig zu steuern.

Doch es ist möglich, dass diese bewusste und selbsttätige Handlung durch Manipulation verhindert wird. Ein sehr wichtiges Beispiel, das die Notwendigkeit offenbart, Digitales und Analoges bewusster zu verbinden, ist die Privatisierung der Öffentlichkeit durch die digitale Welt. Allein schon durch das Telefonieren in der Öffentlichkeit verlagert sich das Private nach außen. Aber nicht nur das Private, sondern auch das Intime. Man ist unerwartet an Gesprächen über Privat-Alltägliches beteiligt. Unversehens ist man über den Kühlschrankinhalt einer unbekannten Person informiert oder über intime Geschichten, die beste Freundinnen in der Öffentlichkeit am Handy austauschen.

Auch bei Facebook verlagert sich das Private nach außen, es erscheinen Menschen auf ihrem Account-Foto plötzlich mit laszivem Blick, viel nackter Haut und ähnlichen Details, an denen man nicht Teil haben möchte, die das Privat-Intime in die Öffentlichkeit verlagern. Zwar gibt es laszive Bilder auch in Zeitschriften zu sehen, doch handelt es sich darin um Modefotos, um Kunst, die immer einhergeht mit Fiktionalisierung, derer sich der Leser dieser Zeitschrift (meistens) bewusst ist.

Sieht jedoch die Öffentlichkeit in einem eigentlich privaten Facebook-Account ein laszives Bild, wird der Besucher dieses sozialen Netzwerkes – meistens ungewollt – zum Voyeur. Es handelt sich bei dieser Verschiebung des Privat-Intimen von der Innen- in die Außenwelt um einen digitalen Kontrollverlust über die Grenzen des Privaten. Der Mensch scheint sich selbst und seine Privatheit im Netz nicht mehr unter Kontrolle zu haben.

Basierend auf Fiktionalisierung, ist Reflexion oder Nachdenken über das Gezeigte möglich, weil sie eine bestimmte Distanz zum Betrachter schafft. Doch geht es um das rein Private in der Öffentlichkeit, muss der ungewollte Zuhörer eines Handy-Gespräches, der Betrachter eines intim-privaten Facebook-Bildes, diese Distanz erst einmal herstellen. Er muss sich aus dem geblendeten Zustand herausbringen, der ihn automatisch zum Voyeur macht. Eine solche Situation offenbart sehr deutlich die Manipulation durch die Medien, ist der Voyeur doch in eine Rolle gedrängt worden, die er nicht einnehmen wollte. Seine ursprüngliche Rolle wurde manipuliert. Das Fremde ist dadurch nicht mehr fremd, sondern erschreckend nahe beim eigenen Selbst, in der eigenen Privatsphäre. Das Fremde löst sich dadurch immer mehr auf, und damit auch die Möglichkeit zur Individualitäts- oder Subjektivitätsbildung.

Was passiert, wenn sich das Privat-Intime völlig auflöst, sich innerhalb der Öffentlichkeit in absolute Transparenz verwandelt? Um eine bewusste Verbindung zwischen Privatheit und Öffentlichkeit zu erreichen, müssen Grenzen gezogen werden. Derjenige, der ungewollt in die Rolle des Voyeurs gedrängt worden ist, hat durchaus die Möglichkeit, sich zu wehren. Er kann die Person, die ein lautes, intimes Telefongespräch im Zug führt, höflich bitten, etwas leiser zu sprechen. Das muss nicht in jedem Falle helfen, da nicht alle Menschen soziale Grenzen kennen. Aber es geht darum, einen Prozess in Gang zu setzen, der zu einem gesunden Umgang mit den Medien in der Öffentlichkeit führt.

Menschen, die in der Öffentlichkeit über Privates sprechen, sind so sehr »digitalisiert«, sind es so sehr gewohnt, öffentlich über Privates zu sprechen, wie etwa bei Facebook, dass ihnen gar nicht mehr bewusst ist, wie weit sie schon eine Grenze überschritten haben. Es ist ihnen kaum noch bewusst, dass es Menschen gibt, die, zumindest in manchen Momenten, ganz »analog« unterwegs sind. Menschen, welche die analogen Regelungen, was Privatheit und Öffentlichkeit angeht, einhalten. Die Differenz zwischen »analog« und »digital« wird also von manchen gar nicht mehr wahrgenommen.

Hier muss der »analoge« Mensch handeln, um in seiner Rolle nicht vom »digitalen« Menschen manipuliert, um nicht zum Voyeur verwandelt zu werden.

10.6 Natürlichkeit, Künstlichkeit und Subjektivität

Wie eingangs durch Joseph Weizenbaums Standardwerk *Die Macht der Computer und die Ohnmacht der Vernunft* erläutert, hat sich der Mensch durch Werkzeuge wie die Uhr von seinem natürlichen Zustand fortbewegt. Hat er vor der Prägung durch den Glockenschlag vom Kirchturm herab die Zeit durch das Beachten natürlicher »Ereignisse« wahrgenommen, so wurde mit dem regelmäßigen Glockenschlag die Aufmerksamkeit auf die abstrakte mathematische Ebene der Zeit gelenkt. Diese Fortbewegung wurde mit den Maschinen in erheblichem Maße verstärkt, während der Industrialisierung und danach. Die Wahrnehmung wurde transformiert: Nahm der Mensch sich selbst zunächst in einer Einheit mit der Natur wahr, nahm er sich nach dieser Transformation polar naturwissenschaftlich geprägt wahr.

Teil dieser Wahrnehmung ist heute das ständige Streben nach Verbesserung der Technik. Alles will optimiert werden, dieses Denken bewegt den Menschen immer mehr in den Pol der Künstlichkeit, weg von der Natürlichkeit. Eine Einheit ist – was den Zeitgeist angeht – gar nicht mehr Teil des menschlichen Bewusstseins, da die Ebene der Technik immer mehr vergrößert wird. Die Ebene der Technik schob sich mit der Uhr zwischen den Menschen und seine natürliche Wahrnehmung. Dazu kommt noch das rein naturwissenschaftliche Denken, das den Menschen sich selbst vergessen lässt:

»Der Naturwissenschaftler muss vor allem anderen darum
bemüht sein, bei seinen Urteilen sich selbst auszuschalten«,
schrieb Carl Pearson 1892.[592]

Schon in seinem natürlichen Zustand beeinflusst der Körper eines
Menschen dessen Wahrnehmung, sagt die Psychologin Sally Linkenauger.[593] Hat der Körper einmal die Grenze vom natürlichen zum künstlichen Zustand überschritten, befindet sich der Körper also innerhalb
einer manipulierbaren Kunstwelt, auf dem Weg einer Fiktionalisierung,
ist die Wahrnehmung des Menschen noch stärker beeinflusst. Ist die
Kunstwelt manipuliert, ist die Wahrscheinlichkeit größer, dass auch die
Wahrnehmung manipuliert ist.

Linkenaugers Beispiel ist die virtuelle Welt, in der Menschen als
Avatare »leben«. Jeder Avatar ahmt die Bewegungen des Menschen
nach. Wenn der Avatar größere Hände hat, nimmt der Mensch die Gegenstände als kleiner wahr. Linkenauger sagt, dass wir nicht die Umwelt allein wahrnehmen, sondern die Beziehung unserer Umgebung
zu unserem Körper. Diese Wahrnehmung ist eine rein subjektive: Sie
ist beeinflusst durch unsere Persönlichkeit, unseren Körper, unsere
Wünsche, Gefühle und Lebensumstände. Körper und Emotionen, also
Körper und Geist, sind in dieser Wahrnehmung eng miteinander verbunden. Unsere Wahrnehmung sei auf unsere Leistungsfähigkeit zugeschnitten, wessen Leistungsfähigkeit aber geringer sei, der nehme Gegenstände als größer war. Diese verzerrte Wahrnehmung schütze vor
Überlastung.[594] Das ist eine Art natürlicher Selbstschutz des Körpers,
die Subjektivität ist sozusagen Selbstschutz. Doch wann hört dieser
Selbstschutz auf? Manipulation gäbe es nicht, wenn der Selbstschutz in
jeder Situation existierte.

Der Selbstschutz oder das psychische Immunsystem wird durchbrochen, sobald unsere Emotionen von außen angegriffen werden, sobald

592 Carl Pearson: *The Grammer of Science*, London 1911, 11; zitiert aus: Weizen-
     baum, Die Macht der Computer und die Ohnmacht der Vernunft, 46.
593 Vgl. Claudia Wüstenhagen: „Die Ich-Perspektive", in: Die Zeit online,
     25.05.2012 (28.01.2013).
594 Vgl. ebd.

wir nicht mehr unsere eigenen Emotionen wahrnehmen, sondern diese fiktionalisiert werden. Werbung vermag dies immer wieder. Die Kluft zwischen Natürlichkeit und Fiktionalisierung besteht aus unterschiedlichen Graden, aber sie ist gegeben, sobald unsere Emotionen angegriffen werden. Wenn die Emotionen unsere Wahrnehmung nicht mehr für uns im positiven Sinne beeinflussen, heißt dies, dass sie uns nicht mehr vor Überlastung schützen. Sie bringen uns vielmehr dazu, mehr Technik um uns zu scharen, als wir überblicken können, wodurch die Kluft zwischen Natürlichkeit und Künstlichkeit, zwischen Subjektivität und Fiktionalisierung immer größer wird. Das führt weg von einer bewussten Verbindung der analogen und digitalen Welt. Hin zu einer solchen Verbindung führt dagegen die menschliche Subjektivität, die vor Überlastung schützen kann, solange die Fiktionalisierung der digitalen Welt bewusst ist.

10.7 Neue Medien: Realität oder Fiktion?

1938 lief am Vorabend von Halloween auf dem amerikanischen Sender CBS das Hörspiel *Der Krieg der Welten*, in dem Außerirdische die Erde angreifen. Orson Welles hatte den dystopischen Roman von H.G. Wells von 1898 fürs Radio adaptiert und nach New Jersey verlegt. Das Hörspiel war so realistisch und das vergleichsweise neue Medium Radio wurde als so authentisch wahrgenommen, dass zahlreiche Zuhörer in Panik beim Sender anriefen, um Genaueres über den Angriff vom Mars zu erfahren.[595]

Zwar ist das Radio zur damaligen Zeit kein Teil der digitalen Welt gewesen, trotzdem offenbart dieses Beispiel, dass der Fiktionalitäts- oder Realitätsgehalt noch nicht von allen Nutzern begriffen wird, wenn ein

---

595 Werner Faulstich: *Radiotheorie: Eine Studie zum Hörspiel »The War of the Worlds« (1938) von Orson Welles*, Tübingen 1981. Jedoch gab es als Reaktion wohl nicht die oft zitierte „amerikaweite Massenhysterie"; zitiert aus: Plamper, 335; Fußnote 130 auf Seite 427.

Medium relativ neu ist, aufgrund der Manipulation der Emotionen am
Wirkungsort Angst.

Zudem zeigt dieses Beispiel, dass Medien mehr sind „als Gefäße, die
Inhalte transportieren; die strukturellen Eigenschaften eines Mediums
formen die Inhalte und Mechanismen der Sinnproduktion".[596] Der pro-
duzierte Sinn zwischen Medium und Nutzer kann ein gewinnbringen-
der Sinn sein, dann ist sich der Nutzer jedoch über den Fiktionalitätsge-
halt bewusst. Ist der Nutzer sich nicht darüber bewusst, wird ein für den
Nutzer falscher Sinn geweckt, was wiederum zu Emotionen wie Angst
oder Glück führen kann. Diese Emotionen können ausgenutzt werden,
um den Nutzer des Mediums zu manipulieren. Es ist das Verhalten des
Nutzers, das modelliert werden kann – durch Sinnproduktion. Insofern
lässt sich die in der Einleitung zitierte Phrase Umberto Ecos verstehen:

> [Es] erscheinen Wahrnehmung, Denken, Bewusstsein der ei-
> genen Subjektivität, Spiegelerfahrung und Semiose als Mo-
> mente eines ziemlich unentwirrbaren Knäuels, als Punkte einer
> Kreislinie, auf der sich schwer ein Anfang bestimmen lässt.[597]

Innerhalb der Semiose, der Produktion von Bedeutung und Zeichen,
lässt sich im weitesten Sinne auch die Sinnproduktion ansiedeln. Ob
nun „die Semiose die Wahrnehmung begründet oder die Wahrnehmung
die Semiose (und folglich, ob die Semiose das Denken begründet oder
umgekehrt)", lässt sich kaum ausmachen.[598] Eines ist aber sicher: Die
Medien schieben sich als Zeichen in diese Wahrnehmung ein und wirken sinnstiftend auf die Wahrnehmung. Da es immer der Mensch ist,
von dem die Sinnstiftung primär ausgeht, kann er auch durch sein *Bewusstsein 2.0* eine etwaige manipulierende Sinnstiftung umpolen und
produktiv oder inspirativ für sein Leben einsetzen.

Auch in der Literatur wird die Abhängigkeit der Sinnproduktion von
der Art des Mediums deutlich, so stehen hinter einem Benimm-Ratge-
ber andere verhaltensmodellierende Intentionen als hinter einem Kri-

---

596 Ebd.
597 Eco, 27.
598 Ebd.

minalroman. Will ein Kriminalroman Emotionen wie Spannung und Vergnügen hervorrufen, hat ein Benimmratgeber weitreichendere Intentionen, was das soziale Verhalten des Lesers angeht.[599] Hier ist noch nicht die Rede von Manipulation, denn Manipulation meint zumeist verfälschende oder negative Auswirkungen für den Nutzer. Was dieses literarische Beispiel zeigen soll, ist die Abhängigkeit der Bedeutung für den Nutzer von der Art des Mediums. In dieser Abhängigkeit kann Manipulation geschehen, wenn der Nutzer sich nicht über den Fiktionsgehalt des jeweiligen Mediums im Klaren ist. Im Falle des erwähnten Hörspiels waren es wohl nur wenige oder einige Zuhörer, die auf dieses Spiel mit der Fiktion hereingefallen sind. War dieses Hörspiel doch zunächst gedruckt in Romanform erschienen, bevor der Radiomoderator Welles es für sein Medium adaptiert und immer wieder selbst moderierte Radiosequenzen dazwischen gespielt hatte, wodurch Authentizität suggeriert werden sollte.

Emotionen entstehen also im Falle einer falschen Sinnproduktion, wenn der Zuhörer dem Moderator auf den Leim gegangen ist und anruft, um Genaueres über den Mars-Angriff zu erfahren. Es ist durch die Suggestion von Authentizität ein fiktiver Sinn produziert worden. Die Ursache dieses fiktiven Sinnes ist möglicherweise Angst vor Unbekanntem. Die Emotion Angst vermag es nicht, die Gesamtheit von analoger und digitaler Welt in Reflexion zur analogen Welt zu begreifen. Der Zuhörer wurde so manipuliert, dass er entweder mit seiner Angst leben muss oder es über die Manipulation hinweg zu Erkenntnis über den Fiktionsgehalt schafft. In diesem Beispiel war es vermutlich ein reines Spiel mit Fiktion auf einer gewissen künstlerischen Ebene. Eine bewusste Verbindung zwischen analoger und digitaler Welt kann folglich nur entstehen, wenn der Nutzer des Mediums seinen möglichen Fiktionsgehalt erkennt, der manipulierend oder inspirierend auf den Menschen einwirken kann, je nachdem wie weit das Bewusstsein des Menschen entwickelt ist.

---

599 Frank Bösch; Manuel Borutta (Hgg.): *Die Massen bewegen. Medien und Emotionen in der Moderne*, Frankfurt am Main 2006; Oliver Grau; Andreas Keil (Hgg.): *Mediale Emotionen. Zur Lenkung von Gefühlen durch Bild und Sound*, 2005; beide zitiert aus: Plamper, 335f.

EPILOG

Im ersten Schritt des Epilogs fasse ich kurz die wichtigsten Aspekte der Medien-Manipulation zusammen, um im zweiten Schritt eine herausfordernde Weiterleitung zur »Ahriman-Theorie« Rudolf Steiners anzustreben.

Die Manipulation durch Medien besteht nicht erst in der Kultur der Digitalisierung. Aufgrund der pluralen technischen Oberflächen, mit denen der Mensch sich umgibt, wird die Möglichkeit zur Manipulation jedoch größer, wenn der Mensch kein Bewusstsein für den Umgang entwickelt.

Die Manipulation oder Manipulierung besteht im Feld der Technik grundlegend auf Objekt-Ebene, durch die informationelle Programmierung, nicht nur der Technik, sondern auch des Menschen. Es ist die Interaktion innerhalb der Mensch-Maschine-Kommunikation. Das digitale Medium fungiert hier als Werkzeug. Es selbst »weiß« nicht, dass es manipulierend wirkt. Diese technische Manipulierung wird auf den Menschen durch Algorithmen weitergeleitet.

Die Manipulation des Menschen jedoch übersteigt diese technische Programmierung und Prägung des Menschen. Sie wirkt offen durch Werbung und PR, (in vielen Fällen noch) versteckt durch die Erheischung der menschlichen Aufmerksamkeit. Sie lässt den Menschen in einem Zustand der Verwirrung zurück, der Teil des *Bewusstseins 2.0* sein kann, wenn der Mensch diesen Zustand als Möglichkeit zur Entwicklung nimmt. Diese Entwicklung muss aus dem Menschen heraus kommen, wodurch er das Machtverhältnis einer Manipulation umkehrt und damit negiert. Dadurch wird diese Art von Manipulation zur Nullstelle, anstatt zum wahren Ich.

Die Medien-Manipulation wirkt innerhalb jeglicher Kommunikation. Jeder Kommunikationsvorgang ist ein semiotischer, denn jegliche Art von Mitteilung wirkt bedeutungs- oder sinnstiftend. Diese Sinnstiftung geht allein vom Menschen aus. Er gibt alles in seinem Leben eine Bedeutung, liest seine Umgebung als Zeichen, so lässt er zu, dass seine

Umgebung sinnstiftend auf ihn einwirkt. Diese Einwirkung beschreibt auch Steiner in seiner *Theosophie*: „Das Ich erhält seine Bestimmung durch das, womit es sich verbindet."[600] Das ist der wesentlichste Teil des Menschseins und der menschlichen Kultur: Sowohl das denkende als auch das künstlerisch tätige Ich muss, um überleben zu können, Verknüpfungen und neue Perspektiven erschaffen.[601] Innerhalb dieser semiotischen Interaktion findet Manipulierung statt, im weitesten Sinne eine Prägung des Menschen durch seine von ihm eigens produzierten Zeichen. Diese Zeichen kann der Mensch bewusst oder unbewusst in sein Leben treten lassen und damit für sich als Realität nehmen. Im ersten Falle kann er die Zeichen selbsttätig, inspirativ und produktiv für sein Leben umsetzen, und im zweiten Falle manipulieren die Zeichen ihn.

Einen Kommunikationsvorgang als einen semiotischen Prozess zu sehen, funktioniert jedoch allein, wenn im Rückblick das Erlebte, also der Kommunikationsvorgang, reflektiert wird. Ein Zeichen ist nur ein Zeichen, schreibt Eco, wenn etwas für etwas anderes stehen kann. Jedes Ding kann also als Zeichen genommen werden,

> vorausgesetzt, es handelt sich um ein *Antezedenz* oder *Vorangegangenes*, das enthüllend für das daraus *Folgende* oder zu *Folgernde* wird [...]. Damit das Vorangegangene zum Zeichen des (daraus) Folgenden werden kann, muss es potenziell *anwesend* und wahrnehmbar sein, während das Folgende notwendigerweise *abwesend* sein muss.[602]

Deshalb ist für die Entwicklung des *Bewusstseins 2.0* das Erfahren und Erleben neuer digitaler Vernetzungen zentral, weil sich Bewusstsein immer nur »im Zeichen des Abgelaufenen« entwickelt – ein Phänomen muss erst abhandengekommen sein, „um voll ins Bewusstsein zu gelangen".[603]

---

600 Laudert, 9.
601 Vgl. ebd., 9.
602 Eco, 43f.
603 Assmann, 11.

Im Prinzip braucht der soziale und vernetzte Mensch zum reinen Handeln keinen Dinggebrauch, wie die große Denkerin und Publizistin Hannah Arendt dies 1958 beschreibt. Handlung kann sich „ohne die Vermittlung von Materie, Material und Dingen direkt zwischen Menschen abspielen"[604], und doch gibt der Gebrauch digitaler Medien dem Leben einen neuen kulturellen Sinn und ein neues *Bewusstsein 2.0*. Der Dinggebrauch kann dazu dienen, dass der vernetzte Mensch sich über seine Handlungsabsichten[605] klar wird. Das bedeutet, ein neues Bewusstsein im Umgang mit digitalen Medien zu entwickeln. Der Dinggebrauch ist damit Teil einer neuen Kultur, die es derzeit gilt, in ihrer Kraft und in ihrem Wesen zu begreifen.

Welche Kräfte wirken nun in der Kultur der Digitalisierung und welches Wesen bringt diese mit? Im Folgenden wird der Grundgedanke Rudolf Steiners zur Ahriman-Theorie mit der Digitalisierung in Verbindung gesetzt, weil beides zusammen eine neue und eigene Denkstruktur bildet, die uns in der derzeitigen Evolutionsphase als konstruktiver Gedanke dienen könnte. Bevor ein Kritiker auf die Idee kommt, aufgrund des Einbezugs der Steiner-Theorie, dieses Buch mit dem Grenzgebiet der gegenwärtigen »Pseudo-Esoterik« in Verbindung zu bringen, möchte ich an dieser Stelle anmerken, dass ich mich mit meinem vorliegenden Buch ausdrücklich von dieser Esoterik[606] distanziere. Sie ist eine Strömung mit einseitigen Denkweisen, und gerade dem gehe ich durch das vorliegende Buch nicht nach. Im Gegenteil, ich möchte Anstoß geben zu eigenständigem Denken, das Inneres und Äußeres miteinander verbindet, zu einem individuellen Bewusstsein, das sich nicht etwas von außen her eingeben lässt, sondern das jeder Mensch selbsttätig aus sich heraus entwickeln muss! Auch der Begriff *Bewusstsein 2.0* versteht sich in diesem Sinne. Das *Bewusstsein 2.0* ist kein vorgegebenes,

---

604 Arendt, 17.
605 Vgl. zum Thema Bewusstsein, und die darin liegenden Handlungsabsichten das Interview von Renée Bonanomi, geführt von Katarina Michel: *Wie Heilung ohne Heiler geschieht.*
606 Eckhard Kruse, Professor für Angewandte Informatik an der Dualen Hochschule Baden-Württemberg, bespricht dieses heikle und akute Thema der Esoterik in seiner neuen Publikation *Der Geist in der Materie. Die Begegnung von Wissenschaft und Spiritualität.*

sondern eines, das jeder Mensch für sich finden kann. Die Bezeichnung ergibt sich allein aus den Zahlen eins und zwei, die symbolisieren, dass, nach der ersten Phase der Bewusstseinsentwicklung im Analogen, der Mensch für das Analog-Digitale ein neues oder zweites Bewusstsein entwickeln kann, das auf das erste aufbaut.

Rudolf Steiner hielt am 1. November 1919 in Dornach einen Vortrag zum Thema *»Ahriman« kommt!* In der Niederschrift dieses Vortrags heißt es wie folgt:

> Seit der Mitte des 15. Jahrhunderts, seit in der Menschheitsentwicklung entstanden ist der Antrieb vorzugsweise zur Individualitäts-, zur Persönlichkeitsentwicklung, liegen in dieser Entwicklung auch die Kräfte, die eine neue Inkarnation eines übersinnlichen Wesens wiederum vorbereiten.[607]

Ob es nun das moderne Medium »Buch« ist oder das moderne Medium »Smartphone«, in jeder Phase, in der sich Menschen mit Medien vernetzen – das begann mit den *beweglichen Lettern* im Mainzer Buchdruck des 15. Jahrhunderts – entwickelt sich die Persönlichkeit rascher als ohne Medium. Doch das Medium kann sich auch durch einen unbewussten Umgang gegen die eigene Person wenden. Das ist die negative Auswirkung einer Manipulation. Der individuelle Geist ist dadurch nicht zu bewahren, sondern wird zu einem Massen-Geist umgeformt. Deshalb müssen die Menschen in jeder Phase der Modernisierung – im Angesicht neuer Medien – Wachheit entfalten. Individuum und Persönlichkeit können sich auf der Grundlage der Neuen Medien entwickeln, ob die neue Persönlichkeit aber das eigene Ich unterstützt oder sich dagegen richtet, hängt ganz allein von der wachen oder schlafenden Wahrnehmung[608], vom Bewusstsein des Menschen ab.

Eine Medien-Umwälzung bringt bestimmte Erscheinungen mit sich. Diese können sich inspirativ oder manipulativ auswirken. Der Mensch kann dadurch bewusst die eigene Subjektivität ausbilden, oder es kann sich unbewusst ein zweites Ich ausformen, das sich zur „Machination

---

607 Steiner, Ahriman kommt, 10f.
608 Vgl. ebd., 11.

Ahrimans"[609] entwickeln und letztendlich die Formung der eigenen Subjektivität verhindern kann. Die Entwicklung eines zweiten Ichs gibt es schon durch das gentechnologische Klonen, da wird aber nicht der Geist, sondern die Körperlichkeit verdoppelt.[610] In der Digitalisierung verdoppelt sich das geistige Ich durch die Manipulation unseres Denkens! Das bringt eine paradoxe Struktur mit sich: Ein *individueller Geist* kann nicht geteilt werden – das lateinische Wort »Individuum« bedeutet »unteilbar« und »untrennbar«. Wenn ein Geist doch gespalten wird, wird das Individuum zur Nullstelle. Die Nullstelle kann auch als schlafendes Ich bezeichnet werden, wie Steiner es wohl ausdrücken würde. Ist der Geist wach, kann er sich gegen eine Trennung wehren (Erinnern Sie sich an die Erzählung von Platons Kugelmenschen?). Anders gesagt: Der Geist ist individuell, wenn er wach ist, und kann damit nicht geteilt werden. Erst wenn der Geist schläft, also unbewusst ist, kann er geteilt werden und ist damit nicht mehr individuell.[611] Man könnte es auch so ausdrücken:

> Je nach der Reife des Bewusstseins leben wir entweder mehr die [unwissende] Seite in uns, [...] oder die wissende. In dem gleichen Moment, in dem ich mich für das [Unwissende] entscheide, vollzieht sich eine Trennung.[612]

Der vernetzte Mensch, der manipuliert wurde, indem sein Geist digital verdoppelt wurde, ist nicht mehr Individuum, sondern dessen Denken entwickelt sich in einer Rückkoppelungsschleife[613] in dieser analog-digitalen Verdoppelung in Richtung Massengeist oder Objektivität. Es ist eine naturwissenschaftliche Sichtweise durch die digitale Brille. Diese einseitige Sichtweise ist Produkt der Abspaltung, der Trennung. Durch die analog-digitale Interaktion entsteht diese endlose Rückkoppelungsschleife, die nur durchbrochen werden kann, um wieder das eigene Ich

---

609 Ebd., 12.
610 Vgl. ebd.
611 Vgl. ebd.
612 Bonanomi, 16.
613 Zum Thema »Rückkoppelung« vgl. auch Schirrmacher, Payback, 14f.; 100.

wahrnehmen zu können, um wieder Subjektivität ausformen zu können, wenn der Mensch aufwacht und sich diese Entwicklung wie in einem Spiegel betrachtet, um diese dann in der Vergangenheit zu belassen. Sie ist damit Erkenntnisinstrument für eine neue Entwicklung und Ausformung der eigenen Subjektivität in der Gegenwart, für eine Ausformung des *Bewusstseins 2.0.*

Der Mensch muss der schlafenden Entwicklung und der Verdoppelung des Ichs im Geiste Widerstand bieten[614], damit sich das digitale Ich nicht gegen das wahre Ich richtet. Nur insofern muss der Mensch innerhalb der Digitalisierung Widerstand bieten. Der Widerstand gilt nicht der Digitalisierung an sich, sondern der unbewussten menschlichen Wahrnehmung innerhalb der Digitalisierung. Der »ahrimanische Impuls« zielt auf die Trübung des Bewusstseins mittels Maschinen.

In diesem Buch habe ich möglichst abstrakt das Ich-Knäuel von analogem und digitalem Ich ent-wickelt, weil die Formung des *Bewusstseins 2.0* ein absolut individueller Prozess ist. Aus der abstrakten Ebene kann sich jeder Leser das nehmen, was er für seine Individualität benötigt – schon das ist ein inspirativer Vorgang als Gegensatz zur Manipulation!

Die eigene Subjektivität wahrzunehmen, wird ein immer diffizileres Unterfangen, je mehr virtuelle Fiktion unbewusst in Realität verwandelt wird. Je mehr das digitale Ich gelebt wird und je weniger das analoge Ich, desto weniger Zugang hat der Mensch zur Wahrhaftigkeit. Folgen davon sind Gedächtnisverlust und *zunehmende Müdigkeit* (die mit abnehmender Mündigkeit einhergeht) durch die Sucht nach digitalen Medien. Symptome des digitalen Zeitalters bringen den vernetzten und manipulierten Menschen zunehmend aus dem Gleichgewicht. Es ist ein Zustand, den Rudolf Steiner als „Vorbereitung für die fleischliche Inkarnation des Ahriman" bezeichnet:

> Eine solche Wesenheit wie Ahriman, die auf der Erde inkarniert werden will, lenkt gewisse Kräfte der menschheitlichen Entwicklung so, dass sie dieser Wesenheit zu ganz besonderem Vorteil gereichen. Und schlimm wäre eigentlich dieses [...]:

---

614 Vgl. Steiner, Ahriman kommt, 12.

> Wenn die Menschen schlafend dahinleben würden und gewis-
> se Erscheinungen, die im Menschenleben vor sich gehen, nicht
> so nehmen würden, dass sie in ihnen erkennen können eine
> Vorbereitung für die fleischliche Inkarnation des Ahriman.[615]

Ich möchte dieses Zitat an dieser Stelle symbolisch gelesen wissen! So wäre die fleischliche Inkarnation ein jeder, der erstens die Entpersonalisierung im Netz mitmacht, der sein digitales Ich zur Ausformung bringt, denn die Ausbildung von Individualität und Persönlichkeit bringt auch Kräfte mit sich, „die eine neue Inkarnation eines übersinnlichen Wesens [...] vorbereiten".[616] Zweitens wäre es derjenige, der sich unbewusst sowie ausschließlich in der digitalen Sphäre bewegt, der nur sein digitales Ich lebt, währenddessen das analoge schläft!

Dafür ist die Grundlage das binäre Denken, das einseitige Denken, nur dieses bringt das Wesen *Big Data* hervor. Die Kräfte des Menschen werden durch Ahriman geteilt, indem seine Sinne durch digitale Medien verlängert und manipuliert werden. Ein übersinnliches Wesen, ein denkendes Wesen, das Zusammenhänge stiften könnte[617], ist der manipulierte und vernetzte Mensch nicht; denn derjenige, der binär denkt, sieht nicht über die digitale Umgebung hinaus.

> Sehen Sie, eine derjenigen Entwicklungstatsachen, in de-
> nen, ich möchte sagen, deutlich zu vernehmen ist der Impuls
> des Ahriman, das ist die Verbreitung des Glaubens unter der
> Menschheit, dass man durch jene *mechanisch-mathematische*
> *Erfassung des Weltalls* [...] wirklich verstehen könne dasjenige,
> was da draußen im Kosmos sich abspielt.[618]

Dieser Mensch nimmt die Welt durch die mathematisch-naturwissenschaftliche Brille wahr, rein objektiv. Darüber kann das subjektive Ich in Vergessenheit geraten, und damit wäre die Personalisierung eigent-

---

615 Ebd., 11f.
616 Ebd., 10f.
617 Vgl. Laudert, 9.
618 Steiner, Ahriman kommt, 13.

lich ihr Gegenteil, nämlich nicht mehr zugeschnitten auf Individualität, sondern auf statistische und objektive Erfassung der vernetzten
Menschen. Wenn die vernetzten Menschen sich darauf einlassen, ist die
anthropologische Katastrophe Realität geworden. Der »ahrimanische
Mensch« nimmt nicht mehr die Menschen wahr, sondern nur noch die
Technik. Weil er so tickt wie die digitale Maschine, hat er auch nur zwei
Möglichkeiten in seinem Leben. Der menschliche Schöpfer hingegen,
der inspirativ und liebe-voll sein Leben nach dem Prinzip der Wahrhaftigkeit zu gestalten vermag und den Menschen als Menschen wahrnimmt, nicht durch ein digitales Medium, hat unendlich viele! Denn
zu glauben wie ein Mensch und nicht zu wissen wie eine Maschine,
bedeutet mehr, als nur zwei Möglichkeiten zu haben.

Diese Art zu wissen, ist die menschliche! Dieses Wissen ist auch nicht
Wissen im klassischen Sinne, sondern eine Art des Denkens, die sich
nicht aus Inhalten speist, sondern aus dem *Wie*. Somit unterscheidet sich
das menschliche Wissen und Denken vom Wissen einer Maschine insofern, als es das *Wie* ist, das den Menschen ausmacht, und nicht das *Was*:

> *Wie* ein Mensch schöpferisch ist, übrigens auch: biografisch-
> schöpferisch, wie er die Talente, Dinge und Möglichkeiten ver-
> knüpft und dabei Lebenswirklichkeit schafft – auch, wie ein
> Mensch denkt, weniger *was* –, ist das, was ihm eigen ist.[619]

Deshalb sollte der Mensch seine ihn konstituierenden Daten wie einen
Schatz hüten, anstatt damit freigiebig die Algorithmen zu füttern. Der
Mensch sollte selbst das Urheberrecht über sein eigenes Leben haben.[620]
Wenn dem Menschen das *Was* über Algorithmen eingeflößt wird, ist
das *Wie* nicht mehr berührbar und damit die selbsttätige und eigenver-
antwortliche Schöpfung des Lebens, ja der Mensch als Rechtsperson[621]
ausgehebelt.

Das bedeutet, die analogen Daten des Menschen – so statistisch das
auch klingen mag – sind heutzutage konstituierender Bestandteil des

---

619 Laudert, 10.
620 Vgl. Stockmar, 2.
621 Vgl. Laudert, 10.

menschlichen Lebens. Erst durch die Digitalisierung dieser Daten können diese den Menschen selbst »auffressen«, ohne dass dieser es beabsichtigt hätte. Die analoge Seite muss deshalb als Grundlage bewahrt werden, um dann die digitale Seite produktiv damit zu verknüpfen.

Es geht also in der heutigen analog-digitalen Welt längst nicht mehr darum, *wer* Urheber von *was* ist, sondern ob das wahre Ich überhaupt noch Urheber sein kann. Ob der Mensch überhaupt noch kreativ sein Leben gestalten und Kon-Texte schaffen kann, nachdem die Algorithmen den Menschen in ein reales (un-)sichtbares Netz eingewoben haben, dessen Urheber alleine der Mensch ist.

Danksagung

Mein Dank ist allen Menschen gewidmet, die sich mit mir vernetzt und mich in Diskussionen über den Umgang mit digitalen Medien unterstützt haben!

Er gilt dabei an erster Stelle Katarina und Peter Michel: Beide haben meine Recherchen mit vielen Gesprächen begleitet, wodurch dieses Buch an Stabilität gewonnen hat und mein Selbstbewusstsein als Jungautorin gewachsen ist. Mein tiefster Dank gilt dem Vertrauen beider!

Die Lehrerin Bianca Saalfeld hat diesem Buch – durch ihren Einblick in den Schulalltag – einen besonderen Blickwinkel *für* die Kultur der Digitalisierung geschenkt und lässt den Leser Teil einer enormen beruflichen Motivation sein.

Ich hoffe, jeder Leser weiß die Kultur der Digitalisierung zu schätzen, die dem Menschen genauso viel Mehrwert bringen kann wie die analoge Kultur!

Glossar

Abakus
Es handelt sich dabei um ein einfaches mechanisches Rechenbrett. Am bekanntesten ist wohl die Form, bei der in einem Rahmen Metallschienen und darauf Kugeln befestigt sind.

AdBlock
Ist ein Programm, das dem Internetbrowser hinzugefügt werden kann, um unerwünschte Werbung (Ad-vertizing) zu blockieren.

Algorithmus
Joseph Weizenbaum beschreibt den Algorithmus als effektivstes Verfahren in der Mathematik.[622] Es ist eine vorgegebene Handlungsvorschrift, die zur Lösung eines Problems dienen soll. Der Computer ist dabei der Mittler zwischen Eingabe der Handlung und Ausgabe.

Android
Dieses Wort stammt aus dem Griechischen und bedeutet »menschenähnlich«. Es handelt sich bei einem Androiden um einen menschenähnlichen Roboter. Es gibt aber auch ein Betriebssystem von Google mit dem Namen »Android«.

App
Eine App, oder auch Applikation, ist ein Programm, das eine bestimmte Anwendung, in erster Linie für mobile Geräte, wie zum Beispiel Smartphone oder Tablet-Computer, ermöglicht.

Augmented Reality
Augmented Reality, oder auch Enhanced Reality, meint wörtlich eine erweiterte Realität – mit digitalen Geräten als Verlängerung der menschlichen Sinne. Über diese Medien als Mittler nimmt der Mensch die Vorstellung von Realität anders oder erweitert wahr als ohne diese.

Autocomplete
Wird auch automatische Suchbegriffsvervollständigung genannt. Es handelt sich dabei um Vorschläge im Suchfeld von Internet-Suchmaschinen. Diese Funktion basiert auf einem Algorithmus, der die Häufigkeit von Eingaben speichert und wiedergibt. Autocomplete existiert seit 2009.

---

622 Vgl. Weizenbaum, Die Macht der Computer und die Ohnmacht der Vernunft, 74.

Avatar
Der Duden beschreibt den Avatar als „bewegliche Grafik, die den Teilnehmer eines Chats darstellt".

Chronik
Eine Chronik bedeutet in der digitalen Sphäre im Allgemeinen jeden Mausklick, jede Tastaturaktivität und jede andere Art von Gestensteuerung. Es ist das digitale Gedächtnis, welches das Bewegungsprofil des Internetnutzers speichert. Eine Chronik gibt es im Konkreten bei Facebook. Es handelt sich dabei um eine Art Biografie, die nicht nur die digitalen Aktivitäten speichert, sondern auch alle analogen Ereignisse, die der vernetzte Mensch von sich preisgibt und digitalisiert. Diese Facebook-Chronik wird auch Timeline genannt.

Cloud
Die Cloud ist eine Bezeichnung für externe Server, auf die der vernetzte Mensch seine Daten speichern kann wie auf eine Festplatte oder auf einen USB-Stick. Diese selbstverständliche Datenauslagerung ist Teil der globalen digitalen Vernetzung, des Web 2.0.

Cookie
»Cookie« ist eine Umschreibung für Textdateien, die auf dem Computer durch den Besuch von Webseiten gespeichert werden. Diese Dateien dienen kommerziellen Zwecken, indem das Surfverhalten der Internetnutzer durch die Cookies protokolliert und ausgewertet wird.

Cyborg
Das Akronym »Cyborg« wird von dem englischen Begriff »Cybernetic organism« abgeleitet. Bei einem Cyborg verschmilzt ein digitales Gerät mit dem menschlichen Organismus.

Datenbrille
Die Datenbrillen sind ein großer Schritt in der Miniaturisierung des Computers. Bei der Datenbrille ist ein Miniaturcomputer mit einer Brille verbunden.

Digitale Eingeborene (Digital Natives)
Zu dieser Gruppe werden diejenigen vernetzten Menschen gezählt, die in einer digitalen Vernetzung aufwachsen. Ihre Eltern werden oft digitale Einwanderer (Digital Immigrants) genannt. Eine bessere Bezeichnung für den digitalen Eingeborenen ist der digital Sozialisierte, dessen Eltern sind entsprechend die analog Sozialisierten.

Enhanced Reality
siehe Augmented Reality

Eyeborg
Der Eyeborg ist ein kybernetisches Gerät, das der Performance-Künstler Neil Harbisson 2004 zusammen mit Kybernetik-Professor Adam Montandon entwickelt hat. Es dient zur Erweiterung von Harbissons visueller Wahrnehmung.

Facebook
„Der Begriff »facebook« bezeichnete ursprünglich mit Porträtfotos ausgestattete gedruckte Studentenverzeichnisse an amerikanischen Universitäten."[623]

Feedback
Feedback oder Rückkoppelung bedeutet in der Kybernetik die Vorausberechnung scheinbar willkürlichen Verhaltens.

Gadget
Gadget kommt aus dem Englischen und meint ein technisches Gerät.

Google-Algorithmus
Dieser Suchalgorithmus berechnet die Suchergebnisse zugeschnitten auf den jeweiligen Nutzer.

Google Instant
Diese Echtzeitsuche zeigt die Suchergebnisse an, während der Begriff getippt wird. So erscheinen während der Begriffseingabe variierende Suchergebnisse.

Google Now
Google Now potenziert die Personalisierung des Google-Algorithmus', indem es Suchanfragen voraussagt und Vorschläge für Unternehmungen macht. Zudem hat es einen Spracherkennungsdienst integriert.

Internetbrowser
Ist eine Software, die den Internetzugang schafft. Es ist sozusagen das Fenster zur digitalen Vernetzung.

Knowledge Graph
Dieser kurze Datensteckbrief wird von Google eingeblendet, wenn man beispielsweise nach bekannten Personen sucht.

Kybernetik
„Kybernetik ist die allgemeine, formale Wissenschaft von der Struktur, den Relationen und dem Verhalten dynamischer Systeme."[624]

---

623 Miller, 133, Fußnote 2, Anm.d.Ü.
624 Flechtner, 10.

Medienmündigkeit
Mündigkeit, so kann man im 12-bändigen Brockhaus nachlesen, ist „im engeren Sinne die Volljährigkeit, im weiteren Sinne die Fähigkeit des Menschen zur
sittlichen und geistigen, zur politischen, wirtschaftlichen und gesellschaftlichen
Selbstbestimmung. Mündigkeit beschreibt ein ursprünglich von der Aufklärung
geprägtes Leitbild der Entfaltung und Selbsterziehung zur autonomen sittlichen
und geistigen Persönlichkeit."[625]

Pinterest
Hierbei handelt es sich um eine digitale Plattform, auf der alle persönlichen Interessen an eine Art schwarzes Brett gepinnt werden können. Alles, was der vernetzte Mensch an Interessantem entdeckt hat, kann er dort markieren und teilen.

Rückkoppelung
Siehe Feedback

Selbstoptimierung (Human Enhancement)
Die Selbstoptimierung bedeutet in der Digitalisierung 2.0 eine Ökonomisierung
des wahrgenommenen Selbst mithilfe digitaler Medien.

Semiose
Die Semiose wurde von Charles Sanders Peirce eingeführt. Es ist ein stark subjektiver Prozess der Wahrnehmung der eigenen Umgebung. Es handelt sich dabei
um einen Zeichenprozess. Der Mensch nimmt sich dabei ein Objekt aus seiner
Umgebung und schreibt diesem aufgrund einer persönlichen Erfahrung einen
Sinn zu. Die Subjektivität besteht darin, dass jeder Mensch jedem Objekt einen
anderen Sinn unterlegt. Dadurch entwickelt der Mensch Bewusstsein.

Shitstorm
Der Shitstorm ist ein Neologismus des medienpräsenten Journalisten Sascha
Lobo. Es handelt sich bei einem Shitstorm um einen digitalen Sturm der Entrüs-
tung. Lobo selbst kritisiert diesen Begriff, weil dieser, durch die implizite fäkale
Bedeutung, nur die Sinnlosigkeit der Empörung wiedergebe und so nicht den
kritischen Wert einer Empörung hervorhebe.

Siri
Spracherkennungsdienst von Apple.

Smartphone
Das Smartphone ist Computer, Mobiltelefon und Kommunikationsgerät im weitesten Sinne, Kamera, Video- und Musikabspielgerät sowie Fernbedienung für
das intelligente Zuhause in einem, und mit Spracherkennungsdienst auch per-
sönlicher Assistent.

---

625 Bleckmann, 33.

Social Bot
Social Bots sind Algorithmen, die den Menschen in seinem Verhalten imitieren und so vorgeben, ein Mensch zu sein.

Tablet-Computer
Diese Art von Computer ist Teil der Miniaturisierung der digitalen Medien. Er hat die Handlichkeit eines Notizblockes oder einer Schreibtafel, die Tastatur ist dabei in den Touchscreen integriert.

Tracking
Tracking oder auch Verfolgung ist in der digitalen Sphäre sowohl durch Sensoren als auch durch Cookies möglich. Eye-Tracking meint dabei die Verfolgung der Augenbewegung durch computerisierte Sensoren. Über Mikrochips oder über GPS ist aber auch die analoge Bewegung des Menschen digital verfolgbar und der analoge Aufenthaltsort des Betreffenden über den digitalen Weg auszumachen.

Turingmaschine
Die nach dem britischen Mathematiker und Kryptoanalytiker Alan Turing benannte Maschine ist ein theoretisches Modell einer Rechenmaschine.

Wearable
Ein sogenanntes Wearable ist ein tragbares digitales Gerät, wie beispielsweise die Datenbrille *Glass* von Google oder die Armbanduhr *iWatch* von Apple, miniaturisierte Computer, die direkt am Körper getragen werden.

Xbox
Ist eine Spielkonsole der Firma Microsoft, die mit dem Sensor namens *Kinect*, einer Gestenerkennungshardware, gesteuert werden kann. Kinect gibt es seit Ende 2010.

Bibliografie

- Hannah Arendt: *Vita activa oder Vom tätigen Leben*, München/Zürich [11]2013.
- Aleida Assmann: *Erinnerungsräume. Formen und Wandlungen des kulturellen Gedächtnisses*, München [5]2010.
- Edward Bernays: *Propaganda. Die Kunst der Public Relations*, übers. v. Patrick Schnur, Freiburg [3]2011. (Original von 1928)
- Walter Benjamin: *Das Kunstwerk im Zeitalter seiner technischen Reproduzierbarkeit*, Berlin 2010.
  Ders.: „Die Aufgabe des Übersetzers", in: Tillman Rexroth (Hrsg.): *Gesammelte Schriften*, Band IV.1, Frankfurt am Main 1972, S. 9-21.
  Ders.: „Über die Sprache überhaupt und über die Sprache des Menschen", in: Hermann Schweppenhäuser; Rolf Tiedemann (Hgg.): *Gesammelte Schriften*, Bd. II.1, Frankfurt am Main 1977, S. 140-157.
  Ders.: „Über einige Motive bei Baudelaire", in: Hermann Schweppenhäuser; Rolf Tiedemann (Hgg.): *Gesammelte Schriften*, Band I.2, Frankfurt am Main 1980, S. 605-655.
- Paula Bleckmann: *Medienmündig. Wie unsere Kinder selbstbestimmt mit dem Bildschirm umgehen lernen*, Stuttgart 2012.
- Renée Bonanomi: *Wie Heilung ohne Heiler geschieht. Die heilende Kraft des Bewusstseins*, hrsg. v. Katarina Michel, Grafing 2013.
- Nicolas Carr: *Surfen im Seichten. Was das Internet mit unserem Hirn anstellt*, übers. v. Henning Dedekind, München 2013.
- Ruediger Dahlke: *Störfelder und Kraftplätze. Wie man die einen beseitigt und die anderen nutzt*, Amerang 2013.
- Larry Dossey: *Heilende Worte. Die Kraft der Gebete als Schlüssel zur Heilung*, übers. v. Wolfgang Schellhorn, Amerang 2013.
- Kevin Dutton: *Gehirnflüsterer. Die Fähigkeit, andere zu beeinflussen*, München 2012.
- George B. Dyson: *Darwin im Reich der Maschinen. Die Evolution der globalen Intelligenz*, übers. v. Friedrich Griese, Wien 2001.
- Umberto Eco: *Über Spiegel und andere Phänomene*, übers. v. Burkhart Kroeber, München/Wien 1988.
- Anitra Eggler: *Facebook macht blöd, blind und erfolglos. Digital-Therapie für Ihr Internet-Ich*, Zürich 2013.
- Hans-Joachim Flechtner: *Grundbegriffe der Kybernetik. Eine Einführung*, München 1984.
- Sigmund Freud: *Massenpsychologie und Ich-Analyse*, Hamburg 2010.
- Karl Ganzhorn; Wolfgang Walter: *Die geschichtliche Entwicklung der Datenverarbeitung*, Stuttgart 1975.

- Dirk von Gehlen: *Mashup. Lob der Kopie*, Berlin ²2012.
- Gerd Gigerenzer: *Bauchentscheidungen. Die Intelligenz des Unbewussten und die Macht der Intuition*, übers. v. Hainer Kober, München ⁹2008.
- Thomas Grüter: *Offline! Das unvermeidliche Ende des Internets und der Untergang der Informationsgesellschaft*, Heidelberg 2013.
- Tanja und Johnny Haeusler: *Netzgemüse. Aufzucht und Pflege der Generation Internet*, München ²2012.
- Han, Byung-Chul: *Im Schwarm. Ansichten des Digitalen*, Berlin 2013.
- Kay Hoffmann: „Das dokumentarische Bild im Zeitalter der Manipulierbarkeit", in: Ders. (Hrsg.): *Trau-schau-wem. Digitalisierung und dokumentarische Form*, Konstanz 1997, S. 13-29.
- Walter Isaacson: *Steve Jobs. Die autorisierte Biografie des Apple-Gründers*, München 2011.
- Jean-Noël Jeanneney: *Googles Herausforderung. Für eine europäische Bibliothek*, übers. v. Sonja Finck; Nathalie Mälzer-Semlinger, Berlin 2006.
- Dietrich Kerlen: *Einführung in die Medienkunde*, Stuttgart 2003.
- Eckhard Kruse: *Der Geist in der Materie. Die Begegnung von Wissenschaft und Spiritualität*, Amerang 2013.
- Constanze Kurz; Frank Rieger: *Die Datenfresser. Wie Internetfirmen und Staat sich unsere persönlichen Daten einverleiben und wie wir die Kontrolle darüber zurückerlangen*, Frankfurt am Main 2012.
- Jacques Lacan: *Écrits I*, Paris 1999.
- Andreas Laudert: „Einige Gedanken zum Streit über das Urheberrecht", in: *Die Drei. Zeitschrift für Anthroposophie in Wissenschaft, Kunst und sozialem Leben*, Oktober 2012, S. 7-14.
- Gustave Le Bon: *Psychologie der Massen*, Hamburg 2009.
- Sascha Lobo; Kathrin Passig: *Internet. Segen oder Fluch?*, Berlin 2012.
- Manfred Lütz: *Bluff! Die Fälschung der Welt*, München 2012.
- Peter Michel; Annette Wagner: *Die Wiederverzauberung der Liebe. Über Zärtlichkeit und Schönheit, über Begegnung und Berührung*, Grafing 2006.
- Peter Michel: *Krishnamurti. Ein Mensch der Zukunft*, Grafing 2007.
- Daniel Miller: *Das wilde Netzwerk. Ein ethnologischer Blick auf Facebook*, übers. v. Frank Jakubzik, Berlin 2012.
- Evgeny Morozov: *Smarte neue Welt. Digitale Technik und die Freiheit des Menschen*, übers. v. Henning Dedekind; Ursel Schäfer, München 2013.
- Oliver Müller: *Zwischen Mensch und Maschine. Vom Glück und Unglück des Homo faber*, Berlin 2010.
- Lewis Mumford: *Die Verwandlungen des Menschen*, übers. v. Leopold Voelker, Berlin 1960.
- Gerhard Neumann: „Wissen und Liebe. Der auratische Augenblick im Werk Goethes", in: Hans Holländer; Christian W. Thomsen (Hgg.): *Augenblick und Zeitpunkt. Studien zur Zeitstruktur und Zeitmetaphorik in Kunst und Wissenschaften*, Darmstadt 1984, S. 282-305.

- Robert Osten (Hrsg.): *Das Kybalion. Eine Studie über die hermetische Philosophie des alten Ägyptens und Griechenlands*, Hamburg 2007.
- Eli Pariser: *Filter Bubble. Wie wir im Internet entmündigt werden*, München 2012.
- Jan Plamper: *Geschichte und Gefühl. Grundlagen der Emotionsgeschichte*, München 2012.
- Ernst Pöppel: *Grenzen des Bewusstseins. Wie kommen wir zur Zeit, und wie entsteht Wirklichkeit?*, Frankfurt am Main/Leipzig 2000.
- Harry Pross: *Medienforschung. Film, Funk, Presse, Fernsehen*, Berlin/Darmstadt/Wien 1974.
- Jean-Jacques Rousseau: *Musik und Sprache. Ausgewählte Schriften*, übers. v. Dorothea Gülke; Peter Gülke, Amsterdam/Locarno/Wilhelmshaven 1984.
- Viktor Mayer-Schönberger: *Delete. Die Tugend des Vergessens in digitalen Zeiten*, übers. v. Andrea Kamphuis, Berlin 2010.
- Frank Schirrmacher: *Ego. Das Spiel des Lebens*, München 2013. Ders.: *Payback. Warum wir im Informationszeitalter gezwungen sind zu tun, was wir nicht tun wollen, und wie wir die Kontrolle über unser Denken zurückgewinnen*, München ³2009.
- Eric Schmidt; Jared Cohen: *Die Vernetzung der Welt. Ein Blick in unsere Zukunft*, übers. v. Jürgen Neubauer, Hamburg 2013.
- Nicolaus Schmidt: *Facebook : friends*, Bielefeld/Leipzig/Berlin 2011.
- Manfred Spitzer: *Digitale Demenz*, München 2012.
- Bernd Sprenger: *Die Illusion der perfekten Kontrolle*, München 2009.
- Jean Starobinski: *Melancholie im Spiegel. Baudelaire-Lektüren*, München 1992.
- Rudolf Steiner: *«Ahriman» kommt!. Sein Wirken kann jeder Mensch durchschauen*, München 2004. (Vortrag in Dornach/Schweiz vom 01. 11.1919) Ders.: *Der Entstehungsmoment der Naturwissenschaft in der Weltgeschichte*, Dornach 1981.
- Stephan Stockmar: „Im Netz virtueller Welten – oder: Wie bleibe ich Herr über mein Leben?", in: *Die Drei. Zeitschrift für Anthroposophie in Wissenschaft, Kunst und sozialem Leben*, Oktober 2012, S. 1-3.
- Russell Targ: *PSI. Die Welt ist anders, als sie zu sein scheint*, übers. v. Astrid Ogbeiwi, Amerang 2013.
- Ilija Trojanow; Juli Zeh: *Angriff auf die Freiheit. Sicherheitswahn, Überwachungsstaat und der Abbau bürgerlicher Rechte*, München ²2011.
- Sherry Turkle: „Computertechnologien und multiple Bilder des Selbst", in: Christina von Braun; Gabriele Dietze (Hgg.): *Multiple Persönlichkeit. Krankheit, Medium oder Metapher?*, Frankfurt am Main 1999, S. 86-105. Dies.: *Leben im Netz. Identität in Zeiten des Internet*, übers. v. Thorsten Schmidt, Hamburg 1998.
- Wolfgang Ullrich: *Alles nur Konsum. Kritik der warenästhetischen Erziehung*, Berlin 2013.

- Lyall Watson: *Das geheime Leben der Dinge. Warum Computer und Autos ein Eigenleben führen*, übers. v. Karl Friedrich Hörner, Amerang 2013.
- Joseph Weizenbaum: *Die Macht der Computer und die Ohnmacht der Vernunft*, übers. v. Udo Rennert, Frankfurt am Main 1978.
- Martin Wiebel: *Hannah Arendt. Ihr Denken veränderte die Welt*, München 2012.
- Frances A. Yates: *Gedächtnis und Erinnern. Mnemonik von Aristoteles bis Shakespeare*, Weinheim ²1991.

Fiktive Literatur

- Jorge Luis Borges: „Die Bibliothek von Babel", in: Ders.: *Fiktionen. Erzählungen 1939-1944*, übers. v. Gisbert Haefs; Karl August Horst; Wolfgang Luchting, Frankfurt am Main ¹²2013.
- George Orwell: *1984*, übers. v. Kurt Wagenseil, Berlin/Frankfurt am Main/Wien 1984.
- Nina Pauer: *LG ;-). Wie wir vor lauter Kommunizieren unser Leben verpassen*, Frankfurt am Main 2012.
- Platon: *Sämtliche Werke. Lysis, Symposion, Phaidon, Kleitophon, Politeia, Phaidros*, Bd. 2, hrsg. v. Ursula Wolf, übers. v. Friedrich Schleiermacher, Hamburg 1994.
- Benjamin Stein: *Replay*, München 2012.

Index

Eckhard Kruse
Der Geist in der Materie
Die Begegnung von Wissenschaft und
Spiritualität
Die geistig aufgeschlossenen Naturwissenschaftler begegnen heute den Erkenntnissen der modernen Geistesforschung nicht mehr mit jener vorurteilsverhafteten Ablehnung, wie dies noch vor zwanzig Jahren der Fall war. Im Gegenteil – sie liefern die brillantesten Synthesen zwischen Wissenschaft und Spiritualität!
Das Herausragende an Eckhard Kruses Werk ist, jenseits seiner faszinierenden Einsichten, die einzigartige Leistung, scheinbar Kontroverses zusammenzuschauen und didaktisch meisterhaft zu verdeutlichen. In zahlreichen Diagrammen, Skizzen und Darstellungen veranschaulicht er auf unmittelbar einleuchtende Art und Weise, wie man sich in konkreten Situationen das verborgene Wirken einer intelligenten Kraft hinter allen materiellen Prozessen vorzustellen hat.
Es dürfte zurzeit kaum ein anderes Werk geben, das den bevorstehenden Paradigmenwechsel so überzeugend nachvollziehbar einsichtig zu machen vermag wie dieses Buch!
ISBN: 78-3-86191-042-8
Hardcover, 300 Seiten

Manfred Poser
Zeit und Bewusstsein
Warum Zeit eine Illusion ist
Manfred Poser berichtet in seinem Buch von Erfahrungen, welche diese Grenzen überschreiten. Anhand faszinierender Erlebnisse wird daher deutlich, dass Zeit, in der Tiefe verstanden und erfahren, eine Illusion ist.
ISBN: 978-3-86191-043-5
Hardcover, 270 Seiten

Lyall Watson
Das geheime Leben der Dinge
Warum Computer und Autos
ein Eigenleben führen
Nach der Lektüre dieses Buches werden Sie alle Gegenstände Ihres täglichen Lebens mit anderen Augen betrachten! Ein Buch, das die bisherige Weltsicht radikal verändern wird!
ISBN: 978-3-86191-041-1
Hardcover, 288 Seiten

Wissenschaft und Spiritualität